Wertwandel beim sozialen Dienstleister Krankenhaus

Frankfurter Schriften zur Gesundheitspolitik und zum Gesundheitsrecht

Schriftenreihe des Instituts
für Europäische Gesundheitspolitik und Sozialrecht
an der Johann Wolfgang Goethe-Universität Frankfurt

Herausgegeben von Ingwer Ebsen
und Thomas Gerlinger

Band 8

Frankfurt am Main · Berlin · Bern · Bruxelles · New York · Oxford · Wien

Karin Pöppel

Wertwandel beim sozialen Dienstleister Krankenhaus

Eine Analyse zum Patientenbild

PETER LANG
Internationaler Verlag der Wissenschaften

Bibliografische Information der Deutschen Nationalbibliothek
Die Deutsche Nationalbibliothek verzeichnet diese Publikation
in der Deutschen Nationalbibliografie; detaillierte bibliografische
Daten sind im Internet über <http://www.d-nb.de> abrufbar.

Zugl.: Frankfurt (Main), Univ., Diss., 2008

Gedruckt auf alterungsbeständigem,
säurefreiem Papier.

D 30
ISSN 1610-899X
ISBN 978-3-631-58170-4
© Peter Lang GmbH
Internationaler Verlag der Wissenschaften
Frankfurt am Main 2008
Alle Rechte vorbehalten.

Das Werk einschließlich aller seiner Teile ist urheberrechtlich
geschützt. Jede Verwertung außerhalb der engen Grenzen des
Urheberrechtsgesetzes ist ohne Zustimmung des Verlages
unzulässig und strafbar. Das gilt insbesondere für
Vervielfältigungen, Übersetzungen, Mikroverfilmungen und die
Einspeicherung und Verarbeitung in elektronischen Systemen.

Printed in Germany 1 2 3 4 5   7

www.peterlang.de

Danksagung

Für die erfolgreiche Umsetzung dieser Arbeit bin ich den folgenden Personen zu Dank verpflichtet.

Mein Dank gilt zunächst den kooperierenden Krankenhäusern, den kaufmännischen Krankenhausleiter/innen respektive deren Vertreter/innen sowie den Stationsleiter/innen, ohne deren Unterstützung die vorliegende Forschung nicht möglich gewesen wäre.

Besonders danke ich Herrn Prof. Dr. Dr. Thomas Gerlinger für die fachliche Betreuung und die Gewährung großer Freiräume bei der Konzeption und Durchführung meiner Arbeit sowie Herrn Prof. Dr. Wolfgang Glatzer für die Erstellung des Zweitgutachtens.

Mein besonderer Dank gilt ferner Frau Dr. Edith Kellnhauser und Frau Monika Beck, die mir mit inhaltlichen und methodischen Anregungen wertvolle Hilfe leisteten und mir dadurch eine kontinuierlich zügige Bearbeitung ermöglichten.

Für die ansprechende und übersichtliche optische Darstellung meiner Arbeit danke ich schließlich sehr herzlich Frau Ingrid Zube.

Offenbach am Main, im Februar 2008

Inhaltsverzeichnis

Tabellenverzeichnis ... 11
Abkürzungsverzeichnis ... 13

1	**Einleitung**	15
1.1	Heranführung an das Thema	15
1.1.1	Gesellschaftliche Relevanz	15
1.1.2	Problemhintergrund und Stand der Forschung	17
1.1.3	Patientenbilder	19
1.1.3.1	Das „paternalistische" Patientenbild	20
1.1.3.2	Das „philanthrope" Patientenbild	23
1.1.4	Erkenntnisinteresse und Entfaltung der Forschungsfrage	27
1.2	Aufbau der Arbeit	28
2	**Das Krankenhaus aus einzelwirtschaftlicher Perspektive**	31
2.1	Relevante Eckpunkte	31
2.1.1	Das Krankenhaus, seine Leitung und Berufsgruppen	31
2.1.2	Der Hauptzweck	32
2.1.3	Aspekte der Finanzierungssituation	33
2.1.4	Der Qualitätsgedanke	35
2.1.5	Die Patientenorientierung	37
2.1.6	Zusammenfassung	39
2.2	Ein Blick in die USA	40
2.2.1	Aspekte der US-amerikanischen Finanzierungssituation	41
2.2.2	Die „Joint Commission"	41
2.2.3	Das wirtschaftlich induzierte Patientenbild: Der Patient als „Kunde"	43
2.2.4	Zusammenfassung	43
3	**Das Krankenhaus aus sozialwissenschaftlicher Perspektive**	45
3.1	Das Krankenhaus als soziales Gebilde	45
3.1.1	Die interpretative Theorieperspektive in der Organisationstheorie	45
3.1.2	Der theoretische Bezugsrahmen: der Organisationskultur-Ansatz	46
3.1.3	Der besondere Bezug zum Thema	49

3.1.4	Zusammenfassung	50
3.2	Das philanthrope Patientenbild und Konsequenzen für das Krankenhaus	51
3.2.1	Konsequenz I: Das Leitbild	52
3.2.1.1	Das „Selbstverständnis" im Leitbild: die Mission	53
3.2.1.2	Die „grundlegenden Überzeugungen" im Leitbild: die Philosophie	54
3.2.1.3	Die Funktion des Leitbildes im Kontext	55
3.2.2	Konsequenz II: Die „organisationale Zuwendung" zum Patienten	56
3.2.2.1	Das klassische Verständnis von „Zuwendung" zum Patienten	57
3.2.2.2	Die „organisationale Zuwendung" zum Patienten – eine praktische Annäherung	59
3.2.3	Konsequenz III: Die Kommunikation von Leitbild und Maßnahmen „organistionaler Zuwendung"	68
3.2.4	Zusammenfassung	71
4	**Die empirische Untersuchung beim sozialen Dienstleister Krankenhaus**	**73**
4.1	Die Methode	73
4.1.1	Die Auswahl der Krankenhäuser	74
4.1.2	Die Schritte der empirischen Vorgehensweise	74
4.1.2.1	Schritt 1: Die Dokumentenanalyse	74
4.1.2.1.1	Theoretische Vorüberlegungen zur Dokumentenanalyse	75
4.1.2.1.2	Zur Durchführung der Dokumentenanalyse	75
4.1.2.2	Schritt 2: Die Experteninterviews	77
4.1.2.2.1	Theoretische Vorüberlegungen zur Struktur der leitfadengestützten Experteninterviews	77
4.1.2.2.2	Theoretische Vorüberlegungen zur Bestimmung der Experten	79
4.1.2.2.3	Die Anbahnung und Behandlung der Experteninterviews	80
4.2	Die Analyse der Dokumente	81
4.2.1	Das Leitbild in der Dokumentenanalyse	81
4.2.1.1	Zentrale Aussagen zur Mission im Leitbild	82
4.2.1.2	Zentrale Aussagen zur Philosophie im Leitbild	82
4.2.1.3	Zusammenfassung der Ergebnisse zum Leitbild in den Patientenbroschüren der Auswahl	84
4.2.2	Die Maßnahmen organisationaler Zuwendung in der Dokumentenanalyse	85
4.2.2.1	Umfeld/Serviceattribute	86
4.2.2.2	Orientierung	87

4.2.2.3	Individualität	89
4.2.2.4	Sicherheit	90
4.2.2.5	Behandlung/Pflege	90
4.2.2.6	Selbstbestimmung	91
4.2.2.7	Privatsphäre/Vertraulichkeit	91
4.2.2.8	Emotionale Unterstützung	92
4.2.2.9	Konflikt/Kritik/Beschwerde	93
4.2.2.10	Entlassung/Kontinuität der Betreuung	94
4.2.2.11	Verhaltensregeln	94
4.2.2.12	Rechnungsbegleichung	95
4.2.2.13	Zusammenfassung der Ergebnisse zu den Maßnahmen organisationaler Zuwendung in den Patientenbroschüren der Auswahl	96
4.2.2.14	Exkurs: Die Analyse einer US-amerikanischen Patientenbroschüre zum Vergleich	98
4.2.2.14.1	Patients' rights and responsibilities	98
4.2.2.14.2	Zusammenfassung der Ergebnisse zu den Maßnahmen organisationaler Zuwendung in der US-amerikanischen Patientenbroschüre	108
4.2.3	Die Kommunikation von Leitbild und Maßnahmen organisationaler Zuwendung in der Dokumentenanalyse	108
4.2.3.1	Die Kommunikation des Leitbildes in der Dokumentenanalyse	108
4.2.3.2	Die Kommunikation der Maßnahmen organisationaler Zuwendung in der Dokumentenanalyse	110
4.2.3.3	Zusammenfassung der Ergebnisse zur Kommunikation von Leitbild und Maßnahmen organisationaler Zuwendung in den Patientenbroschüren der Auswahl	110
4.2.4	Zwischenfazit zur Dokumentenanalyse	111
4.2.5	Schlussfolgerungen für die Gestaltung des Leitfadens	115
4.2.5.1	Das Leitbild im Leitfaden für die Experteninterviews	115
4.2.5.2	Die organisationale Zuwendung im Leitfaden für die Experteninterviews	115
4.2.5.3	Der Leitfaden für die Experteninterviews	117
4.3	Die Analyse der Experteninterviews	122
4.3.1	Das Leitbild und seine Kommunikation im Experteninterview	122
4.3.1.1	Die Auswertung der Experteninterviews zum Leitbild	123
4.3.1.2	Zusammenfassung der Ergebnisse zum Leitbild aus den Experteninterviews	124
4.3.2	Die Maßnahmen organisationaler Zuwendung und ihre Kommunikation im Experteninterview	125

4.3.2.1	Patientenrechte	126
4.3.2.1.1	Umfeld/Serviceattribute	126
4.3.2.1.2	Orientierung	127
4.3.2.1.3	Individualität	129
4.3.2.1.4	Sicherheit	130
4.3.2.1.5	Behandlung/Pflege	132
4.3.2.1.6	Selbstbestimmung	133
4.3.2.1.7	Selbstbestimmung in besonderen Situationen	134
4.3.2.1.8	Privatsphäre/Vertraulichkeit	135
4.3.2.1.9	Emotionale Unterstützung	136
4.3.2.1.10	Konflikt/Kritik/Beschwerde	138
4.3.2.1.11	Entlassung/Kontinuität der Betreuung	139
4.3.2.1.12	Rechnungslegung/Finanzberatung	141
4.3.2.1.13	Zusammenfassung der Ergebnisse zu den Maßnahmen organisationaler Zuwendung – Teilabschnitt Patientenrechte – aus den Experteninterviews	142
4.3.2.2	Patientenpflichten	146
4.3.2.2.1	Informationsverhalten	146
4.3.2.2.2	Mitwirkung/Compliance	147
4.3.2.2.3	Verhaltensregeln	148
4.3.2.2.4	Rechnungsbegleichung	149
4.3.2.2.5	Zusammenfassung der Ergebnisse zu den Maßnahmen organisationaler Zuwendung – Teilabschnitt Patientenpflichten – aus den Experteninterviews	149
4.3.3	Zwischenfazit zu den Experteninterviews	150
5	**Fazit der Untersuchung**	**155**
5.1	Die Beantwortung der Forschungsfrage	155
5.2	Ausblick	159
6	**Literaturverzeichnis/Bibliographie**	**163**
6.1	Bücher	163
6.2	Zeitschriften	179
6.3	Broschüren, Internet-Veröffentlichungen, unveröffentlichte Literatur	183
	Kurzfassung	**189**
	Summary	**191**

Tabellenverzeichnis

Tabelle 1	Die Philosophie im Leitbild	83
Tabelle 2	Auswertung Patientenbroschüren der Auswahl – Kategorie Umfeld/Serviceattribute –	87
Tabelle 3	Auswertung Patientenbroschüren der Auswahl – Kategorie Orientierung –	88
Tabelle 4	Auswertung Patientenbroschüren der Auswahl – Kategorie Individualität –	89
Tabelle 5	Auswertung Patientenbroschüren der Auswahl – Kategorie Sicherheit –	90
Tabelle 6	Auswertung Patientenbroschüren der Auswahl – Kategorie Behandlung/Pflege –	90
Tabelle 7	Auswertung Patientenbroschüren der Auswahl – Kategorie Selbstbestimmung –	91
Tabelle 8	Auswertung Patientenbroschüren der Auswahl – Kategorie Privatsphäre/Vertraulichkeit –	92
Tabelle 9	Auswertung Patientenbroschüren der Auswahl – Kategorie Emotionale Unterstützung –	92
Tabelle 10	Auswertung Patientenbroschüren der Auswahl – Kategorie Konflikt/ Kritik/Beschwerde –	93
Tabelle 11	Auswertung Patientenbroschüren der Auswahl – Kategorie Entlassung/Kontinuität der Betreuung –	94
Tabelle 12	Auswertung Patientenbroschüren der Auswahl – Kategorie Verhaltensregeln –	95
Tabelle 13	Auswertung Patientenbroschüren der Auswahl – Kategorie Rechnungsbegleichung –	95
Tabelle 14	Kategorisierung und Bedeutung der vorgefundenen Maßnahmen organisationaler Zuwendung aus der Patientenbroschüre eines US-amerikanischen Krankenhauses	99
Tabelle 15	Die Quellen der relevanten Aussagen aus den Leitbildern	109
Tabelle 16	Der Leitfaden	117
Tabelle 17	Auswertung Experteninterviews zum Leitbild	123
Tabelle 18	Auswertung Experteninterviews – Kategorie Umfeld/Serviceattribute –	127

Tabelle 19	Auswertung Experteninterviews – Kategorie Orientierung –	128
Tabelle 20	Auswertung Experteninterviews – Kategorie Individualität –	130
Tabelle 21	Auswertung Experteninterviews – Kategorie Sicherheit –	131
Tabelle 22	Auswertung Experteninterviews – Kategorie Behandlung/Pflege –	132
Tabelle 23	Auswertung Experteninterviews – Kategorie Selbstbestimmung –	134
Tabelle 24	Auswertung Experteninterviews – Kategorie Selbstbestimmung in besonderen Situationen –	135
Tabelle 25	Auswertung Experteninterviews – Kategorie Privatsphäre/Vertraulichkeit –	136
Tabelle 26	Auswertung Experteninterviews – Kategorie Emotionale Unterstützung –	137
Tabelle 27	Auswertung Experteninterviews – Kategorie Konflikt/Kritik/Beschwerde –	138
Tabelle 28	Auswertung Experteninterviews – Kategorie Entlassung/Kontinuität der Betreuung –	140
Tabelle 29	Auswertung Experteninterviews – Kategorie Rechnungslegung/Finanzberatung –	141
Tabelle 30	Auswertung Experteninterviews – Kategorie Informationsverhalten –	147
Tabelle 31	Auswertung Experteninterviews – Kategorie Mitwirkung/Compliance –	147
Tabelle 32	Auswertung Experteninterviews – Kategorie Verhaltensregeln –	148
Tabelle 33	Auswertung Experteninterviews – Kategorie Rechnungsbegleichung –	149

Abkürzungsverzeichnis

allg.	allgemein
Anm. d. Verf.	Anmerkung des Verfassers/der Verfasserin
Aufl.	Auflage
Bd.	Band
BGH	Bundesgerichtshof
bzw.	beziehungsweise
ca.	zirka
d.h.	das heißt
Ders.	Derselbe
Diss.	Dissertation
DRG´s	Diagnosis Related Groups
ebd.	ebenda
ect.	et cetera
et al	et alteri/ et alii
EU	Europäische Union
f.	folgend
ff.	fortfolgend
gesetzl.	gesetzlich(e)
GG	Grundgesetz
ggf.	gegebenenfalls
GKV	Gesetzlich Krankenversicherte (Personen), Gesetzliche Krankenversicherung
HNO	Hals-Nasen-Ohren-Heilkunde
Hrsg./hrsg.	Herausgeber/herausgegeben
IC	Informed Consent
i.d.R.	in der Regel
incl.	inklusive
Jg.	Jahrgang
jmd.	jemand
jmdm.	jemandem
KHEntgG	Krankenhausentgeltgesetz
KFPV	Fallpauschalenverordnung für Krankenhäuser

KHG	Krankenhausfinanzierungsgesetz
ND	Neudruck
o.g.	oben genannt (-e, -en)
OLG	Oberlandesgericht
o.V.	ohne Verfasser(angabe)
PKV	Privat Krankenversicherte (Personen), Private Krankenversicherung
QM	Qualitätsmanagement
S.	Seite
sachl.	sachlich(e)
SGB	Sozialgesetzbuch
s.o.	siehe oben
sog.	sogenannte(r) (n)
Tab.	Tabelle
TQM	Total Quality Management
TV	Fernseher
u.a.	und andere(s), unter anderem
US(A)	Vereinigte Staaten (von Amerika)
usw.	und so weiter
Verl.	Verlag
Veröff.	Veröffentlichung
vgl.	vergleiche
wiss.	wissenschaftlich
z.B.	zum Beispiel

1 Einleitung

Die vorliegende Arbeit untersucht einen möglichen Wertwandel beim sozialen Dienstleister Krankenhaus im Hinblick auf das Patientenbild.

1.1 Heranführung an das Thema

Die Positionierung des Krankenhauses in der Gesellschaft und veränderte Anforderungen an diese Organisation verdeutlichen die Hintergründe für die Entfaltung der Forschungsfrage.

1.1.1 Gesellschaftliche Relevanz

Das Krankenhaus nimmt innerhalb der Gesellschaft eine besondere Stellung ein: es deckt das Grundbedürfnis des Menschen nach Erhaltung und Wiederherstellung der Gesundheit. Im Jahr 2005 wurden über 16 Millionen Menschen stationär in über 2100 Krankenhäusern behandelt.[1]

Nach der neuesten Bevölkerungsvorausberechnung des Statistischen Bundesamtes wird im Jahr 2050 die Hälfte der Bevölkerung älter als Achtundvierzig Jahre und ein Drittel Sechzig Jahre oder älter sein. Die Zahl der unter Zwanzigjährigen wird von aktuell Siebzehn Millionen (21 Prozent der Bevölkerung) auf Zwölf Millionen im Jahr 2050 (16 Prozent) zurückgehen. Die Gruppe der mindestens Sechzigjährigen wird mehr als doppelt so groß sein (28 Millionen bzw. 37 Prozent). Achtzig Jahre oder älter werden im Jahr 2050 9,1 Millionen Personen und damit 12 Prozent der Bevölkerung sein (2001: 3,2 Millionen bzw. 3,9 Prozent). Die Alterung der deutschen Gesellschaft wird, so das Bundesamt, nicht erst in fünfzig Jahren, sondern bereits in den nächsten beiden Jahrzehnten deutlich werden. Der Altenquotient zeigt die kritische Beschleunigung der Alterung bereits zwischen 2010 und 2030.[2] Vor diesem Hintergrund spricht man von der so genannten „alternden Gesellschaft". Geht man davon aus, dass mit zunehmendem Alter der Bedarf an der Versorgung in einem Krankenhaus steigt, so wird die Bedeutung des Krankenhauses in der Zukunft durch diese Entwicklung weiterhin zunehmen: chronisch-degenerative Zivilisationskrankheiten manifestieren sich häufig erst im Verlauf der Zeit, so dass sie erst im Alter erkennbar werden. „Die zunehmende Überalterung der Gesellschaft erhöht die Morbidität...".[3]

---

[1] vgl. Statistische Bundesamt Deutschland 2005 c, Stationäre Versorgung 1991 bis 2005, http://www.destatis.de/download/d/veroe/pm_krankenhaus 2005.xls

[2] Pressemitteilung Statistisches Bundesamt, 6.6.2003

[3] vgl. Güntert/Sagmeister 1989, S. 91

Das Gesundheitswesen im allgemeinen und damit auch das Krankenhauswesen, das etwa ein Drittel des Gesundheitswesens ausmacht, befindet sich aktuell in einer auch für den Laien erkennbaren Phase des Umbruchs, in der für den (potentiellen) Patienten nicht klar erkennbar ist, ob dies nun positive oder negative Auswirkungen auf seinen künftigen Krankenhausaufenthalt haben wird. Denn das Krankenhauswesen beklagt eine bislang noch nicht gekannte Wettbewerbssituation, insbesondere zwischen den einzelnen Krankenhäusern, die sich, glaubt man Wirtschaftsprognosen, in den nächsten Jahren weiter dramatisch verschärfen wird. Die Hälfte der öffentlichen Krankenhäuser wird demnach bis 2015 in ihrer heutigen Form nicht mehr bestehen - hauptsächlich bedingt durch Fusionen und Privatisierungen, ein Teil davon durch Schließungen.[4] Dem ging eine langjährige Entwicklung voran, im Wesentlichen die Gesundheitsreformgesetzgebung 1989, das Gesundheitsstrukturgesetz 1992, die GKV-Reform 2000 und schließlich das GKV-Modernisierungsgesetz 2004. Im Kern steckt die Aufforderung zu mehr Wirtschaftlichkeit und Kostenbewusstsein und eine zu diesem Zweck grundlegend veränderte Finanzierungsbasis, die primär die Abrechnung von Leistungen auf Basis von Fallpauschalen und Sonderentgelten vornimmt, auch DRG-basierte Finanzierung genannt. Zum 1.1.2004 wurden die so genannten DRG's („diagnosis related groups", basierend auf den US-amerikanischen DRG's) - d.h. die prospektive Finanzierung durch Fallpauschalen für definierte Krankheitsbilder (Gruppen) – für die stationäre Behandlung aller medizinischen Fachbereiche zur Pflicht (mit Ausnahme der psychiatrischen und psychosomatischen Therapieformen). Das bedeutet, dass bei Aufnahme des Patienten ein pauschaler Pflegesatz ermittelt wird. Wird ein Patient vor Ausschöpfung dieser Summe wieder entlassen, darf das Krankenhaus den Differenzbetrag einbehalten. Wird diese Summe jedoch überstiegen, weil der Patient länger als medizinisch notwendig im Krankenhaus verweilt, würde das Krankenhaus die so entstandenen Mehrkosten tragen müssen.[5] Unnötig lange Liegezeiten und unnötige Untersuchungen sollen hierdurch vermieden werden. Die Folge ist, dass sich die Verweildauer der Patienten deutlich reduziert und die Auslastung des Krankenhauses nur durch eine höhere Zahl an Patienten zu gewährleisten ist, daher gilt, „je mehr Fälle „angeworben" und abgewickelt werden können, desto mehr Geld kann verdient werden."[6]

---

[4] vgl. FAZ 19.8.2005, Nr. 192, S. 41
[5] vgl. § 17 (1) KHG; § 17 b (1) KHG; § 17 b (6) KHG; zu den Mehrkosten: Ausnahmen hierzu bilden unvorhersehbare, gravierende Komplikationen, die eine Verlängerung der Verweildauer nach sich ziehen („outliers"), sie werden dem Krankenhaus in einem speziellen Verfahren vergütet, vgl. hierzu Kellnhauser 2001, S. 211 f.
[6] vgl. Pfaff 2004, S. 14; Der Angst der Bevölkerung vor sog. „blutigen Entlassungen" wird in Krankenhausentgeltgesetz (KHEntG) und Krankenhausfinanzierungsgesetz (KHG) entgegnet, welche regeln, dass Mehrkosten zu Lasten des Krankenhauses entstehen, wenn der Patient zu früh entlassen wird und deshalb erneut zurückkehren muss, vgl. § 8 (5) KHEntgG; § 17 c (1) Satz 2 KHG

Die wirtschaftlichen Umbrüche wurden ergänzt durch die Verpflichtung der Krankenhäuser zur Teilnahme an Maßnahmen der Qualitätssicherung und -verbesserung, geregelt in § 137 SGB V in Verbindung mit § 112 SGB V. Seit etwa Mitte der Neunziger Jahre ist das extern vergleichende, so genannte Qualitätsmanagement ein fester Bestandteil der Krankenhauspraxis. Seit 2005 ist jedes Krankenhaus dazu verpflichtet, die Einführung eines Qualitätsmanagementsystems nachzuweisen und seine Ergebnisse zu veröffentlichen. Auch die Erstellung eines Betriebsleitbildes, das über grundlegende ethische Orientierungen, d.h. Wertvorstellungen des Krankenhauses Auskunft erteilen soll, wurde zur Pflicht.

1.1.2 Problemhintergrund und Stand der Forschung

Das Krankenhaus befindet sich, folgt man neuerer betriebswirtschaftlicher Literatur, in einem Entwicklungsprozess von der Organisation mit Versorgungsauftrag hin zum Dienstleistungsunternehmen. Als solches steht es unter dem besonderen Einfluss betriebswirtschaftlicher Auffassungen, auch im Hinblick auf das Bild über den Patienten im Krankenhaus. Der Patient rückt stärker als bislang explizit, teilweise sogar unter Verwendung des Begriffes „Kunde", ins Blickfeld des Managements, da ihm eine Nachfragemacht zugesprochen wird.[7]

Im Zusammenhang mit der dargestellten Entwicklung steht eine vor allem seit den neunziger Jahren stark zunehmende, betriebswirtschaftlich motivierte Auseinandersetzung der Krankenhäuser mit Möglichkeiten einer gesteigerten Patientenfreundlichkeit, der Befriedigung von Patientenbedürfnissen und entsprechenden Maßnahmen für die strukturelle Krankenhauspraxis sowie der Einführung und (unter anderem mittels Patientenbefragungen) kontinuierliche Anpassung und Verbesserung von Maßnahmen der „Patientenorientierung" als Teilaspekt des Qualitätsmanagements. Das deutsche Krankenhausmanagement partizipiert hierbei an jahrzehntelangen praktischen (Management-)Erfahrungen aus dem Ausland.[8] Patientenorientierung wurde zur Doktrin. Kein Krankenhaus kann und will es sich heute mehr leisten, auf die Betonung seiner Patientenorientierung zu verzichten.[9] Patientenorientierung wird definiert als „...das stetige Bestreben der humanitären Befriedigung der individuellen Bedürfnisse und legitimen Wünsche der Patienten und das konsequente Bemühen um die Zufriedenheit des Patienten. [...] In diesem Sinn wird heute allseits die ganzheitliche Sichtweise und Betrachtung des Patienten gefordert..."[10] Das bedeutet, es geht

---

[7] vgl. Pfaff 2004, S. 14; Initiativkreis Ruhrgebiet - Klinikführer Rhein-Ruhr 2005/2006; zur ausführlichen Beleuchtung der Anwendbarkeit des Kundenbegriffs beim Patienten vgl. Roßbach 2002, zusammenfassend S. 119 ff., Hribek 1999, S. 31 ff.
[8] insbesondere den USA, vgl. hierzu den Abschnitt zur Joint Commission USA
[9] vgl. Sperl 2002, S. 118
[10] vgl. Dullinger 1996, S. 21

nicht mehr ausschließlich um das medizinisch Sachgemäße (leibliche), sondern auch die subjektive Befindlichkeit des Patienten (psychisch, sozial).[11]
So wurden in den letzten Jahren theoretisch zahlreiche Bemühungen unternommen, die Subjektivität des Patienten, die sog. „weichen Faktoren"[12], zu denen Patientenbedürfnisse und -zufriedenheit zählen, zunehmend Eingang in das traditionell auf das technisch-fachliche beschränkte Krankenhaus-Geschehen finden zu lassen, die der Patient beurteilen darf und soll. Dem Patienten wird dabei keine von ihm nicht zu leistende Beurteilung des medizinischen Behandlungs- und Pflegeerfolges abverlangt, sondern er darf, kann und soll umfassender als bisher sein individuell-subjektives Wohlbefinden beurteilen.[13] Zwar liegt es in der Natur der Dinge, dass der Patient seit jeher im Fokus medizinischen Handelns lag, allein weil es um die Behandlung seiner körperlichen Leiden geht, allerdings soll sich der Blick nunmehr stärker und expliziter auf emotionale, subjektive, und damit auf psychosoziale Belange des Patienten, richten. Hierbei geht es nicht um medizinische Behandlungsaspekte, sondern um eine große Zahl von Teilaspekten, die die medizinische Behandlung begleiten und ergänzen. Da es sich ausschließlich um subjektiv empfundenes, psychosoziales Wohlbefinden handelt, das der Patient beurteilen soll, steht die in der Zufriedenheitsforschung lange Zeit gern bemühte, eingeschränkte Urteilsfähigkeit des Patienten aufgrund seines Status als medizinischer Laie, seiner eigenen persönlichen Betroffenheit und der fachlichen Asymmetrie zwischen ihm und dem medizinischen Personal, scheinbar nicht mehr im Wege.[14]

Der Patient darf demnach in der Praxis „...individuelle Beachtung, Freundlichkeit, Information, eine reibungslose Organisation von der Aufnahme bis zur Entlassung bis hin zu (Service-)leistungen, die nicht unmittelbar mit dem Behandlungs- und Pflegeprozess in Zusammenhang stehen..."[15] erwarten. Diese Entwicklung steht ganz im Sinne eines veränderten „Selbstverständnisses der Patienten"[16] hin zum selbst bestimmten und aktiver werdenden, partnerschaftlich orientierten „mündigen" Patienten[17] im Kontext einer Gesellschaft, die individuelle Lebensgestaltung und Mündigkeit des Bürgers als zentrale Werte begreift.[18]

Es soll dabei nicht in Abrede gestellt werden, dass Krankenhaus-Mitarbeiter aus den unterschiedlichsten Berufsgruppen seit jeher auch unterschiedliche indivi-

---

[11] vgl. Manz 1992, S. 79
[12] vgl. Pfaff (Hrsg.) 2004, Dangel-Vogelsang 1999, S. 70
[13] vgl. Steffen 2004, S. 88 f.; Kleinfeld 2002, S. 79; Güntert et al 1996, S. 9
[14] vgl. hierzu Blum 1998, S. 27 ff.
[15] Kleinfeld 2002, S. 96 f., Gödecker-Geenen/Nau 2003, S. 9
[16] vgl. Steffen 2004, S. 85
[17] vgl. Bexfield 1995, S. 217, Kranich 1995, S. 35 f.
[18] vgl. Kranich 1995, S. 35 f., Beck 1986, S. 216, Giese 2002, S. 15

duelle Motivationen der Berufsausübung und Auffassungen über die Orientierung ihrer Arbeit an Patientenbedürfnissen haben. In der vorliegenden Arbeit sind jedoch offiziell kommunizierte Äußerungen jener Ebene, die für die Verbalisierung von Werten und die Initiierung von Veränderungen in einer Organisation verantwortlich ist, von Interesse. Denn die initiierende und verantwortliche normative Management-Ebene, d.h. die Organisationsleitung, steht in der Verantwortung, Strömungen rechtzeitig zu erkennen und praktisch umsetzbare und verbindliche Lösungen zu gestalten, um das Bestehen der Organisation dauerhaft zu sichern. Sie hat dafür zu sorgen, dass ein die psychosozialen Bedürfnisse des Patienten berücksichtigendes Patientenbild auf der normativen Ebene entwickelt und auf der operationalen Ebene möglichst umgesetzt wird, da sonst das Erreichen des obersten ökonomischen Zieles, dem Wettbewerb standzuhalten und als Organisation zu „überleben", zumindest in diesem Teilaspekt als fraglich anzusehen wäre.

Obwohl in den vergangenen Jahren in einschlägiger Literatur über Veränderungen und Veränderungspotentiale im Krankenhaus im Hinblick auf patientenorientierte Entwicklungsansätze reichlich berichtet wurde, sind doch nach wie vor gegenläufige Einschätzungen und Beobachtungen unüberhörbar, die besagen, die Berücksichtigung der Subjektivität und damit auch der psychosozialen Patientenbedürfnisse in der Praxis des Krankenhauses sei nach wie vor mangelhaft. Denn ebenso wie noch vor etwa zwanzig Jahren die „wachsende Anonymität", ein „umständlicher Verwaltungsapparat", ein „anonymer Durchlauf durch diagnostische Instanzen", die „totale Verfremdung intimer Lebensatmosphäre" und eine „unterkühlte Klinikatmosphäre"[19] beklagt wurden, trifft man auch heute noch auf Kritik an der mangelhaften Partnerschaftlichkeit von Heilenden und Patienten, dem defizitären Umgang mit Patienten im heutigen Krankenhaus, wonach der Patient, um einige Beispiele zu nennen, auf unzureichende Informationen, eine unpersönliche Behandlung, auf soziale Distanz und eine ihm fremde Sprache trifft.[20] Das Menschen- bzw. Patientenbild, das demnach dem Handeln im Krankenhaus unterliegt, wird als nach wie vor „pater-nalistisch" beurteilt.[21]

1.1.3 Patientenbilder

Das in einem Krankenhaus vorherrschende Patientenbild prägt die Erfahrungen des Patienten während seines Krankenhausaufenthaltes.

---

[19] Schipperges 1988, S. 123 f.
[20] Gödecker-Geenen/Nau 2003, S. 10; Roßbach 2002, S. 11, 30; Schupeta 1999, S. 16
[21] vgl. Schipperges 1983, 15-23; Müller/Kranich 1995, S. 241; Roßbach 2002, S. 106; Gstöttner 2004, S. 17, Blum 1998, S. 18; Dierks et al 2001, Zusammenfassung

Der Ausgangspunkt eines wie auch immer gearteten Patientenbildes ist das Verhältnis insbesondere zwischen ärztlichen und pflegenden Krankenhausmitarbeitern und Patienten.[22]

Es lassen sich zwei wesentliche Strömungen erkennen. Dies ist zum einen das so genannte „paternalistische" Patientenbild. Dem steht das in der jüngeren Vergangenheit der letzten ca. zehn bis fünfzehn Jahre in Deutschland diskutierte, partnerschaftlich angelegte Konzept des „Informed Consent" gegenüber, welches das paternalistische Patientenbild stark relativiert. Seine Grundannahme, nämlich die uneingeschränkt positive Bewertung und Betonung der Patientenautonomie, dient als Grundlage für die Entwicklung eines Patientenbildes, das für die vorliegende Forschung als das „philanthrope Patientenbild" benannt wird.

Beide Patientenbilder sollen in ihren grundlegenden, gegenläufigen Ansätzen nachfolgend skizziert werden.

1.1.3.1 Das „paternalistische" Patientenbild

Im Paternalismus (lat. *pater* = Vater)[23] wird das vormundschaftliche Eltern-Kind-Verhältnis auf den außerfamiliären Bereich angewendet. Die zugrunde gelegte Literatur reflektiert vornehmlich das Arzt-Patienten-Verhältnis, wobei davon auszugehen ist, dass sämtliche Erläuterungen auch auf übrige medizinische Berufsgruppen, denen der Patient im Krankenhaus begegnet, übertragbar sind. Statt Arzt könnte somit „professionelle Kraft" oder „Krankenhausmitarbeiter" stehen.

Das paternalistische Verhalten unterstellt eine (nicht aufzuhebende) Asymmetrie zwischen dem Arzt und dem Patienten, d.h. medizinischer Wissensvorsprung und Rationalität des Arztes stehen in jedem Fall über dem Patientenwillen, da der Patient i.d.R. medizinischer Laie und aufgrund seiner Erkrankung emotional betroffen ist. Der Patient wird daher häufig als „nicht entschlussfähig" oder „nicht kompetent" angesehen.[24] Als bekannt gilt, dass Patienten insbesondere aufgrund der Besonderheit der Erkrankungssituation nicht entschlussfähig sind bzw. sein wollen oder grundsätzlich derlei Fragen bevorzugt von fachlich kompetenten Dritten beantworten lassen möchten. Dies ist ein legitimer Wunsch. Allerdings ist es als bedenklich zu erachten, dass diejenigen Patienten, die im Gegensatz hierzu Anteil nehmen und selbst entscheiden *wollen*, im paternalistischen Patientenbild keine Berücksichtigung erfahren. Mit anderen Worten beruht das paternalistische Patientenbild auf der Betonung der (medizinisch-

---

[22] Generell prägen alle professionellen Kräfte im Krankenhaus die Erfahrungen des Patienten, die oben hervorgehobenen ärztlichen und pflegenden Mitarbeiter jedoch insbesondere, da sie näher am Patienten arbeiten.
[23] vgl. Kluge 2002, S. 685
[24] vgl. Loewy 1995, S. 58, Blum 1998, S. 18

fachlichen) Ungleichheit der beiden Parteien, woraus scheinbar zwangsläufig die Notwendigkeit zur Bevormundung *aller* Patienten resultiert, und zwar in jeglicher Frage – auch in jenen, die das Medizin-Fach übersteigen, z.B. die Werthaltungen des Patienten.

Eine zentrale Aussage des Paternalismus ist daher, dass der Patient nicht selbst, sondern der Arzt an seiner statt sämtliche Entscheidungen, die den Patienten betreffen, trifft.[25] Der Wille des Patienten bleibt also ausdrücklich unberücksichtigt.[26] Die vom Arzt getroffenen Entscheidungen sind dabei nicht allein auf die Wahl der geeigneten medizin-technischen Maßnahmen beschränkt, sondern erstrecken sich über weitaus grundlegendere Fragen, wie z.B. das angestrebte Ziel der Behandlung oder die Anwendung oder Vermeidung von wahrheitsgemäßer Auskunft gegenüber dem Patienten.[27] Demnach ist es dem Arzt bzw. dem Krankenhausmitarbeiter erlaubt, Wahrheit zu unterdrücken oder gar zu lügen, Schmerzmittel vorzuenthalten, Placebo-Therapien durchzuführen, alles, solange es dem vermeintlichen Wohl des Patienten und der Vermeidung seiner unnötigen Belastung dient - nach Auffassung des Arztes.[28]

Die ethische Begründung der paternalistisch geprägten Auffassung zum Arzt-Patienten-Verhältnis wird in den Reihen der Medizin mit dem hippokratischen Eid, der seine Wurzeln in der Antike hat, begründet und verteidigt.[29] Die oberste Richtschnur für den Arzt ist hierbei das Wohl des Patienten und das Fernhalten von Schaden. Der Arzt verpflichtet sich zum vollen Einsatz seiner ärztlichen Sachkompetenz, von Seiten des Patienten wird im Gegenzug die Achtung der Sachkompetenz des Arztes vorausgesetzt.[30] Die Interpretation geht dahin, dass der Arzt grundsätzlich besser als der Patient selbst weiß, was für ihn das Beste ist. Für die Erreichung des Patientenwohles ist es dem Arzt daher empfohlen, „…in väterlich-fürsorglicher Art für seine Patienten zu entscheiden, auch gegen deren Willen."[31] Ob dies aus heutiger Sicht nicht etwa ein unangemessenes Überschreiten der fachlichen Kompetenz darstellt, wird nicht reflektiert, und der historische und kulturelle Hintergrund der Antike bleibt gänzlich unberücksichtigt.

Interessant ist, dass das paternalistische Patientenbild in der modernen Gesellschaft erst seit den vergangenen ca. 120 Jahren eine dominierende Rolle spielt. Erst gegen Ende des neunzehnten Jahrhunderts, mit Einzug der Naturwissenschaften in die Medizin und mit dem gesellschaftlichen Mandat der Ärzte, Ar-

---

[25] vgl. Roßbach 2002, S. 95
[26] vgl. Irrgang 1995, S. 13
[27] vgl. Loewy 1995, S. 51
[28] vgl. Gahl 1995, S. 27; Höfling/Lang 1999, S. 21
[29] vgl. Giese 2002, S. 9
[30] vgl. Manz 1992, S. 78
[31] vgl. Irrgang 1995, S. 13

beitnehmer der Industrien krankzuschreiben, veränderte sich das Verhältnis zwischen Arzt und Patient ins paternalistische. Noch im Mittelalter, wo bereits breite Bevölkerungsschichten eine Klinikversorgung erhielten, war das Verhältnis eher gleichgestellt, geht man weiter zurück, war die gesellschaftliche Stellung des Mediziners gar unterhalb der seiner (wohlhabenden) Patienten.[32]
Der aufgeklärte Glaube an die Wissenschaft, die Technik und die Machbarkeit der Dinge, der fortan die gesamte Gesellschaft in Theorie und Praxis prägte, legte den Grundstein für das paternalistische Patientenbild in verschiedenen gesellschaftlichen Bereichen und deren Organisationen. Ein Abbild hiervon sind im allgemeinen die Organisationstheorien, die das Funktionieren aller (Arbeits-)Organisation und der darin befindlichen Menschen nach festen Strukturen erklären, also zeitgemäß dem „funktionalistischen Paradigma" folgten[33]. In der Soziologie spiegelte sich dies wider in den medizinsoziologischen Einlassungen *Talcott Parsons'*, der basierend auf seiner struktur-funktionalistischen Systemtheorie die gesellschaftliche Funktion ärztlichen Handelns herausarbeitete und eine spezifische Verpflichtungsstruktur der Arzt-Patienten-Beziehung ableitete. Demnach war der von der erwünschten Normalität (Gesundheit) abweichende kranke Mensch dazu verpflichtet, fachkundige Hilfe zu suchen und vertrauensvoll zu kooperieren, d.h. aufgrund der festgelegten Autorität des Arztes dessen Anordnungen Folge zu leisten und damit die Konsequenzen auf sich zu nehmen.[34]

Die zunehmende Verwissenschaftlichung und der in der zweiten Hälfte des 20. Jahrhunderts wachsende medizinisch-technische Fortschritt, sorgten dafür, dass sich die fachlichen Spezialisierungen weiter vertieften.[35] Spezialisierung und Technisierung der medizinischen Arbeit machten professionelle Kräfte, so auch medizinische Krankenhausmitarbeiter und allen voran ärztliche, zu „biotechnischen Spezialisten". Insgesamt mündete dies überwiegend in die Konzentration allein auf die Krankheit und die Organe des Patienten bei entsprechender Aufteilung klinischer Arbeit. Eine Folge hieraus war die Abwertung der interaktionsintensiven Diagnose und Therapie und in logischer Konsequenz die Abwertung von Ganzheitlichkeit, Subjektivität und Individualität des Patienten und seiner eigenen Beiträge zur Diagnose, Prognose, Therapie und Krankheitsbewältigung.[36] Ähnliches geschah mit den Pflegeberufen, die mit zunehmender Spezialisierung der Medizin ebenfalls eine stärker spezialisierte Berufsauffassung einnahmen, bei der der ursprünglich religiöse Charakter der pflegerischen Krankenbetreuung in den Hintergrund rückte.[37] Hinzu kam, dass sich das Kran-

---

[32] vgl. Roßbach 2002, S. 119
[33] vgl. hierzu ausführlich Kieser 1995
[34] vgl. Parsons 1958, S. 17 f, S. 41; Siegrist 1988, S. 10; Heim 1992, S. 102 f.
[35] vgl. Güntert/Sagmeister 1989, S. 91; Irrgang 1995, S. 19
[36] vgl. Schott 1997, S. 89 f.; Rössler 2004, Vorwort; Dullinger 1996, S. 9;
[37] vgl. Roßbach 2002, S. 119

kenhaus zur Großorganisation mit entsprechenden rationalisierten Organisationsstrukturen und -prozessen entwickelte, die zusätzlich eine für den Patienten „inhumane" Wirkung, im Sinne einer Vernachlässigung seiner Subjektivität, erzeugten.[38] Nicht zu vergessen ist vor allem auch, dass dem Geschehen ein über Jahrzehnte gewachsenes Gesundheitssystem zugrunde liegt, das geprägt ist durch Institutionalisierung und die Verwicklungen des medizinisch-industriellen Komplexes[39] sowie durch die Definitionshoheit und Machtansprüche eines monopolistischen ärztlichen Berufsstandes („Klerus"[40], „Fürstentümer"[41]). In diesem System rückt der Patient als Subjekt zwangsläufig in den Hintergrund, wird - kritisch betrachtet - zur Randerscheinung, ist gar „Mittel zum Zweck" statt Selbstzweck.[42]

In den siebziger und achtziger Jahren flossen Ideen in die öffentliche Diskussion ein, die die bis dahin vernachlässigte Ausgestaltung der Arzt-Patienten-Interaktion verbessern sollten, allerdings am Konzept des Paternalismus nichts änderten. Dies waren die rechtlich notwendige, verbesserte Aufklärung und ausdrückliche Einwilligung des Patienten (benevolenter Paternalismus)[43] sowie die Förderung der sozial-kommunikativen Techniken des Arztes zur Verbesserung der Folgsamkeit des Patienten im durch den Arzt allein festgelegten Behandlungsverlauf (Compliance)[44].

Die dargestellten Entwicklungen jener Zeit formten das gesellschaftliche Bewusstsein und begünstigten insgesamt den viel beschriebenen *passiven Patienten*, der sich bedingungslos in die Fürsorge (fachlich) kompetenterer Dritter begibt, die Verantwortung für seine Heilung vertrauensvoll übergibt und sich in das Urteil Dritter weitgehend fraglos einfügt. Er findet sich Kritikern zufolge als „anonyme Ziffer", „Nummer", „Erdulder" und als „JaSager" wieder[45].

1.1.3.2 Das „philanthrope" Patientenbild

Das philanthrope Patientenbild ist dem paternalistischen Patientenbild entgegengesetzt. Der „Philanthrop", eine begriffliche Neubildung des 18. Jahrhunderts (gr. *philos* = Freund, *anthropos* = Mensch), ist Menschenfreund.[46] In der

---

[38] vgl. Elkeles 1994, S. 1 f.; prognos 1998, S. 24
[39] vgl. Elkeles 1995, S. 2; zur weiteren Vertiefung vgl. Schmidbauer 1992, S. 16 ff.
[40] vgl. Illich 1995, S. 180
[41] vgl. Hermes 2006, S. 235
[42] vgl. Sperl 2002, S. 118
[43] vgl. Diercks et al 2001, S. 8
[44] vgl. Francke 1994, S. 35 ff.; Heim 1992, S. 105
[45] vgl. Müller/Kranich 1995, S. 228; Roßbach 2002, S. 19, 35; Gödecker-Geenen 2003, S. 10
[46] vgl. Kluge 2002, S. 699

vorliegenden Forschung vereint das philanthrope Patientenbild die Grundidee der Menschenfreundlichkeit mit den Grundlagen und Entwicklungen der heutigen Gesellschaft.

Der im paternalistischen Patientenbild dem Arzt untergeordnete und durch ihn fremdbestimmte Patient, dessen eigene Wahrnehmung und eigener Wille nicht relevant sind, ist im philanthropen Patientenbild ein gleichgestelltes, selbstbestimmtes, also autonomes Individuum, das den Anspruch erhebt, vom Arzt begleitet und im Krankenhaus insgesamt partnerschaftlich und freundschaftlich (im weiter unten dargelegten Sinne) behandelt zu werden. Auch hier gilt, wie oben, dass sämtliche Erläuterungen zum Arzt-Patienten-Verhältnis auch auf übrige medizinische Berufsgruppen übertragbar sind. Statt Arzt könnte somit erneut „professionelle Kraft" oder „Krankenhausmitarbeiter" stehen.

Als eine theoretische Grundlage für Partnerschaftlichkeit im Arzt-Patienten-Verhältnis wird in der Literatur die Theorie der „symbolischen Interaktion" nach *George H. Mead* herangezogen. Hieraus wird abgeleitet, dass Arzt und Patient von unterschiedlichen Deutungen über Krankheit und Behandlung geleitet werden und die Deutung des Patienten im Prozess der Verständigung nicht als Fehlerquelle anzusehen ist, sondern ihr ein „…für das Ergebnis eigenständiges Gewicht" zukommt.[47]

Zunächst soll die Grundidee der Menschenfreundlichkeit vor dem Hintergrund des Kontextes dieser Arbeit dargelegt werden, bevor auf die Grundlagen und Entwicklungen der heutigen Gesellschaft eingegangen wird.

Die „Philanthropie" bezeichnet im Allgemeinen menschenfreundliches Denken und Verhalten. Nach einer antiken Definition ist darunter die freundliche Begrüßung, die Wohltätigkeit und Gastfreundschaft zu verstehen.[48] In der Antike war das Arzt-Patienten-Verhältnis freundschaftlich geprägt. Freundschaft war im klassischen Griechenland eines der höchsten Güter und bestand darin, das Wohl des Freundes zu wünschen und zu fördern. Für den Patienten bedeutete dies, dass insbesondere die eingehende ärztliche Aufklärung und das „gute Zureden" eine tragende Rolle spielten, d.h. der Patient sah sich von seinem Arzt nicht durch dessen Autorität oder gar despotischem Verhalten zur Behandlung gezwungen, sondern wurde vielmehr im partnerschaftlichen Gespräch überzeugt.[49]

Im 18. Jahrhundert erhebt die deutsche Aufklärungsphilosophie die Menschenliebe zu einem zentralen Begriff. Er diente zur Wesensbeschreibung sowie zur Benennung einer wesentlichen ethischen Pflicht des Menschen generell. Die „vernünftige" Liebe nach Thomasius zu den anderen Menschen muss, da sie mit uns gleichen Wesens sind, eine Vereinbarung intendieren, bei der „keiner über

---

[47] vgl. Francke 1994, S. 38 f.; Gerhardt 1991, S. 9 ff.
[48] vgl. Ritter/Gründer 1989, S. 543 ff.
[49] vgl. Bierich 1993, S. 12

den andern sich einer Botsmässigkeit anmaße, sondern beyde Wechselweise aus freyem Willen dasjenige wollen, was das andere will". [...] Jede andere Art von Liebe aber, die einen andern Zweck als den der Gleichheit hat [...] ist unvernünftig; aus ihr fließen die „Irrtümer und Laster"." Für Iselin beruht das Grundprinzip der menschenfreundlichen Gesinnung auf Freundschaft, Freude an der Glückseligkeit der Anderen sowie deren Förderung. Für Kant galt die Maxime des Wohlwollens, aus welcher das „Wohlthun" und das Vergnügen am „Wohlsein der Menschen" hervorgingen.[50]

Die heutige Grundlage des Miteinanders westlicher Gesellschaften und so auch Deutschlands, bilden allgemein anerkannte Rechte des Einzelnen, basierend auf der Verfassung. Ihr zentraler Aspekt ist die Menschenwürde, sie bildet einen fundamentalen Maßstab nicht nur für Akte der öffentlichen Gewalt, sondern auch für privates Handeln.[51] Das auf dem Grundgesetz basierende Selbstbestimmungs- und Persönlichkeitsrecht ist ein nicht mehr wegzudenkendes Ideal in einer demokratischen Gesellschaft. Dies gilt auch für die medizinisch versorgenden Lebensbereiche. Die Hauptaussage ist, dass der Wille des Patienten das Maß der Dinge zu sein hat, auch in Fragen, die ein anderer als der Patient – rein sachlich betrachtet – besser beantworten könnte.[52] Wenngleich es in Deutschland, anders als in anderen westlichen Ländern, allen voran den USA und Niederlanden, keine Patientenrechtsbewegung gab, so zeigten z.B. die Einführung des Betreuungsrechts, wodurch Patientenverfügungen öffentliche Aufmerksamkeit erlangten, die Auseinandersetzungen im Vorfeld des Transplantationsgesetzes 1997 und Gerichtsentscheidungen, die den Willen des Patienten stärker als früher gelten lassen, dass das Konzept der Selbstbestimmung im Bewusstsein der Bürger sehr präsent ist.[53] Aktuellen Zahlen zufolge wünschen im konkreten Arzt-Patienten-Verhältnis immerhin 70 Prozent der Patienten, alleine oder mit dem Arzt gemeinsam zu entscheiden.[54]

Ein Konzept, das in dieser Zeit Eingang in den deutschen Sprachgebrauch fand, ist das aus dem amerikanischen stammende Konzept des „Informed Consent" (IC). Seine zentrale Aussage ist, dass der Patientenwille die oberste Richtschnur für das Handeln des Arztes ist. Der Patient selbst trifft sämtliche Entscheidungen frei und wird dabei begleitet.[55] Nicht die naturwissenschaftlich am sinnvollsten erscheinende, sondern die für den Patienten subjektiv befriedigende

---

[50] vgl. Ritter/Gründer 1989, S. 543 ff.; Thomasius 1968 (ND), S. 161; Iselin 1775, S. 9 ff., S. 20 f.; Kant 1993 (ND), § 25 f., S. 585 f.
[51] vgl. Gstöttner 2004, S. 105 ff.; Oltmanns 1995, S. 49; Roßbach 2002, S. 85 ff.
[52] vgl. Irrgang 1995, S. 82; Schell 1993, S. 103, 134; Maunz-Dürig 2003 zu Artikel 1 und 2 GG
[53] vgl. Steinkamp/Gordjin 2003, S. 83 f.
[54] vgl. Robert Koch-Institut 2006, S. 17
[55] vgl. Irrgang 1995, S. 73

Vorgehensweise ist ausschlaggebend.[56] Der Patient ist als Mensch, d.h. als Subjekt zu würdigen und soll nicht Objekt der Behandlung seiner Krankheit sein. Er ist als mündiges Individuum und als Partner im Behandlungsprozess zu betrachten.[57] Der „IC" wird mit „informierter Zustimmung" oder „informiertem Konsens" übersetzt und ist ein Konzept, das der US-amerikanischen Rechtsprechung der 50er Jahre entspringt. Das heißt, es geht nicht aus der traditionellen medizinischen Ethik im Sinne der ärztlichen Standesethik hervor, wie der Paternalismus im Vergleich, worin schließlich ein Grund für die widerstrebende Umsetzung gesehen werden kann.[58] Die Grundlage des „IC" ist das Selbstbestimmungsrecht des Menschen und damit des Patienten, dessen Autonomie gestärkt werden soll. Der Patient darf eigenverantwortlich entscheiden, ob und welche Behandlung er annimmt. Dieses Selbstbestimmungsrecht wird aus der amerikanischen Verfassung hergeleitet, dem Recht des Bürgers auf Privatheit bzw. Privatsphäre ("Right to privacy)", was soviel bedeutet wie das Recht des Bürgers, „allein gelassen" zu werden.[59]

„Allein gelassen" zu werden bedeutet, der Patient hat das Recht auf seine unbeeinflusste, freie Entscheidung. Der „IC" stellt eine Zustimmungsregelung dar, die voraussetzt, dass der Patient befähigt wird, selbstbestimmt zu entscheiden und dies dann explizit zu tun.[60]

Der Patientenwille hat somit oberste Priorität.[61] Im Wesentlichen bedeutet dies, dass der Arzt die Aufgabe hat, das Wissensgefälle aufzuheben, um eine Einwilligung des Patienten für eine Behandlung oder Therapie zu erhalten. Um die Einwilligung des Patienten zu erhalten, muss diesem ausreichend Information und Aufklärung zur Verfügung gestellt werden. Dabei muss ein Verständnis der Sachlage beim Patienten erreicht werden. Kompetenz und Freiwilligkeit führen letztlich zur Zustimmung des Patienten und Autorisierung der professionellen Kraft. Das Ziel ist der Konsens zwischen Arzt und Patient.[62] Das Konzept des „IC" zeigt sehr anschaulich, dass es aus ethischer Sicht geeignet ist, die Patientenautonomie zu schützen und zu stärken - im Verbund mit einer entsprechenden Rechtsprechung: Die „…Relativierung des paternalistischen Prinzips wird in erster Linie durch die Forderung nach Achtung der Selbstbestimmung des Patienten bzw. seines Rechts darauf begründet und kommt, z.B. im Postulat von Patientenrechten, zum Ausdruck."[63]

---

[56] vgl. Grossmann 1999, 251 f.
[57] vgl. Gstöttner 2004, S. 105 f.; Oltmanns 1995, S. 49; Roßbach 2002, S. 85 ff.
[58] vgl. Giese 2002, S. 9, 16
[59] vgl. Giese 2002, S. 11, 16, 20; Linzbach 1980, S. 15 ff.
[60] vgl. Giese 2002, S. 15
[61] vgl. Roßbach 2002, S. 108
[62] vgl. Irrgang 1995, S. 71 f.
[63] vgl. Manz 1992, S. 79

Das Konzept des „IC" bildet den Grundstein eines sich (zumindest theoretisch) verändernden Patientenbildes. Allerdings bleibt es auf das Recht auf Aufklärung und Einwilligung beschränkt und kann in der Praxis auf unterschiedliche Art und Weise umgesetzt werden (siehe hierzu auch Kapitel 3.2.2.2 *„Die „organisationale Zuwendung" zum Patienten – eine praktische Annäherung"*). Um die Operationalisierung dieses und weiterer Patientenrechte (in Form von „Maßnahmen organisationaler Zuwendung") im Sinne des philanthropen Patientenbildes zu leisten, bedarf es der dargelegten menschenfreundlichen Gesinnung gegenüber dem Patienten.

Paternalismus in Reinform, im Sinne der väterlich-fürsorglichen Entmündigung des Patienten, ist nicht mehr zeitgemäß.[64] Im Vergleich zum paternalistischen Patientenbild ist der Patient im philanthropen Patientenbild nicht weiterhin fremdbestimmt, sondern eine dem Arzt gleichgestellte, d.h. selbstbestimmte Persönlichkeit mit verfassungsmäßig garantierter Würde und Rechten und Pflichten in seiner Eigenschaft als Bürger einer demokratischen Gesellschaft und (Vertrags-)partner[65] des Krankenhauses. Der partnerschaftliche Status ermöglicht den (auf Patientenwunsch hin) *aktiven Patienten.*

Im vorstehenden Kapitel wurden die gesellschaftliche Relevanz sowie der Problemhintergrund des Themas aufgezeigt. Das paternalistische und das philanthrope Patientenbild wurden skizziert und kontrastiert.

Im Folgenden sollen das Erkenntnisinteresse und die Entfaltung der Forschungsfrage dargestellt sowie der Aufbau der Arbeit erläutert werden.

1.1.4 Erkenntnisinteresse und Entfaltung der Forschungsfrage

Aus sozialwissenschaftlicher Sicht erscheint es wünschenswert und notwendig, dass der Patient im Krankenhaus weniger als Summe seiner Teile und unmündiger „Erdulder", sondern vielmehr als gleichgestellter Partner mit dem Bedürfnis nach psychosozialem Wohlbefinden wahrgenommen wird. Dies ist begründbar zum einen mit der rechtlich gesicherten Stellung des Patienten als Bürger einer demokratischen Gesellschaft, die bei Aufnahme in ein Krankenhaus nicht endet, sowie zum andern mit der gesellschaftlichen Verantwortung der Organisation Krankenhaus, den hierin fußenden Vorstellungen des Patienten zu entsprechen, um das Überleben der Organisation wie auch seine ideelle Daseinsberechtigung zu sichern.

---

[64] vgl. Loewy 1995, S. 56
[65] Voraussetzung zur stationären Aufnahme des Patienten im Krankenhaus ist die Unterzeichnung eines Behandlungsvertrages, der den Patienten und i.d.R. den Träger des Krankenhauses als Vertragsparteien kennzeichnet, vgl. Oltmanns 1995, S. 46 f., Bundesarbeitsgemeinschaft der PatientInnenstellen 1994, S. 2

Widersprüchliche Eindrücke aus einschlägiger Literatur werfen allerdings die Frage auf, ob das Krankenhaus den Faktor „psychosoziales Wohlbefinden" des Patienten in der Praxis in ausreichendem Maße berücksichtigt, im Sinne einer Anpassung des Patientenbildes, des hierfür definierten „philanthropen Patientenbildes". Kann von einem Wertwandel im Hinblick auf das Patientenbild im Krankenhaus gesprochen werden oder handelt es sich lediglich um die Deklaration von Patientenfreundlichkeit durch das normative Management, um die Folgen der aktuellen Umbrüche und Rationalisierungen im Krankenhaus augenscheinlich und wettbewerbswirksam zu kompensieren?

Ziel der vorliegenden Arbeit ist daher die Beantwortung folgender Forschungsfrage:

Lassen sich im Krankenhaus auf organisationaler Ebene Konsequenzen für die Initiierung eines philanthropen Patientenbildes mit Blick auf das psychosoziale Wohlbefinden des Patienten erkennen

Diese Fragestellung, unterlegt mit aktuellen empirischen Daten aus der Krankenhauspraxis, wird meiner Kenntnis nach in der gegenwärtigen Literatur nicht thematisiert.

Zur Beantwortung dieser Forschungsfrage wird es erforderlich sein, die Wertorientierung des Krankenhauses (Leitbild), deren Operationalisierung für die Praxis (Maßnahmen organisationaler Zuwendung) und die Kommunikation beider (an den Patienten und an den Mitarbeiter) im Krankenhaus zu untersuchen.

1.2 Aufbau der Arbeit

Nach der Einführung in Thema und Fragestellung der vorliegenden Arbeit in Kapitel 1 widmen sich Kapitel 2 *„Das Krankenhaus aus einzelwirtschaftlicher Perspektive"* und Kapitel 3 *„Das Krankenhaus aus sozialwissenschaftlicher Perspektive"* Literaturrecherchen mit dem Ziel, die Vorüberlegungen zur Durchführung der empirischen Forschung theoretisch und praktisch zu unterstützen. Darüber hinaus dienen sie als Hintergrundinformation für die spätere Interpretation der empirischen Ergebnisse.

In Kapitel 2 werden forschungsrelevante, zentrale Eckpunkte der einzelwirtschaftlichen Gegebenheiten und aktuelle Grundlagen, die den Betrieb eines Krankenhauses ausmachen und beeinflussen, erläutert. Aufgrund der Vorbildfunktion der USA für in Deutschland vorgenommene Veränderungen der letzten Jahre, wird ein Blick auf die forschungsrelevanten Gegebenheiten in den USA geworfen.

In Kapitel 3 erfolgt eine Betrachtung des Krankenhauses aus sozialwissenschaftlicher Perspektive. Sie stellt das Krankenhaus zunächst in einen organisationstheoretischen Bezugsrahmen, der die empirische Vorgehensweise theoriegeleitet begründet. Hierfür wird der praxisnahe Organisationskultur-Ansatz ausgewählt.

In einem nächsten Schritt wird auf Basis der hieraus abgeleiteten Grundlagen aus relevanter Praxis-Literatur herausgearbeitet, welche „Konsequenzen" ein Krankenhaus bzw. das normative Management ziehen sollte, damit ein Wertwandel im Hinblick auf das Patientenbild im Krankenhaus initiiert bzw. eine solche Initiierung nachvollzogen werden kann.

Kapitel 4 bildet den Hauptteil der vorliegenden Arbeit, die empirische Untersuchung acht bewusst ausgewählter Krankenhäuser. Es erfolgt eine Darlegung der methodischen Vorgehensweise, die eine Dokumentenanalyse und leitfadengestützte Experteninterviews umfasst sowie die Auswertung der Ergebnisse.

Kapitel 5 gibt eine abschließende Beantwortung der Forschungsfrage sowie einen Ausblick wider.

Nach vorstehender Einführung in das Erkenntnisinteresse und die Entfaltung der Forschungsfrage soll im folgenden Kapitel das Krankenhaus aus einzelwirtschaftlicher Perspektive betrachtet werden.

2 Das Krankenhaus aus einzelwirtschaftlicher Perspektive

Die einzelwirtschaftliche Perspektive befasst sich mit einigen forschungsrelevanten Eckpunkten, die dem Betrieb eines Krankenhauses heute zugrunde liegen, ohne zunächst auf einen wesentlichen (sozialen) Aspekt, nämlich den Beitrag der Mitarbeiter zu seiner Konstitution, näher einzugehen. Dies erfolgt zu einem späteren Zeitpunkt. Darüber hinaus deutet sich eine erste Positionierung des Patienten im Krankenhaus an.

2.1 Relevante Eckpunkte

Die folgenden Darstellungen greifen entsprechende Eckpunkte in Deutschland auf.

2.1.1 Das Krankenhaus, seine Leitung und Berufsgruppen

Krankenhäuser sind gem. §2 (1) KHG „...Einrichtungen, in denen durch ärztliche und pflegerische Hilfeleistung Krankheiten [...] festgestellt, geheilt oder gelindert werden sollen oder Geburtshilfe geleistet wird und in denen die zu versorgenden Personen untergebracht und verpflegt werden können".[66]

Die vorliegende Arbeit konzentriert sich im wesentlichen auf Allgemeinkrankenhäuser, ihre Unterteilung nach verschiedenen Versorgungsstufen, nach Grund-, Regel-, Schwerpunkt- oder Maximalversorgung, ist für die spätere Festlegung der Auswahl unerheblich. Die Versorgungsstufen unterscheiden sich in den zu vertretenden Fachrichtungen. Grundversorgung bedeutet das Vorhandensein entweder einer Abteilung für Innere Medizin oder/und für Chirurgie, Regelversorgung bedeutet darüber hinaus bei Bedarf auch eine Abteilung für Gynäkologie und Geburtshilfe, HNO, Augenheilkunde und ggf. auch Urologie und Orthopädie, Schwerpunktversorgung bedeutet darüber hinaus eine Abteilung für Pädiatrie, Neurologie, Mund-, Kiefer und Gesichtschirurgie, Maximalversorgung bedeutet eine ergänzende Ausstattung mit besonderen medizinisch-technischen Einrichtungen.

Neben der Bezeichnung „Krankenhaus" wird häufig der Begriff „Klinik" verwendet. Die Begriffe werden nach der herrschenden Auffassung gleichbedeutend verwendet.

Die Krankenhausleitung folgt in den meisten Krankenhäusern dem tradierten, so genannten „3-Säulen-System"[67], auch „triales Organisationsmodell" genannt,

---

[66] vgl. §2 (1) KHG, eine ausführlichere Definition findet sich auch gem. §107 (1) SGB V
[67] vgl. Eichhorn 1979, S. 178

wonach sich die Leitung aus dem Verwaltungs-, Pflege und Ärztlichen Direktor zusammensetzt, welche gleichberechtigt nebeneinander stehen. Ferner existieren so genannte „Vierer-Direktorien" in Universitätskliniken, in denen der Dekan des Fachbereiches Medizin hinzu kommt oder in konfessionellen Krankenhäusern ein Vertreter mit dem Schwerpunkt der geistlichen Führung.[68]

Der in den direkten Umgang mit dem Patienten nicht involvierte Verwaltungsdirektor hat seinen historischen Ursprung im rasant zunehmenden technischen bzw. medizinisch-technischen Fortschritt seit Mitte des 19. Jahrhunderts. Technische Verbesserungen im Krankenhaus und deren Kosten machten die Krankenhaus-Ökonomie zu einem immer wichtiger werdenden Faktor, der in die Forderung mündete, anstelle eines Arztes einen Verwaltungsbeamten zum Direktor, zumindest eines größeren Krankenhauses, zu ernennen.[69]

In einem Krankenhaus arbeitet eine große Zahl unterschiedlicher Berufsgruppen zusammen. Der Anteil der jeweiligen Berufsgruppe an der gesamten Mitarbeiterschaft lässt sich folgendermaßen darstellen (gerundet): die anteilig stärkste Gruppe mit 37,5 Prozent ist der sog. Pflegedienst, d.h. Krankenschwestern und -pfleger, gefolgt vom medizinisch-technischen Dienst mit 15,5 Prozent und den ärztlichen Mitarbeitern mit 15 Prozent, dem Funktionsdienst mit 11 Prozent, dem Wirtschafts- und Versorgungsdienst sowie dem Verwaltungsdienst mit je 7 Prozent. Einen Anteil von 2 Prozent oder weniger haben das klinische Hauspersonal, der technische Dienst, sonstiges Personal und Sonderdienste.[70]

2.1.2 Der Hauptzweck

Der Hauptzweck eines Krankenhauses wird meist aus seiner Trägerschaft abgeleitet. Zunächst unterscheidet man nach bedarfs- und erwerbswirtschaftlichen Krankenhäusern. Die bedarfswirtschaftlichen Krankenhäuser lassen sich nach Trägerschaft weiter differenzieren in öffentliche und freigemeinnützige Krankenhäuser. Die Träger der öffentlichen Krankenhäuser sind öffentlich-rechtliche Gebietskörperschaften wie Bund, Land, Kreis oder Gemeinde, ihre Zweckverbände oder Sozialleistungsträger wie die gesetzlichen Renten-, Kranken- und Unfallversicherungen. Die Träger der freigemeinnützigen Krankenhäuser sind nicht-staatliche gesellschaftliche Organisationen wie kirchliche und weltliche Vereinigungen, Genossenschaften oder Stiftungen. Erwerbswirtschaftliche Krankenhäuser hingegen sind stets privat.[71] Die Verteilung auf Basis der Zahlen des *Statistischen Bundesamtes* aus dem Jahre 2002 liegt bei 817 öffentlichen

---

[68] vgl. Kleinfeld 2002, S. 79, 123 f.; zur Vertiefung vgl. Adams 1979, S. 343 ff.; Albert 1997, S. 360 f.; Degenhardt 1998, S. 7; Schmidt-Rettig 1995, S. 381; Dullinger 1996, S. 9
[69] vgl. Fischer 1965, S. 388, 394
[70] gemäß den Zahlen aus 2005 zu den „Grunddaten der Krankenhäuser", vgl. Statistisches Bundesamt 2005 a, S. 27 f.
[71] Kleinfeld 2002, S. 107; Herder-Dorneich/Wasem 1986, S. 28 ff.

(36,8 Prozent), 877 freigemeinnützigen (39,5 Prozent) und schließlich 527 privaten (23,7 Prozent) Krankenhäusern.[72] Während die öffentlichen und freigemeinnützigen Krankenhäuser hauptsächlich dem staatlichen Auftrag der medizinischen Grundversorgung der gesamten Bevölkerung folgen, liegt der Fokus der privaten Krankenhäuser hauptsächlich in der Gewinnerzielung.[73] Private Krankenhäuser sind überwiegend in Form von Krankenhausketten vorzufinden und befinden sich aufgrund der geschilderten Gesamtlage des Krankenhaussektors auf Wachstumskurs. Denn ihr Zuwachs rekrutiert sich fast ausschließlich über die Akquisition von Krankenhauseinrichtungen mit Versorgungsauftrag, die in wirtschaftliche Schwierigkeiten gerieten. Auf diesem Wege sichern sie sich die Teilnahme an der Versorgung der gesetzlich Krankenversicherten, die den Großteil der Bevölkerung ausmachen und damit für die betriebswirtschaftliche Erlössicherung relevant sind. Die bedeutendsten Krankenhausketten in privater Trägerschaft sind die Asklepios Gruppe, die Helios GmbH, die Rhön-Klinikum AG und die Sana Gruppe.

In jüngster Vergangenheit zeichnet sich ab, dass eine Betonung ökonomischer Überlegungen für alle Krankenhäuser zunehmend wichtiger wird, in anderer Weise als bislang gewohnt, was im nachfolgenden Punkt erläutert wird.

2.1.3 Aspekte der Finanzierungssituation

Im Falle der erwerbswirtschaftlichen, also privaten Krankenhäuser gilt, dass diese, meistens von Ärzten gegründet, aus privaten und nicht aus öffentlichen Mitteln finanziert werden. Ihr Anteil an der Gesamtheit aller Krankenhäuser in Deutschland ist mit unter einem Viertel vergleichsweise gering. Der Teil der privat krankenversicherten Bevölkerung liegt ebenfalls deutlich unter einem Viertel und ist damit entsprechend klein. Der Großteil der Bevölkerung ist gesetzlich pflichtversichert. Betrachtet man bedarfswirtschaftliche, also nicht private Krankenhäuser, die den Großteil der Krankenhauslandschaft in Deutschland ausmachen, so lassen sich bei der Finanzierung der Investitions- und Betriebskosten zwar mehrere verschiedene Quellen ausmachen, allerdings zeigt sich deutlich, dass der Versicherte den Löwenanteil bestreitet. Die Länder übernehmen die aus Steuern finanzierten Investitionskosten und decken damit ca. 10 Prozent der Gesamtkosten eines Krankenhauses. Ihr Anteil am Gesamtfinanzierungsbedarf ist relativ klein. Ebenso verhält es sich mit Prämien privater Krankenversicherungen, Spenden und Stiftungen oder direkte Gelder von Patienten, die 15 Prozent ausmachen. Eine weit wichtigere Quelle sind die gesetzlichen Krankenkassen, deren Anteil rund 75 Prozent – und damit den Löwenanteil

---

[72] gemäß den Zahlen zur Bevölkerungsentwicklung Deutschlands bis 2050, vgl. Statistisches Bundesamt 2005 b, S. 11, 19
[73] vgl. Knorr 2004, Einführung S. VII, XV; Kleinfeld 2002, S. 115

- ausmacht.[74][75] Die monatliche Prämie zur Krankenversicherung ist bei selbständigen berufstätigen Personen gänzlich und bei nicht-selbständigen berufstätigen Personen mindestens zur Hälfte vom Arbeitnehmer und damit vom (potentiellen) Patienten selbst zu zahlen.

In den meisten Fällen wird das Krankenhaus zum Zwecke der Abrechnung der dem Patienten gewährten Leistungen unmittelbar mit der Krankenversicherung in Kontakt treten. Die Abrechnung geht traditionell nicht durch die Hände des Patienten. Er erfährt nicht, was in Rechnung gestellt wurde. Die Krankenkassen zahlen üblicherweise 100 Prozent der angefallenen Behandlungskosten, i.d.R. ohne dass der Patient einen Eigenanteil zu bestreiten hat.

Die Finanzierung eines Krankenhausaufenthaltes hat sich in den vergangenen Jahren im Zeichen einer stärkeren Kostenkontrolle bzw. Kostenminimierung gravierend verändert.[76] Das erklärte Ziel entsprechender gesetzlicher Neuerungen ist es, Krankenhäuser zu mehr Kostenbewusstsein anzuregen und zu verpflichten. Dem ging die Diskussion um die so genannte „Kostenexplosion" voraus, der die Suggestion innewohnte, dass das Gesundheitswesen (unverschuldet) nicht mehr in der bisher gekannten Form bezahlbar sei.[77] Besonders gravierend war die Einführung der „Diagnosis Related Groups" (DRG's) oder auch Fallpauschalen, die die Ablösung des tradierten Prinzips der retrospektiven Finanzierung (Zahlung angefallener Kosten im Nachhinein) durch das Prinzip der prospektiven Finanzierung (Zahlung anfallender Kosten im Voraus anhand festgelegter Pauschalen, Sonderentgelte und Budgets) bedeutet.[78] Der wirtschaftliche Erfolg eines Krankenhauses hängt davon ab, wie weit es gelingt, im Ressourcenverbrauch unterhalb der gewährten Gelder (Fallpauschalen, Sonderentgelte ect.) zu liegen. Um wirtschaftlich zu arbeiten ist das Krankenhaus dazu verpflichtet, unnötige Behandlungen und Verweiltage zu vermeiden und qualitativ hochwertige Leistungen kostengünstig zu produzieren.[79] Eine Senkung der Verweildauer des Patienten bringt es mit sich, dass ein höherer Patientendurchlauf erfolgen muss, um die Auslastung der vorhandenen Betten zu gewährleisten. Die zunehmende Zahl an Patienten erfordert einen höheren Arbeitsaufwand für die Krankenhausmitarbeiter, der sich scheinbar aufgrund des zunehmenden Wettbewerbs zusätzlich erhöht durch das Bestreben, ein moderner und für den Patienten attraktiver Dienstleister sein zu wollen, der die wachsenden Ansprüche einer individuelleren Patientenbetreuung befriedigt.

---

[74] vgl. Neubauer 1999, S. 21 f.
[75] zur Bevölkerung nach Bundesländern vgl. Statistisches Bundesamt 2006 ; zu den Versicherten der GKV vgl. Das Bundesministerium für Gesundheit, Statistik KM6 zum 1. Juli 2006, S. 13
[76] vgl. hierzu ausführlich Kühn/Simon 2001, S. 17-41; Knorr 2004, Einführung, S. VII ff.
[77] zur Systemkritik des Gesundheitswesens vgl. ausführlich Schmidbauer 1993, S. 16 ff.
[78] vgl. Knorr 2004, Einführung, S. X f.
[79] vgl. Kellnhauser 2001, S. 211 f; Kühn/Simon 2001, S. 2

Weiterer Druck entsteht in dieser Situation durch die von den Ländern vorgenommene Reduzierung von Planbetten in den Krankenhausplänen, die zu einem Bettenabbau und damit letztlich auch zu einem Stellenabbau führen sowie der kontinuierliche Rückzug öffentlicher Träger zugunsten der Privatisierung.[80]

Das Krankenhaus ist (nicht erst seit heute) eingebettet in finanzielle Anreiz- oder Sanktionsmechanismen, die ein ethisches Problem wieder stärker ins Bewusstsein rücken. Der Arzt soll gegenüber dem Patienten uneingeschränkt loyal sein, ausschließlich im Interesse des Patienten handeln und das Wohlergehen des Patienten über das eigene finanzielle Wohlergehen stellen, so, wie es der hippokratische Eid verspricht.[81] Aufgrund des wachsenden Einflusses ökonomischer Ziele auf patientenbezogene Entscheidungen werden allerdings zahlreiche Versorgungsrisiken für den Patienten befürchtet, namentlich Rationalisierung, Rationierung, Patientenabweisungen und –verschiebungen, eine Verschärfung der sozialen Ungleichheit in der Patientenversorgung und Qualitätseinbußen, die insgesamt eine Absenkung des Versorgungsstandards befürchten lassen.[82]

2.1.4 Der Qualitätsgedanke

Die entstandene wirtschaftliche Herausforderung könnte also, zumindest theoretisch, Versorgungsrisiken mit sich bringen, insbesondere Qualitätsverschlechterungen. Hier greift der Gesetzgeber ein, indem er dem Qualitätsmanagement einen besonderen Stellenwert zuweist. Krankenhausträger sind gemäß § 137a SGB V, der die Qualitätssicherung in der stationären Versorgung regelt, zur Beteiligung an entsprechenden Maßnahmen verpflichtet.[83] Seit dem Jahre 2005 sind Krankenhäuser zur Einführung eines internen Qualitätsmanagements zwingend aufgefordert.[84] Die Veränderungen im Krankenhaus ranken sich um zwei wesentliche Säulen, die Betonung der abteilungsübergreifenden Prozessoptimierung (unter Ablösung der tradierten Funktionsorientierung) und die (zunehmend stärkere) Betonung der Patientenorientierung.[85] Die Vorbilder sind grundsätzlich in industriellen Reengineering-Konzepten aus den achtziger und neunziger Jahren zu finden (Lean Management, Total Quality Management, Business Reengineering).[86] Ihre Ansätze sind in der internationalen und branchenübergreifenden

---

[80] vgl. Kühn/Simon 2001, S. 42 ff.
[81] vgl. Kühn 1996, S. 2 ff.
[82] vgl. Kühn/Simon 2001, S. 42 ff.; vgl. Gerlinger et al 2000, S. 6
[83] vgl. Bauer 2003, S. 10 f.
[84] vgl. Kühn/Simon 2001, S. 2; vgl. SGB V § 135 a und SGB V § 137 (hier aus Knorr 2004)
[85] vgl. Kahla-Witzsch 2002, S. 9 ff., 18, 44; Eckert/Böhmer 2000, S. 669 ff; Dullinger 1996, S. 27 ff.
[86] vgl. Dullinger 1996, S. 27 ff.

Industrienorm DIN EN ISO 9001:2000, erarbeitet von der Internationalen Organisation für Normung, wieder zu finden. Bei der Umsetzung der gesetzlichen Verpflichtung können Krankenhäuser durch von ihnen frei auswählbare, unabhängige Institute unterstützt werden. Geläufig sind der TÜV (Technischer Überwachungsverein), EFQM (European Foundation for Quality Management) und besonders KTQ (Kooperation für Transparenz und Qualität im Gesundheitswesen), im Bereich der konfessionellen Krankenhäuser in Kombination mit proCum Cert, das die Kriterien des KTQ um christliche Aspekte ergänzt. Sie helfen bei der Übertragung der Industrienorm DIN EN ISO 9001:2000 auf die branchenspezifischen Bedürfnisse des Krankenhauses. Das Institut KTQ ist, im Vergleich zu den übrigen, allein auf das Gesundheits- und Krankenhauswesen spezialisiert. Es ist ein Kind der Bundesgesetzgebung (insbesondere § 137 SGB V in Verbindung mit §112 SGB V und deren Folgeparagraphen) und verfügt als einziges über einen krankenhausspezifischen Fragenkatalog, entwickelt in Zusammenarbeit mit Krankenhauspraktikern aus Pilotkrankenhäusern. Dieser Katalog gibt eine grobe Struktur vor und dient damit als Basis für die weitere, vom Krankenhaus selbst vorzunehmende Formulierung von Umsetzungsrichtlinien. In jedem Krankenhaus sieht die Umsetzung folglich anders aus. Die wesentlichen KTQ-Kategorien sind Qualitätsmanagement, Krankenhausführung, Informationswesen, Sicherheit im Krankenhaus, Mitarbeiterorientierung und, für die vorliegende Arbeit besonders interessant, die Patientenorientierung.[87]

Zunächst hat das Krankenhaus sich selbst zu bewerten und jährlich einen Qualitätsbericht zu veröffentlichen. KTQ sieht in einem nächsten Schritt – nach US-amerikanischem Vorbild – eine Fremdbewertung durch neutrale Visitoren vor. Die erfolgreiche Ein- und kontinuierliche Fortführung bzw. stetige Verbesserung eines Qualitätsmanagementsystems wird im Zweijahrestakt überprüft und bewertet und kann, auf Wunsch des Krankenhauses, zusätzlich zertifiziert werden. Die Zertifizierung ist bislang nicht vorgeschrieben, wird jedoch bereits heute von einzelnen Krankenhäusern, die im Bewertungsverfahren sehr gut abschneiden, im Sinne einer am Wettbewerb orientierten Imagepflege genutzt. Es darf erwartet werden, dass dieses Prüfsiegel in einigen Jahren maßgeblich sein wird als Einstiegsvoraussetzung des Krankenhauses für die Beteiligung an der Krankenversorgung. Bislang ist das gesamte Unterfangen aufgrund der vergleichsweise geringen Erfahrung in Deutschland noch nicht ausgereift und ihre derzeitige Umsetzung im Detail in die Praxis daher fraglich.[88]

---

[87] vgl. KTQ Manual 5.0, 2004, Einleitung S. 6; Roßbach 2002, S. 85; Hildebrandt et al 2001, S. 246
[88] vgl. Hildebrandt et al 2001, S. 246

2.1.5 Die Patientenorientierung

Vor dem dargestellten gesetzlichen Hintergrund kann kein Krankenhaus mehr darauf verzichten, seine Patientenorientierung zu proklamieren.[89] Was das Krankenhaus als „Patientenorientierung" im Detail definiert, ist dabei recht offen. Im Allgemeinen und idealerweise bedeutet Patientenorientierung, dass Prozesse und Verfahrensweisen bestmöglich auf die Anforderungen und Bedürfnisse des Patienten abgestimmt werden sollen. Hierbei sollen vor allem auch Wünsche berücksichtigt werden, die über die rein medizinischen Leistungen hinausgehen. Das Krankenhaus soll die Perspektive des Patienten einnehmen, dem idealerweise eine souveräne Rolle als Subjekt und Konsument zukommt.[90]

Der Patient ist im Krankenhaus über seinen gesamten Aufenthalt hinweg mit unterschiedlichen Personen und (räumlichen) Gegebenheiten konfrontiert („moments of truth"), die sein Wohlbefinden und damit seine Gesamt-Beurteilung im Hinblick auf seine Zufriedenheit erheblich beeinflussen.[91] Zieht man den aktuellen Fragenkatalog des KTQ zu Rate, sollen daher folgende Punkte im Hinblick auf eine stärkere Patientenorientierung integriert werden (hier beschränkt auf die psychosozialen Aspekte): eine stärkere Unterstützung des Patienten durch Orientierungshilfen, mehr Information und Aufklärung, die Integration des Patienten und seiner Angehörigen in den Aufnahme-, Behandlungs- und Entlassungsprozess, eine bessere Kommunikation, die erhöhte Rücksichtnahme und Beachtung der menschlichen Individualität und das Bestreben, kontinuierliche Verbesserungen mithilfe eines Beschwerdemanagements und insbesondere mithilfe von Patientenbefragungen zu erreichen.[92]

Patientenorientierung avancierte zum Schlagwort der Managementliteratur, obwohl kritische Stimmen ihre tatsächliche Umsetzung bzw. Umsetzbarkeit aufgrund der dargestellten Rahmenbedingungen, die einen Wirtschaftlichkeits- und Kostendruck mit entsprechenden ethischen Problemen erzeugen, grundsätzlich bezweifeln und in ihr lediglich eine „Floskel" sehen.[93] Die umfassende Managementliteratur geht im Großen und Ganzen jedoch davon aus, dass „...Patientenorientierung und Kostenorientierung als aktuelle Ziele des Krankenhaus-Managements nicht in einem konflikthaften Spannungsfeld zueinander stehen, sondern dass sich durch Zuhilfenahme einiger prozessorientierter Managementkonzepte die dringend erforderlichen Effizienzsteigerungen und Rationalisierungseffekte sowie Fortschritte in Richtung einer patientenorientierten Kranken-

---

[89] vgl. Sperl 2002, S. 118
[90] vgl. Hribek 1999, S. 31 ff.
[91] vgl. Dullinger 1996, S. 18 f.
[92] vgl. hierzu KTQ Manual 5.0, 2004
[93] vgl. Sperl 2002, S. 118; zu den negativen Auswirkungen der ökonomischen Bedingungen auf die Patientenorientierung vgl. auch Kühn/Simon 2001, S. 78 ff.

hausgestaltung durchaus gleichzeitig verwirklichen lassen."[94] Es handelt sich beispielsweise um die Ablösung der auch in Pflegekreisen schon seit längerem kritisierten, weil ungünstig auf die Befindlichkeit und Genesung des Patienten wirkenden „Funktionspflege" durch die Bereichspflege[95], des weiteren um eine integrierte Patientendokumentation und eine bessere Organisation[96]. Auch nicht unmittelbar behandlungsspezifische Kriterien, wie verringerte Wartezeiten, Rücksichtnahme bei Weckzeiten, besser koordinierte Tagesabläufe, eine ansprechende räumliche Ausstattung, Qualität und Auswahl des Essens, freundliche Umgangsformen und allgemeine Zusatzleistungen wie z.B. Telefon und Friseur, werden der Patientenorientierung zugeordnet, um nur einige Beispiele anzuführen.[97]

Mit der Diskussion zur Förderung der Patientenorientierung im Rahmen des Qualitätsmanagement Mitte der neunziger Jahre gewannen auch in Deutschland Patientenbefragungen zur subjektiven Zufriedenheit während des Krankenhausaufenthaltes zwangsläufig an Aufmerksamkeit. Während insbesondere im angelsächsischen und skandinavischen Sprachraum Patientenumfragen sowohl in der Praxis als auch der akademischen, so genannten Zufriedenheitsforschung („patient satisfaction") heute auf eine bereits jahrzehntelange Tradition zurückblicken, spielte dieses Thema in Deutschland lange Zeit keine nennenswerte Rolle.[98]

Mittlerweile wird es als Selbstverständlichkeit angesehen, dass die subjektiv wahrgenommene Zufriedenheit des Patienten, für das Krankenhaus als erfolgreichem Dienstleister sowie für den Patienten im Hinblick auf den Heilungserfolg, bedeutend ist. Die Fähigkeit, ein Urteil zu fällen, wird dem Patienten nicht mehr abgesprochen, da es sich hierbei ausschließlich um subjektive Einschätzungen handelt, nicht um die Beurteilung fachlich-medizinischer Aspekte.[99]

Inzwischen gehört es auch in Deutschland zum Standard, dass jeder Patient um seine subjektive Einschätzung gebeten wird, spätestens bei Beendigung seines Aufenthaltes im Krankenhaus. Eine verbreitete Vorgehensweise hierfür ist die Aushändigung eines Beurteilungsbogens an jeden Patienten bereits zu Beginn seines Krankenhausaufenthaltes und die Anbringung von „Kummerkästen" im Haus, wodurch der Patient schriftlich und anonym seine Meinung äußern kann.[100] Der Patient wird ferner dazu aufgefordert, bei Bedarf eine formlose, direkte Beschwerde an einen Mitarbeiter der Beschwerdestelle oder sonstige

---

[94] vgl. Dullinger 1996, S. 1, auch S. 28 f.; vgl. auch Conrad 1999, S. 571 ff., Pfaffenberger 1999, S. 601
[95] vgl. Elkeles 1994, S. 2, 13
[96] vgl. Engelhardt/Herrmann 1999, S. 183 ff., 217 ff.; prognos 1998, Vorwort, S. VI f.
[97] vgl. ausführlich Richter 1999, S. 429 ff., Stratmeyer 2002, S. 259 f.
[98] vgl. Blum 1998, S. 14; Aust 1994, S. 2
[99] vgl. Pfaff et al 2004, S. 87 f. ; Blum 1998, S. 21 f., 25
[100] Wie sich zeigte, ist die Rücklaufquote schwankend und entspricht keiner Normalverteilung über die Patientenpopulation, vgl. hierzu Hörmann in krankenhaus umschau 4/2005, S. 314

rekte Beschwerde an einen Mitarbeiter der Beschwerdestelle oder sonstige Krankenhausmitarbeiter zu richten. Die Bearbeitung von Anregungen oder Beschwerden wird durch einen betrauten Krankenhausmitarbeiter vorgenommen, der neben der Problemlösung im jeweiligen Einzelfall auch im Sinne langfristiger Verbesserungen eine Statistik führt und diese regelmäßig an die Krankenhausleitung weiterleitet. Seltener (da kostenträchtig) ist die Erhebung der Patientenzufriedenheit mittels gesteuerter Fragebogenaktionen durch ein vom Krankenhaus beauftragtes externes Institut.[101]

Der Nutzen der mittlerweile in jedem Krankenhaus ausgehändigten Patienten-Fragebögen ist aus wissenschaftlicher Sicht fraglich, da sich die verwendeten Fragebögen einer wissenschaftlichen Betrachtung entziehen und von schlechter Qualität sind, d.h. die Messinstrumente weder theoretisch hergeleitet noch messtheoretisch validiert sind. Dies hat zur Folge, dass wichtige Aspekte der Patientenzufriedenheit nicht erfasst werden können. Die meisten Instrumente sind undifferenziert, die Fragestellung zu global und kaum verwertungsrelevant.[102]

2.1.6 Zusammenfassung

Im ersten Teil des Kapitels 2 wurde ein Blick auf solche für die vorliegende Arbeit relevanten Eckpunkte aus einzelwirtschaftlicher Perspektive geworfen.

Es zeigte sich, dass im Hinblick auf die betriebswirtschaftlichen Belange des Krankenhauses der Verwaltungsdirektor, auch (kaufmännischer) Geschäftsleiter genannt, eine zentrale Stellung einnimmt. Ferner ist die zahlenmäßig stärkste Berufsgruppe die der Pflegekräfte, mit einem Anteil von 37,5 Prozent. Diese Informationen werden im empirischen Teil dieser Arbeit von Bedeutung sein.

Die Krankenhauslandschaft in Deutschland ist geprägt durch öffentliche und gemeinnützige Krankenhäuser, deren Hauptzweck zwar in der Gewährleistung von Gesundheit für die Bevölkerung liegt, die ihren Handlungen jedoch zunehmend auch ökonomische Erwägungen zugrunde legen, vergleichbar mit den zahlenmäßig unterlegenen privaten Krankenhäusern, deren Hauptzweck die ökonomische Gewinnerzielung ist.

Die tragende Rolle bei der Finanzierung eines Krankenhauses kommt den gesetzlichen Krankenversicherungen mit 75 Prozent Kostenbeteiligung zu. Die Versicherungsbeiträge werden vom Versicherten, d.h. dem Patienten und potentiellen Patienten, durch einen monatlichen Beitrag entrichtet. Bei einem Krankenhausaufenthalt steht das Krankenhaus im Hinblick auf die Behandlung in direkter Geschäftsbeziehung mit dem Patienten, abrechnungstechnisch hingegen nicht. Hier besteht die Geschäftsbeziehung, und damit sämtliche Rechtfertigung

---

[101] vgl. Hörmann in krankenhaus umschau 4/2005, S. 314
[102] vgl. Blum 1998, S. 15 f.; Aust 1994 S. 33; Steffen 2004, S. 88

und Kommunikation, lediglich mit der Krankenkasse des Patienten, da diese i.d.R. 100 Prozent des Rechnungsbetrages übernimmt. Die aktuellen Veränderungen in der Krankenhausfinanzierung, insbesondere die Einführung der prospektiven Finanzierung unter Anwendung der DRG's („diagnosis related groups"), mit der Folge verkürzter Liegezeiten der Patienten und einem deutlich erhöhten Patientenaufkommen zur Gewährleistung der Auslastung, aber auch hinzukommenden Entwicklungen, wie z.b. der Betten- und damit Stellenabbau, ein zunehmender Wettbewerbsdruck und die Ökonomisierung im gesamten (nicht nur privaten) Krankenhaussektor, ließen mancherorts die Sorge aufkommen, dass eine Unterversorgung der Bevölkerung und Qualitätseinbußen in der Krankenversorgung bevorstehen könnten. Die vom Gesetzgeber folglich verordneten Maßgaben zur Qualitätssicherung und –verbesserung und die darin verankerten Maßgaben zur Verbesserung einer expliziten Patientenorientierung, bei der erstmals zumindest der Eindruck entsteht, die subjektive und psychosoziale Seite der Patientenversorgung werde explizit integriert, sind derzeit tendenziell noch sehr allgemein gehalten und werden daher von Kritikern in ihrer Relevanz für die Krankenhauspraxis als fragwürdig beurteilt. Ähnlich schwierig verhält es sich mit wissenschaftlich fundierten Erhebungen zur Patientenzufriedenheit, die den Prozess der Implementierung und Verbesserung der Patientenorientierung begleitenden sollten. Insgesamt befindet sich diese Entwicklung in Deutschland noch im Anfangsstadium.

Abgesehen von der jüngsten Entwicklung, die als noch zu theoretisch kritisierte, gesetzliche Verpflichtung zu mehr Patientenorientierung, scheinen der Patient und dessen psychosoziale Bedürfnisse im Krankenhaus keine besondere Erwähnung zu finden.

In dieser Situation liegt es nahe, nach Vorbildern zu suchen, die Erfahrung in einem prospektiven Finanzierungssystem haben sowie mit Qualitäts- und insbesondere Patientenorientierung vertraut sind. Der Blick fällt diesbezüglich auf das Urheberland der DRG's, nämlich die USA. Das deutsche Fallpauschalensystem gründet auf dem dortigen DRG-System ebenso wie die dortigen Maßnahmen zur Qualitäts- und insbesondere Patientenorientierung Vorbild für die deutsche Qualitätsdiskussion sind.[103]

2.2 Ein Blick in die USA

Die folgenden Darstellungen zeigen relevante Eckpunkte im US-amerikanischen Krankenhaus.

---

[103] vgl. Gerlinger 2000, Editorial, S. 6

2.2.1 Aspekte der US-amerikanischen Finanzierungssituation

Das Gesundheitssystem der USA ist seit jeher privatwirtschaftlich geprägt. Zwei bedeutende Unterscheidungsmerkmale zu Deutschland sind, dass der Großteil der US-amerikanischen Krankenhäuser privat ist und es in den USA keine gesetzliche Grundlage gibt, die eine Krankenversicherung vorschreibt.

Eine Krankenversicherungspflicht besteht in den USA grundsätzlich nicht. Krankenversicherung ist Privatsache und freiwillig. Wer mittellos oder nicht durch seinen Arbeitgeber versichert ist, kann und muss ohne Krankenversicherung leben. Versichert zu sein ist ein Privileg. Ausnahmen bilden lediglich Menschen über 65, Behinderte und sozial schwach gestellte Personen, die sich unter bestimmten, sehr strengen Voraussetzungen in zwei staatlichen Programmen („medicare" und „medicaid") wieder finden. Der größte Teil der US-amerikanischen Bevölkerung ist privat versichert. Berufstätige Personen werden in der Regel durch den Arbeitgeber versichert. Arbeitgeber nutzen gern „benefits" als Instrument der Mitarbeiterwerbung und -bindung, wozu üblicherweise auch die vollständige Zahlung der Prämie für die Krankenversicherung zählt. Viele US-Unternehmen bieten dies an.[104]

Das Krankenhaus steht typischerweise mit dem Patienten in unmittelbarer Geschäftsbeziehung. Das bedeutet, dass der Patient eine sehr detaillierte, lückenlose Rechnung erhält, die er auf Richtigkeit überprüfen kann und muss. Dies wird er im eigenen Interesse sehr gewissenhaft tun, da er selbst, je nach Vertragsgestaltung mit seiner Krankenkasse, ca. 20 Prozent des Rechnungsbetrages zu tragen hat. Die privaten Krankenkassen erstatten meist ca. 80 Prozent des Rechnungsbetrages.[105] Leistungen, die durch die Krankenkasse nicht abgedeckt sind, sind vom Patienten vollständig privat zu bezahlen.

Der freie Wettbewerb erhebt den Patienten zum zahlenden und fordernden Kunden und hat daher Auswirkungen auf das Patientenbild. Keine unerhebliche Rolle spielt hierbei die freiwillige, aufgrund des Wettbewerbs jedoch unverzichtbare, regelmäßige Teilnahme US-amerikanischer Krankenhäuser an einer Qualitätsprüfung durch die neutrale „Joint Commission on Accreditation of Health Care Organisations", kurz „Joint Commission".

2.2.2 Die „Joint Commission"

Die USA verfügen im internationalen Vergleich über die längste Erfahrung im Hinblick auf die Zertifizierung (Accreditation) von Krankenhäusern, was unter

---

[104] vgl. Englishweb GmbH; Mattern 1997, S. 28 ff., S. 35ff.; zur Vertiefung der Programme Medicare/Medicaid vgl. Kruse 1997, Neipp 1988
[105] Mattern 1997, S. 31

anderem jahrzehntelange Erhebungen zu Patientenbedürfnissen[106] einschließt. Die „Joint Commission" ist das weltweit älteste Institut, auf dessen Erfahrungen und Grundsätzen später gegründete Organisationen in anderen Ländern, beispielsweise das „Australian Council on Hospital Standards" oder das „Canadian Council on Hospital Accreditation", aufbauen. Seit 1998 existiert der nach Europa reichende, internationale Zweig „Joint Commission International Accreditation" (JCIA), der eine Berücksichtigung länderspezifischer Unterschiede rechtlicher, kultureller und religiöser Natur erlaubt. Ein Abgleich der US-amerikanischen Standards mit den Kriterien der in Deutschland üblichen Institute ist demnach grundsätzlich umsetzbar.[107] Die deutsche KTQ verweist auf sein US-amerikanisches Vorbild, ebenso wie einzelne deutsche Krankenhäuser, die bereits danach zertifiziert wurden.[108]

Die „Joint Commission" wurde vor über fünfzig Jahren gegründet, ihre Vorläufer reichen weitere Jahrzehnte (bis 1918) zurück. Sie ist eine Institution, die regelmäßig und landesweit die Arbeit von Krankenhäusern (und anderen Einrichtungen des Gesundheitswesens) mittels standardisierter Qualitätskriterien, die die Joint Commission selbst bis ins Detail entwickelt und für alle Krankenhäuser einheitlich verbindlich macht, überprüft und insofern den Qualitätsgedanken traditionell und einschlägig auf die Gesundheitsbranche anwendet.[109]

Im Mittelpunkt steht die kontinuierliche Verbesserung der Versorgung des Patienten in Theorie und Krankenhauspraxis. Vertreter der „Joint Commission" betreten einen Großteil US-amerikanischer Krankenhäuser und prüfen die Einhaltung der von ihnen festgelegten und detaillierten Standards in sämtlichen Fachabteilungen anhand der vorgeschriebenen Dokumentation und Mitarbeiterbefragungen. Krankenhäuser in den USA nehmen freiwillig an den regelmäßig durchgeführten Prüfungen teil, um im Wettbewerb bestehen zu können. Eine gesetzliche Verpflichtung hierzu gibt es nicht.[110] Die abschließende Zertifizierung (Accreditation) ist für US-amerikanische Krankenhäuser der unverzichtbare Abschluss einer erfolgreichen Prüfung, während dies in Deutschland derzeit nicht üblich ist. Lediglich vereinzelt vollziehen Krankenhäuser diesen (noch) nicht gesetzlich vorgeschriebenen, abschließenden Schritt.[111]

Für die Entwicklung, Erweiterung und stetige Verfeinerung von Qualitätsstandards verfügen Krankenhäuser in den USA über insgesamt mehr als achtzig Jah-

---

[106] vgl. Knerr 2005, Vorwort, S. III
[107] vgl. Asché 2000, S. 665 ff.
[108] vgl. KTQ, Manual 5.0, Einleitung, S. 9; exemplarisch siehe Homepage Asklepios Südpfalzkliniken Germersheim
[109] vgl. Kellnhauser 2003, S. 46 f.; Homepage der Joint Commission on Accreditation of Health Care Organisations
[110] vgl. Homepage der Commission on the Accreditation of Health Care Organisations
[111] zur Zertifizierung vgl. Dangel-Vogelsang 1999, S. 88 ff.

re Erfahrung. Dies trifft unter anderem auf die hier interessierenden psychosozial relevanten Aspekte zu. Service- und Kundenorientierung im Sinne einer auf Patientenrechten basierenden Patientenorientierung sind wesentliche Eckpfeiler eines modernen, wettbewerbsfähigen Krankenhauses in den USA.

2.2.3 Das wirtschaftlich induzierte Patientenbild: Der Patient als „Kunde"

Die privatwirtschaftliche Prägung des Krankenhaussektors der USA bedingt, dass das Krankenhaus in wirtschaftlicher Hinsicht keine Sonderstellung anderen Wirtschaftsunternehmen gegenüber einnimmt. Das Krankenhaus ist Dienstleister im freien Wettbewerb und seine Leistungen sind interorganisational vergleichbar.

Der „Kunde" Patient entscheidet frei, welches Krankenhaus er im Erkrankungsfall nutzen möchte, der behandelnde Arzt spricht lediglich Empfehlungen aus. Aus seiner Kundenposition heraus und mit spezifischen Patientenrechten ausgestattet stellt der selbstbestimmte Patient unterschiedliche individuelle Ansprüche an den Dienstleister Krankenhaus, von der medizinischen Behandlung und Pflege bis hin zu Serviceleistungen. Das Krankenhaus ist bemüht, den Aufenthalt des Patienten so angenehm zu gestalten, wie unter den gegebenen Umständen möglich, um den Patienten als Kunden auch für die Zukunft zu bewahren und darüber hinaus durch ihn ein positives Image nach außen tragen zu können.

Um zu wissen, was der Patient wünscht, werden seit Jahrzehnten Patientenbedürfnisse akademisch erforscht, so dass die mittlerweile entstandene Forschungsliteratur als führend in der Zufriedenheitsforschung gewertet wird.[112]

Der Patient ist der erklärte Mittelpunkt des Geschehens im Krankenhaus. Seine Autonomie und sein Wohlbefinden stehen an oberster Stelle. Das partnerschaftliche Verhältnis zum Patienten wird betont und es zeigt sich der Wille, es stets weiterzuentwickeln. Dies drückt sich in einem umfassenden Maßnahmenpool und einem sehr klaren und detaillierten Informationsverhalten hierüber aus, welches dem Patienten bereits bei seiner Aufnahme in Form einer Patienteninformationsbroschüre zukommt. Sie informiert den Patienten über seine Rechte und Pflichten und sein partnerschaftliches Verhältnis zum Krankenhaus bzw. dessen Mitarbeitern.[113]

2.2.4 Zusammenfassung

Im zweiten Teil des Kapitels 2 wurden einzelne Besonderheiten und Hintergründe des US-amerikanischen Krankenhauses erläutert.

---

[112] vgl. Blum 1998, S. 14; Hribek 1999, S. 7 ff.
[113] vgl. Kellnhauser 2003, S. 36 ff.

Es zeigte sich, dass es dem Hauptzweck der ökonomischen Gewinnerzielung auf Basis einer privat geprägten Finanzierung folgt und über eine etwa achtzigjährige Erfahrung im Hinblick auf eine Qualitäts- und Patientenorientierung verfügt, welche über die landesweite Kontrolle der unabhängigen „Joint Commission" sichergestellt wird, sofern das Krankenhaus (freiwillig) teilnimmt.

Das Krankenhaus wirtschaftet in einem Umfeld, das keine Krankenversicherungspflicht kennt. Der freiwillig privat versicherte Patient hat einen nicht unwesentlichen Teil seiner Krankenhausrechnung, ca. 20 Prozent, trotz des Eintretens seiner Versicherung selbst zu tragen, so dass das Krankenhaus nicht nur im Hinblick auf die Behandlung des Patienten, sondern auch abrechnungstechnisch mit dem Patienten in unmittelbarer Geschäftsbeziehung steht. Das Krankenhaus wird als privates Wirtschaftsunternehmen gewertet und befindet sich im freien Wettbewerb zu anderen Krankenhäusern.

Die auf Patientenrechten basierende Patientenorientierung und ein ausgeprägtes Verständnis von Service- bzw. Kundenorientierung sind wesentliche Eckpfeiler eines modernen, wettbewerbsfähigen Krankenhauses in den USA. Zur Förderung der Patientenzufriedenheit tragen die Erkenntnisse einer seit Jahrzehnten akademisch gesicherten Zufriedenheitsforschung bei.

Insgesamt entsteht hierdurch der Eindruck, der Patient befinde sich in einer gestärkten Position und in diesem Sinne in der Rolle eines „Kunden", dem die alleinige Entscheidungsmacht obliegt, sich für oder gegen ein Krankenhaus zu entscheiden. Er steht daher zunächst ökonomisch bedingt im Mittelpunkt aller Überlegungen, was sich auf seinen Krankenhausaufenthalt auswirkt, also auch auf die Berücksichtigung der psychosozialen Aspekte des Krankenhausaufenthaltes.

Nachdem in Kapitel 2 das Krankenhaus aus einzelwirtschaftlicher Perspektive betrachtet wurde, wird in Kapitel 3 das Krankenhaus aus sozialwissenschaftlicher Perspektive beleuchtet.

3 Das Krankenhaus aus sozialwissenschaftlicher Perspektive

Die in den Sozialwissenschaften untersuchten Organisationen stammen allgemein aus Wirtschaft und Verwaltung, daher wird der Begriff Organisation statt Unternehmen verwendet. Die sozialwissenschaftliche Perspektive der vorliegenden Arbeit skizziert das theoretische Verständnis vom Funktionieren einer Organisation (im Sinne eines Gebildes, einer Institution) in Fokussierung auf die zugrunde liegende Bedeutung des Mitarbeiters. Ein Verständnis hierfür ist grundlegend für jegliche Überlegungen zur Initiierung einer gewünschten Veränderung innerhalb der Organisation, hier eines Wertwandels hinsichtlich des Patientenbildes. Darauf aufbauend werden literaturgestützt geeignete, einen Wertwandel initiierende Aktivitäten der Organisation bzw. Organisationsleitung, im weiteren Verlauf so genannte „Konsequenzen", aufgezeigt.

3.1 Das Krankenhaus als soziales Gebilde

In der vorliegenden Arbeit wird der heute gemeinhin geteilten Auffassung gefolgt, dass die Organisation, hierzu zählt auch das Krankenhaus, in erster Linie durch das soziale Handeln der Mitglieder konstituiert, d.h. hervorgebracht wird. Die nachfolgende Skizzierung der interpretativen Theorieperspektive innerhalb der Organisationstheorien und insbesondere des darin fußenden Organisationskultur-Ansatzes, der nach *Edgar Schein* dargestellt wird, verdeutlichen die Positionierung des Mitarbeiters bei einer durch das Management beabsichtigten Veränderung der Organisationskultur.

3.1.1 Die interpretative Theorieperspektive in der Organisationstheorie

Bis in die zweite Hälfte des vorigen Jahrhunderts hinein dominierte eine vorwiegend funktionalistische Auffassung die Beschreibung von Organisationen, die von einer subjektunabhängigen Objektivität in Organisationen ausging. Erst in den siebziger und achtziger Jahren zeichnete sich eine Veränderung innerhalb der Organsiationstheorien ab: So genannte „interpretative" Ansätze thematisierten nunmehr zunehmend eine subjektabhängige Objektivität.[114]

Im Mittelpunkt steht das Verhältnis von Individuum und Organisation dergestalt, dass es fortan dem wissenschaftlichen Grundverständnis nach weniger um die Betrachtung der subjektunabhängigen „objektiven" Realität und daher um die Annahme einer einzigen sozialen Wirklichkeit geht, sondern vielmehr um die lange Zeit stark vernachlässigte Subjektivität der Individuen. Anders formuliert

---

[114] vgl. hierzu ausführlicher Wollnik 1995, S. 303 ff.; Türk 1990, S. 31 ff.

wird das menschliche Handeln, die Subjektivität der Wahrnehmungen und Deutungen der „sozialen Akteure" bzw. „Mitglieder", als konstituierendes Merkmal von Organisationen angesehen. Die Organisation funktioniert in der interpretativen Theorieperspektive nur, solange sie konkrete Menschen durch Handeln hervorbringen.[115] Hierzu existieren unterschiedliche theoretische Ansätze mit unterschiedlichen Akzentuierungen. Sie alle haben ihre Existenzberechtigung, da es verschiedener Perspektiven und Erkenntnisinteressen bedarf, um die Komplexität des Geschehens in Organisationen zu erfassen, sie zu beschreiben und zu verstehen. Es würde den Rahmen der vorliegenden Arbeit sprengen, diese in ihrer Gesamtheit darzustellen, weshalb an dieser Stelle auf weiterführende Literatur verwiesen werden muss.[116]

Für das Forschungsinteresse der vorliegenden Arbeit wurde der Organisationskultur-Ansatz („organizational culture approach") ausgewählt. Er zeigt insbesondere das Zustandekommen und die gestalterische Verfügbarkeit jeweils vorherrschender, intersubjektiv geteilter Auffassungen der Mitglieder einer Organisation auf, was für die vorliegende Forschung von besonderer Relevanz ist.[117]

3.1.2 Der theoretische Bezugsrahmen: der Organisationskultur-Ansatz

Mit dem Begriff „Organisationskultur" findet seit Beginn der achtziger Jahre ein gesellschaftsumspannender Kulturbegriff auf der Mikroebene, der Organisation, Anwendung.[118] Um die empirische Vorgehensweise in der vorliegenden Arbeit theoretisch zu untermauern, ist es an dieser Stelle notwendig, die hierfür wesentlichen Aspekte des Organisationskultur-Ansatzes zu erläutern.

In der Literatur finden sich zahlreiche Versuche, „Organisationskultur" zu definieren. Organisationskultur wurde dabei häufig vermischt mit anderen – in den achtziger Jahren gleichzeitig aktuell gewordenen – Begriffen, z.B. Corporate Identity, Corporate Design, Unternehmensphilosophie, Betriebsklima. Dies zeigt die unterschiedlichsten Akzentsetzungen, die überwiegend aus der betriebswirtschaftlichen Auseinandersetzung mit diesem Thema stammten. Sie alle stellen lediglich einen Teil einer Organisationskultur dar.

Es ließen sich zu Beginn im Wesentlichen zwei Richtungen der Diskussion unterscheiden. Erstere ging, in Verhaftung der Praktiker und Entscheider in

---

[115] vgl. Wollnik 1995, S. 304 ff.; Kleinfeld 2002, S. 133; Hesch 1997, S. 21, Watzlawick 1995, S 9 f.; Türk 1990, S. 66 ff.; Wollnik 1995, S. 308 f. ;zur (Re-)Produktion und (Re-)Konstruktion gesellschaftlicher Wirklichkeit vgl. Giddens 1984, dargestellt auch bei Berger/Luckmann 1977
[116] einen guten Überblick geben Sanders/Kianty, vgl. auch z.B. Wollnik 1995, S. 303 ff., Küpper/Ortmann 1992 zur Mikropolitik
[117] vgl. Wollnik 1995, S. 310
[118] zur Geschichte und Herkunft des Organisationskultur-Ansatzes vgl. Kenngott 1989, S. 5 ff.

Organisationen mit der traditionell eher funktionalistischen Perspektive, eher instrumentell ausgerichtet davon aus, dass die Organisation eine Organisationskultur „hat", die statisch und objektiv sichtbar, also mit quantitativen Methoden erhebbar ist und deren Elemente im Sinne einer vom Management gewünschten Soll-Kultur gestaltet werden können.[119] Diese Richtung versuchte lediglich zu beschreiben, worin das Typische einer Organisation, das diese von anderen unterscheidet, liegt. Elemente einer Organisationskultur können hier unter anderem Symbole, die Gestaltung der Räume, die angewandte Technologie sowie die ausgesprochenen (jedoch nicht zwangsläufig tatsächlich gelebten) Werte sein.[120] Dies gibt dem außen stehenden Betrachter einen Eindruck davon, was die Organisation als ihre Kultur verstanden wissen will, allerdings kann dies stark mit der tiefer liegenden Wahrheit in der Organisationskultur differieren oder den wirklichen Lebensäußerungen widersprechen. Das zentrale Problem dieser eher gegenständlichen Auffassung ist, dass sie Organisationskultur nur zum Teil erfasst.

Die zweite Richtung folgte einer theoretisch anspruchsvolleren Auffassung, wonach eine Organisation nicht nur eine Kultur „hat", sondern eine Kultur „ist". Es handelt sich hierbei um eine „tiefere" Betrachtung der Organisationskultur, die sich über die Jahre fachübergreifend etablierte und heute in der aktuellen Managementliteratur wieder findet. Das bedeutet, nicht nur (zum Teil gesetzte) Gegebenheiten zu beschreiben, sondern darüber hinaus die „…Wurzeln der Erscheinungsform (der Organisationskultur, Anm. d. Verf.) offen zu legen…", Organisationskultur als „Lebenswelt"[121] einer Organisation zu verstehen, die prozesshaften Charakter ist.[122] Ulrich formuliert in Übereinstimmung mit Schein eine Definition von Organisationskultur, die alle wesentlichen Aspekte dieser „tieferen" Betrachtung enthält. Er sieht sie als „…die Gesamtheit der im Unternehmen bewusst oder unbewusst kultivierten, symbolisch oder sprachlich tradierten Wissensvorräte und Hintergrundüberzeugungen, Denkmuster und Weltinterpretationen, Wertvorstellungen und Verhaltensnormen, die im Laufe der erfahrungsreichen Bewältigung der Anforderungen der unternehmerischen Erfolgssicherung nach außen und der sozialen Integration nach innen entwickelt worden sind und im Denken, Sprechen und Handeln der Unternehmensangehörigen regelmäßig zum Ausdruck kommen."[123]

Obgleich mehrere Modelle zur Darstellung von Organisationskultur existieren[124], die sich darin ähneln, dass sie den Werten innerhalb der Organisation eine prägende Wirkung zuschreiben und Organisationskultur in mehreren Schichten dar-

---

[119] vgl. Kasper 1987, S. 24 ff.; Kenngott 1990, S. 7
[120] vgl. Schein 1984, S. 37 ff.
[121] vgl. Ulrich 1984, S. 312
[122] vgl. Kasper 1987, S. 26 f.; Houben/Frigge 2005, S. 42 f.; Bertelsmannstiftung 1996, S. 18
[123] vgl. Ulrich 1984, S. 312; Schein 1992, S. 12; Schein 1995, S. 25 ff.
[124] vgl. für einen Überblick Landau 2003, S. 5 ff.

stellen, ausgehend von der Oberfläche der sichtbaren und hörbaren Aspekte bis hin zu tieferen Schichten, wurde und wird bis heute sehr häufig auf das 3-Ebenen-Modell von *Edgar Schein* zurückgegriffen.[125] Für die vorliegende Arbeit wird diesem Modell gefolgt, was sich mit seiner Anschaulichkeit und der guten Nachvollziehbarkeit der Positionierung der Werte und der Darstellung ihrer Etablierung begründen lässt.

Schein veranschaulicht Organisationskultur mit Hilfe eines Modells von drei aufeinander aufbauenden Ebenen: Die unterste Ebene, die das „innere Wesen" einer Organisationskultur verkörpert, besteht aus unbewusstem („vorbewusstem"), aufgrund erfolgreicher Problembewältigung selbstverständlich gewordenem (Hintergrund-)Wissen (oder auch Grundannahmen, „basic assumptions"), das neue Werte (Philosophien) aus der mittleren, zwischengelagerten Ebene nur bei Bewährung integriert und sich in relativ stabilen Deutungs-, Orientierungs- und Handlungsmustern[126] verfestigt. Diese Muster werden über permanente Kommunikation und Interaktion und damit auch durch subjektiv geprägte Interpretationsleistungen der Mitarbeiter, täglich in programmatischer Weise und teilweise unbewusst reproduziert und treten auf der obersten Ebene wahrnehmbar (sichtbar und hörbar) zum Vorschein.[127]

Organisationskultur wird demnach erlernt. Die Bedeutung des „sozialen Faktors" Mitarbeiter für die vom normativen Management beabsichtigte Änderung der Organisationskultur wird hierbei sehr deutlich. Dem schließt sich unmittelbar die Frage nach der Gestaltbarkeit neuer Werte an. Die Auffassungen über die Gestaltbarkeit von Organisationskultur im Sinne der kultur-„seienden" Organisation sind überwiegend dahingehend, dass das normative Management eine Änderung der Organisationskultur zumindest initiieren, tendenziell aber auch erfolgreich beeinflussen kann. Allerdings wird der Prozess der systematischen Veränderung als langwierig eingeschätzt und der Prozess des Erlernens neuer Werte der Organisationskultur als schwierig erachtet.[128] Je mehr hierbei der individuellen Subjektivität jedes einzelnen Mitarbeiters bei der Interpretation und Re-Konstruktion der Wirklichkeit Gewicht verliehen wird, desto Näher rückt man an die Grenzen der Gestaltbarkeit,[129] zumindest auf der bedeutenden untersten Ebene der „basic assumptions", folgt man dem Modell Scheins.

---

[125] vgl. z.B. Kenngott 1990, S. 12 f.; Sackmann 2004, S. 27
[126] Diese Muster werden auch als „kultureller Code" bezeichnet, vgl. hierzu Probst/Scheuss, S. 481.
[127] vgl. Schein 1992, S. 12 ff. und 37 ff.; Neubauer 2003, S. 56 ff.; vgl. Rosenstiel 2004, S. 228
[128] vgl. Neubauer 2003, S. S 139 ff.
[129] vgl. Kleinfeld 2002, S. 133; Hesch 1997, S. 21, Watzlawick 1995, S. 9f.

3.1.3 Der besondere Bezug zum Thema

Nach der oben aufgeführten Definition von Organisationskultur sind Werte kultur-konstituierend.[130] Die Orientierung an gemeinsam geteilten Werten lässt folglich das Handeln in Organisationen einheitlich werden. Das Patientenbild als Basis einheitlichen Handelns ist ein solch zentraler Wert.

Der Organisationskultur-Ansatz zeigt, dass das normative Management in der Organisation, hier die Geschäftsleitung des Krankenhauses, initiierend für einen Wandel des bestehenden und Aufbau eines erwünschten Patientenbildes ist. Das bedeutet, dass ein Veränderungsprozess „von oben" angestoßen werden kann und muss, nicht jedoch, dass Werte und entsprechende Maßnahmen zu ihrer Umsetzung willkürlich festgelegt und den Mitarbeitern „übergestülpt" werden können, sondern dass sie dazu geeignet sein müssen, sich potentiell in der täglichen Arbeit als erfolgreich zu bewähren. In der Entwicklungsphase initiierender Ideen sollte auf die Zusammenarbeit zumindest mit Vertretern der betroffenen Mitarbeiter nicht verzichtet werden (bottom up).[131]

Unter dem Aspekt der Initiierungsrolle werden im empirischen Teil die von der jeweiligen Geschäftsleitung initiierten Maßnahmen betrachtet. Aktivitäten im Hinblick auf das Patientenbild sollten alle Bereiche der Organisation mit einheitlichen Grundsätzen durchdringen (z.b. Verwaltung, Ärzteschaft, Pflegedienst, weitere Fachabteilungen, Serviceeinrichtungen). In Anlehnung an *Schupeta* ist ergänzend anzumerken, dass die Geschäftsleitung letztlich nicht nur initiierende, sondern auch überwachende Instanz des Krankenhauses bei der Umsetzung von Veränderungen ist.[132] Allerdings muss sich die vorliegende Forschung auf die Aktivitäten der Initiierung beschränken.

Der Organisationskultur-Ansatz begründet die Entscheidung, die Eignung der Aktivitäten, hier Konsequenzen genannt, die die Geschäftsleitung zieht, um einen Wertwandel im Hinblick auf das Patientenbild organisationsweit zu initiieren, näher zu betrachten. Es stellt sich also die Frage, welche Anstrengungen sie unternimmt, um einen (Wert)-wandel in den Krankenhausalltag zu integrieren, um ihn für alle Mitarbeiter in umsetzbarer Art und Weise zu operationalisieren. Der Organisationskultur-Ansatz hilft, nach der Ernsthaftigkeit der Anstrengungen der Geschäftsleitung zu fragen, denn ist sie, wie weiter oben dargelegt, von vornherein eher gegenständlich im Sinne von „Organisation hat Kultur" orientiert, wird auf die Eignung der Anstrengungen, d.h. deren Tauglichkeit im Sinne des Kultur-Ebenen-Modells nach *Schein*, nicht im erforderlichen Maße geachtet. Ebenso wird der prozesshafte Charakter der Organisationskultur verkannt. Ein Erfolg darf in solch einem Fall nicht erwartet werden - im Sinne der Akzeptanz

---

[130] vgl. Ulrich 1984, S. 312
[131] vgl. Neubauer 2003, S. 139 ff.
[132] Das Management „kontrolliert" und „interveniert", vgl. Schupeta 1999, S. 15

und Internalisierung durch alle Mitarbeiter im Verlauf der Zeit.[133] Hier wäre sodann Kritik berechtigt, die die sichtbaren und lediglich proklamierten Teile einer Organisationskultur, z.b. die schriftlich fixierte Organisationsphilosophie oder die Patientenbroschüren, als formelhaft und ohne Substanz ansieht.[134] [135]

Das vorliegende Forschungsvorhaben erstreckt sich auf das Aufspüren zwar sichtbarer Kriterien, jedoch nur solcher, die aufgrund ihrer Eignung eine Chance haben, durch tägliches „Sich-Bewähren" dauerhaft einen Wertwandel bei allen Mitarbeitern zu bewirken. Der Organisationskultur-Ansatz hilft, nach ausschließlich denjenigen Maßnahmen zu suchen, die einen Wertwandel potentiell bewirken können.

Der Organisationskultur-Ansatz begründet des Weiteren die empirische Vorgehensweise, zusätzlich zur Spitze der Organisation, der Geschäftsleitung, eine in der Krankenhaushierarchie darunter angesiedelte, operative Ebene zu betrachten. Der Organisationskultur-Ansatz regt an zu fragen, ob die initiierenden Aktivitäten der Geschäftsleitung dort wahrgenommen und angewendet werden.

Die Analyse der aktuellen Gegebenheiten stellt in einem Zeitkontinuum des Wertwandels eine Momentaufnahme dar. Von der Initiierung bis zur (erhofften) Durchdringung in einer Organisation wird Zeit benötigt. Der Organisationskulturansatz hilft, den Faktor Zeit bei der Interpretation der Forschungsergebnisse zu berücksichtigen.

3.1.4 Zusammenfassung

Im ersten Teil des Kapitel 3 wurde ein Ansatz aus der so genannten „interpretativen" Organisationstheorie in seinen wesentlichen Zügen dargestellt: der Organisationskultur-Ansatz. In Abgrenzung zu älteren Organisationstheorien, die den (sozialen) Beitrag der Mitarbeiter in der Organisation unterschätzten und folglich eine vom Management erwünschte Veränderung durch gezielte Aktionen als „machbar" einschätzten, ist hier die überwiegend geteilte Auffassung in der Diskussion um die Organisationskultur, dass Gestaltungsmaßnahmen zwar durch das Management einer Organisation initiierend ergriffen werden können und müssen, dass deren erfolgreiche Internalisierung beim Mitarbeiter und damit der letztendliche Erfolg einer Initiierung nicht gänzlich bestimmbar, gestaltbar und vorhersagbar, und in diesem Sinne nicht „machbar" ist. Die Grenzen der Machbarkeit liegen in der individuellen Subjektivität jedes einzelnen Mitarbeiters bei seiner Interpretation und (Re-Konstruktion) des Alltages. Hierdurch wird anschaulich, dass dem Mitarbeiter eine ausschlaggebende Rolle bei der Gestaltung von Organisationskultur zufällt, insofern, als er im täglichen Handeln

---

[133] vgl. Kasper 1987, S. 26 f.
[134] vgl. Schupeta/Hildebrandt 1999, S. 37
[135] Kritik zur Unternehmensphilosophie vgl. Meier 1994, S. 4f.

die Organisation und ihre spezifische Kultur zum Vorschein bringt und die Aktivitäten der Organisationsleitung hierhin durchdringen müssen. Dies hat Auswirkungen auf die Überlegungen der Organisationsleitung bei der Wahl geeigneter, initiierender Anstrengungen. Theoretiker und Praktiker stimmen darin überein, dass ein Wandel nur dann erfolgreich erfolgen kann, wenn die hierfür ergriffenen Gestaltungsmaßnahmen dazu geeignet sind, sich im täglichen Handeln zu „bewähren" mit dem Ziel, dass der Mitarbeiter sie schließlich internalisieren kann. Die Veränderung der bestehenden Organisationskultur und damit der Wertvorstellungen, auf die sie gründet, hier das Patientenbild, muss insofern durch sorgfältig durchdachte Schritte initiiert werden. Darüber hinaus wird deutlich, dass ein Wertwandel „Zeit" benötigt.

Diese Hinweise beeinflussen die im folgenden Kapitel dargestellte Vorbereitung der empirischen Vorgehensweise insofern, als sich die Überlegungen und Recherchen zu geeigneten organisationalen Schritten auf sie stützen. Im späteren Verlauf bilden sie die Grundlage für die Auswahl geeigneter Interviewpartner sowie die Interpretation der empirischen Ergebnisse.

3.2 Das philanthrope Patientenbild und Konsequenzen für das Krankenhaus

Wenn das neue, philanthrope Patientenbild eine Chance erhalten soll, im aktuellen Krankenhausalltag „gelebt" zu werden im Sinne des Organisationskultur-Ansatzes, so stellt sich die Frage nach den entsprechenden, initiierenden Schritten oder in diesem Sinne die „Konsequenzen", die das Krankenhaus hieraus zu ziehen hat.

Die Kernaussagen der o.g. Darstellungen zum Organisationskultur-Ansatz sowie die Lektüre weiterer relevanter Literatur ließen die Festlegung dreier wesentlicher Konsequenzen zu, die von großer Bedeutung für den weiteren Verlauf dieser Arbeit sein werden, weil sie eng zusammenhängen und logisch aufeinander aufbauen. Würde lediglich ein Teil daraus im Krankenhaus umgesetzt, dürfte der Versuch, ein neues Patientenbild zu initiieren, als halbherzig beurteilt werden oder schlichtweg keinen Sinn machen.[136]

Bei den drei wesentlichen, vom Krankenhaus zu ziehenden Konsequenzen für die Initiierung des philanthropen Patientenbildes handelt es sich, eingegrenzt auf die Förderung des psychosozialen Wohlbefindens des Patienten,

---

[136] Kellnhauser 2003, S. 34 ff.; Kleinfeld 2002, S. 374 ff.; Asselmeyer/ Wagner 1997, S. 160 f.; Bleicher 1994, S. 512 ff.; Hinterhuber 1996, S. 105 ff.; Kippes 1993, S. 184 f.; Schellenberg 1992, S. 279; Ulrich/Fluri 1995, S. 92 f., Eiff von 2007, S. 29 ff.

a) um die Formulierung von wesentlichen theoretischen Grundsätzen bzw. Wertvorstellungen der Organisation, die in einem so genannten „Leitbild" (Konsequenz I) schriftlich fixiert sein sollten, des weiteren

b) um die praktische Umsetzung der Leitbild-Grundsätze mittels geeigneter Maßnahmen, die im Folgenden als „Maßnahmen organisationaler Zuwendung" (Konsequenz II) benannt sind, und schließlich

c) um die „Kommunikation" (Konsequenz III) an Mitarbeiter und Patienten, die eine Umsetzung von „Leitbild" und „Maßnahmen organisationaler Zuwendung" erst ermöglicht.

3.2.1 Konsequenz I: Das Leitbild

Leitbilder sind in der Industrie seit etwa den achtziger Jahren bekannt. Ihre spätere Ausweitung auf den Dienstleistungssektor hatte zur Folge, dass seit etwa Mitte der neunziger Jahre auch Krankenhäuser über Leitbilder verfügen, zunächst beschränkt auf die pflegenden Berufe, daher häufig als „Pflegeleitbilder" oder „Pflegevision" benannt. Etwa Ende der neunziger Jahren gingen Krankenhäuser sukzessive dazu über, nicht nur ein Pflege-, sondern ein Unternehmensleitbild zu entwickeln, nicht zuletzt im Zusammenhang mit der Einführung des Qualitätsmanagements und der zwingenden Aufforderung des Gesetzgebers zur Fertigstellung eines Leitbildes spätestens ab dem Jahr 2005. Das Leitbild ist historisch betrachtet ein ausschließlich internes Papier, das sich an den Mitarbeiter richtet, allerdings steht es dem Krankenhaus offen, es aus Gründen der Imagepflege auch nach Außen zu kommunizieren.

Was bedeutet „Leitbild" bzw. Krankenhausleitbild?

„Ein Krankenhausleitbild formuliert das Selbstverständnis sowie die grundlegenden Überzeugungen und Ziele eines Krankenhauses, definiert die Verantwortung gegenüber den verschiedenen Anspruchsgruppen, benennt die für Management und Mitarbeiter verbindlich geltenden Verhaltensweisen, entwirft also – als Ausdruck unternehmerischer Eigenverantwortung – ein „realistisches Idealbild" des Krankenhauses". Die diesbezüglichen Formulierungen in Leitbildern werden häufig auch als „Grundsätze" bezeichnet. Demnach ist das Krankenhausleitbild, auf den Punkt gebracht, die „...schriftliche Ausformulierung der wesentlichen Grundsätze normativen Krankenhausmanagements...".[137]

Um die gewünschte Alltagsrelevanz zu erreichen, hat das Leitbild eine ganze Reihe von Anforderungen zu erfüllen: die partizipative Erarbeitung, eine umfassende Kommunikation, Klarheit, Konsistenz und eine langfristige Ausrichtung, Kritikfähigkeit, die Glaubwürdigkeit und generelle Realisierbarkeit der Ideale, die allgemeingültige Regelung wesentlicher Aspekte und keine Nebenschauplät-

---

[137] vgl. Kleinfeld 2002, S. 371, Bleicher 1994, S. 21

ze, ferner jedoch auch im Sinne der Umsetzbarkeit die Konkretisierung der Grundsätze für einzelne Bereiche und Tätigkeiten.[138]

Die Inhalte und Themen eines Leitbildes können vielfältig und umfangreich sein, ebenso wie die Anspruchsgruppen des Krankenhauses. Das Krankenhaus kann zum Beispiel Aussagen über sein Verhältnis zur Gesellschaft, zum technischen Fortschritt, zur Mitarbeiterschaft und zum (potentiellen) Patienten treffen.[139] Leitbilder in ihrer denkbaren Umfänglichkeit vollständig zu analysieren, würde den Rahmen der vorliegenden Forschung sprengen und den Erkenntniswert im Hinblick auf die Forschungsfrage nicht steigern. Daher müssen die Betrachtungen zum Leitbild auf das Forschungsinteresse begrenzt werden.

Nachfolgend sollen daher die Elemente „Selbstverständnis" und „grundlegende Überzeugungen" des Krankenhauses im Hinblick auf das philanthrope Patientenbild herausgegriffen werden, da sie für die vorliegende Forschung von vorrangiger Bedeutung sind.

3.2.1.1 Das „Selbstverständnis" im Leitbild: die Mission

Jede Organisation, so auch das Krankenhaus, erfüllt einen bestimmten Zweck, hat eine ganz spezielle „Existenzberechtigung" innerhalb der Gesellschaft, für die es tätig ist. Neben dem grundlegenden Anspruch aller Krankenhäuser, Kranke zu versorgen, in diesem Sinne für den Menschen da zu sein, ist der soziale, gesellschaftliche Auftrag des Krankenhauses und sein daraus abgeleitetes Selbstverständnis einzelfallspezifisch geprägt: "Each institution exists for a specific purpose or mission and to fulfill a specific social function."[140] In Anlehnung an den hierfür stehenden US-amerikanischen Begriff „Mission Statement" findet sich auch im deutschen Sprachraum gelegentlich der Terminus „Mission" wieder.

Anhand der folgenden Beispiele lässt sich verdeutlichen, was unter Mission, mit Blick auf die Forschungsfrage, zu verstehen ist. Das Universitätsklinikum Presbyterian – The *University Hospital of Columbia and Cornell* (USA) – konstatiert, "It is the mission of NewYork-Presbyterian Hospital to be a leader in the provision of world class patient care, teaching, research, and service to local, state, national, and international communities."[141] Das konfessionelle St. Dominic – Jackson Memorial Hospital in Jackson, Mississippi (USA) beschreibt seine Mission mit: "St.Dominic recognizes its basic participation in the Church which involves two main ministries: Education and Health Care. Three activities - Com-

---

[138] vgl. Kleinfeld 2002, S. 375
[139] vgl. Deutz 1999, S. 42
[140] Rowland/Rowland 1992, S. 127; weiterführende Erläuterungen vgl. Kellnhauser 2003, S. 52
[141] vgl. Hompage des NewYork-Presbyterian University Hospital of Columbia and Cornwall

municating a Christian Message, Establishing Community, and Performing Service - express this mission."¹⁴² Das Cedars Medical Center in Miami, Florida (USA), erklärt: "Our mission is to provide high quality, cost effective healthcare services consistent with the needs and philosophies of our patients, physicians, employees, volunteers and most of all, the community we serve...."¹⁴³

Das *Landeskrankenhaus* in Andernach beschreibt sich als „...kompetentes Dienstleistungsunternehmen im Sozial- und Gesundheitsbereich (...). Wir bieten bedarfsorientierte Leistungen an, wobei wir uns an den (gesetzlichen, Anm. d. Verf.) Versorgungsaufträgen und an bestehenden Versorgungslücken ausrichten."¹⁴⁴

Das *Christliche Krankenhaus Quakenbrück e.V.* beschreibt sich als „...Dienstleistungsunternehmen auf dem Gesundheitsmarkt. Wir stellen uns dem Wettbewerb und finden als Schwerpunktkrankenhaus mit fachlichem Profil Anerkennung in der Region."¹⁴⁵

3.2.1.2 Die „grundlegenden Überzeugungen" im Leitbild: die Philosophie

Bei den „grundlegenden Überzeugungen" handelt es sich um Wertvorstellungen, Werteorientierungen, als Grundsätze formuliert, die als geistiger Überbau für tatsächliche Handlungen,¹⁴⁶ im Sinne von „spiritual values"¹⁴⁷, zu verstehen sind. Im Kontext geht es dabei um solche Wertvorstellungen, die das Verhältnis des Krankenhauses zur Anspruchsgruppe der Patienten beschreiben. Die Philosophie gibt eine theoretische Richtung für Handlungen im Hinblick auf den Patienten vor, insgesamt lässt sich mit *Rowland & Rowland* sagen: „...it sets the character and tone of service."¹⁴⁸ In Anlehnung an den hierfür stehenden US-amerikanischen Begriff „Philosophy" findet sich auch im deutschen Sprachraum der Terminus „Philosophie" wieder.

Im Leitbild und damit der Philosophie sollen Grundsätze auf eine Weise formuliert sein, mit denen sich sämtliche Mitarbeiter unterschiedlichster Spezialisierungen identifizieren können. Das gemeinsame Ziel Aller ist, das wertvollste Gut des Menschen - seine Gesundheit – so weit wie möglich wiederherzustellen und zu erhalten. Das Krankenhaus als Organisation unterscheidet sich von anderen Organisationen besonders dahingehend, dass der Mensch als Patient - und nicht eine beliebige Ware oder Dienstleistung – der eigentliche Mittelpunkt aller

---

[142] vgl. Homepage des St. Dominic – Jackson Memorial Hospital in Jackson, Missisippi
[143] vgl. Homepage des Cedar Medical Center in Miami, Florida
[144] vgl. Leitbild des Landeskrankenhauses Andernach, S. 3
[145] vgl. Homepage des Christlichen Krankenhaus Quakenbrück e.V.
[146] vgl. Meier 1994, S. 3
[147] vgl. Kellnhauser 2003, S 52 f.
[148] Rowland/Rowland 1992, S. 127; Bremer/Felger 2003, S. 40

Bemühungen ist, der individuelle Patient, der seine ganz persönlichen Gegebenheiten mitbringt und in jedem Einzelfall neue Anforderungen an seine Betreuer stellt. Sehr unterschiedliche professionelle Spezialisierungen sind aufgefordert, eng und aufeinander abgestimmt zusammenzuarbeiten. Aufgrund der vielfältigen Anforderungen wird deutlich, dass die Philosophie einen theoretischen Allgemeinheitsgrad abbildet. Sie bietet den Mitarbeitern zunächst allgemein handlungsorientierende Unterstützung.

Die Philosophien verschiedener Krankenhäuser lesen sich, mit Blick auf die Forschungsfrage und damit den Patienten, in Auszügen folgendermaßen:

Das katholische *St. John's Hospital* in Springfield, Illinois (USA), zeigt ein Menschenbild, das den Patienten als "…creature of God" ansieht, der Anspruch auf eine bedachte Behandlung hat: „The bottom line is treating others the way you would like to be treated."[149] Das *St. Dominic-Jackson Memorial Hospital* in Miami, Florida (USA), hat eine Vorstellung vom Umgang mit dem Patienten in Form von "…caring for all persons with respect for their personal worth and dignity, embracing their total needs…"[150]

Das *Landeskrankenhaus* in Andernach erklärt: „Wir sehen unsere Patientinnen […] als Menschen mit individueller Persönlichkeit und unveräußerlicher Würde"[151].

Das *Franziskus Hospital* in Bielefeld erklärt: „Der Patent steht im Mittelpunkt unseres Krankenhauses, unabhängig von seinem gesellschaftlichen Stand, seiner Persönlichkeit, seiner Herkunft und seiner Religionszugehörigkeit…"[152].

3.2.1.3 Die Funktion des Leitbildes im Kontext

Das Leitbild mit seinen Bestandteilen Mission und Philosophie, erfüllt grundsätzlich diverse Funktionen: eine Orientierungs-, Motivations-, Entwicklungs- und Legitimationsfunktionsfunktion ebenso wie die Steigerung der Reputation der Organisation.[153] Seine Funktion als Legitimationsgrundlage für Handlungen (der Mitarbeiter) soll herausgegriffen werden, da sie von besonderer Bedeutung für vorliegende Forschung ist.

Das Leitbild dient als theoretische Grundlage für sämtliche daraus abgeleiteten Handlungen in einer Organisation. Insofern ist es zunächst allgemein handlungsorientierend. Hiermit endet die Funktion des Leitbildes jedoch noch nicht. Ohne theoretische Vorüberlegungen sind sinnvolle praktische Regeln kaum zu

---

[149] vgl. Internetauftritt St. John's Hospital Springield
[150] vgl. Internetauftritt St. Dominic-Jackson Memorial Hospital Miami
[151] vgl. Leitbild Landeskrankenhaus Andernach, S. 6 (ohne Seitenzahlen)
[152] vgl. Leitbild Franziskus Hospital Bielefeld, S. 2 (ohne Seitenzahlen)
[153] vgl. Kleinfeld 2002, S. 371 f., Müller 2001, S. 27; Bremer/Felger, S. 40; Rowland/Rowland 1992, S. 127

entwickeln. Der Zweck eines Leitbildes besteht nicht darin, dass theoretische Wertvorstellungen und Grundsätze als Selbstzweck formuliert werden, sondern dass diese in einem nächsten Schritt für Handlungen in der Praxis konkretisiert werden. Das Leitbild wirft unmittelbar die Frage auf, was geschehen muss, damit die Theorie verbindliche Gültigkeit für individuelle Handlungen des einzelnen Mitarbeiters und damit auch für den Patienten erlangt.[154] Erst diese Frage verhilft dem Leitbild zu seiner ganz besonderen Relevanz über theoretische Ansprüche hinaus. Nachfolgend soll dies vertieft werden.

3.2.2 Konsequenz II: Die „organisationale Zuwendung" zum Patienten

Damit das theoretische Leitbild praktische Relevanz erlangen kann, sind die Wertvorstellungen des Leitbildes für die praktische Umsetzung zu übersetzen, das heißt, es ist eine Konkretisierung für einzelne Bereiche und Tätigkeiten vorzunehmen bis hin zur Operationalisierung für die „individuelle Ebene" (Mitarbeiterebene). Die Grundsätze des Leitbildes sollten insgesamt so transformiert werden, dass hinsichtlich der Entscheidungen, Verhaltensweisen und Äußerungen in der Praxis eine Einhaltung oder Nichteinhaltung des Leitbildes festgestellt werden kann, dass die Verhaltensweisen der Mitarbeiter letztlich gar beurteilt werden können.[155]

Mit Blick auf das philanthrope Patientenbild soll im Folgenden literaturgestützt herausgearbeitet werden, welcher Natur entsprechende praktische Maßnahmen organisationaler Zuwendung sein sollten.

Grundsätzlich ist zu bedenken, dass sich der Patient im Krankenhaus in einer Ausnahmesituation befindet. Der Patient ist in einer fremden Umgebung, die Unsicherheit und Unwohlsein erzeugt. Er sieht sich mit fremden Prozeduren, einer neuen Umgebung, Ängsten, Hilflosigkeit, körperlichem Unbehagen oder Schmerzen, Orientierungsschwierigkeiten und wichtigen Entscheidungssituationen konfrontiert, vom Augenblick der Aufnahme bis zu seiner Entlassung aus dem Krankenhaus. Das Krankenhaus hat die Aufgabe, Unsicherheiten auszuräumen, Wohlsein zu erzeugen, Vertrauen zu schaffen und Menschenwürde zu sichern. Insofern hat sich das Krankenhaus - als Organisation - dem Patienten in besonderer Weise zuzuwenden.

Die folgenden zwei Abschnitte dienen der Erläuterung, was unter „organisationaler Zuwendung" im Rahmen der vorliegenden Forschung verstanden werden soll.

---

[154] vgl. Asselmeyer/Wagner 1997, S. 161
[155] vgl. Rowland/Rowland 1992, S. 127 f.; Kleinfeld 2002, S. 375; Güntert 1996, S. 33; Houben/Frigge 2005, S. 42 f.; Hunsdiek 1996, S. 18; Mühlbauer 1997, S. 254

3.2.2.1 Das klassische Verständnis von „Zuwendung" zum Patienten

Der Begriff der „Zuwendung" ist im allgemeinen Sprachgebrauch vorgeprägt und bedarf für seine weitere Verwendung im Rahmen dieser Forschung zunächst einer Klärung.

Das allgemein geteilte Verständnis von „Zuwendung" ist das der direkten *zwischenmenschlichen* Zuwendung zwischen mindestens zwei Personen. Sie ist die „…freundliche, liebevolle Aufmerksamkeit, Beachtung, die jmd. jmdm. Zuteil werden lässt."[156] Zuwendung ist als menschliche Interaktion, als ein emotionales zueinander in Beziehung stehen der Beteiligten zu verstehen. Sie kann sorgende Aktivitäten sowie körperliche Berührungen beinhalten.[157]

Zuwendung bildet die Grundlage für eine gesunde menschliche Entwicklung und das menschliche Wohlbefinden in körperlicher und psychosozialer Hinsicht über die gesamte Lebensspanne hinweg. Besonders einschneidend sind die Folgen ihres Fehlens in der kindlichen Entwicklung, wie Schilderungen zur so genannten Deprivation in der psychologischen Forschung zeigen.[158] Im Krankenhauskontext gilt als anerkannt, dass zwischenmenschliche Zuwendung einen positiven Effekt auf die Patientenzufriedenheit und damit auch auf die Genesung des Patienten hat. Der Patient wünscht sich und erwartet demnach zwischenmenschliche Zuwendung. Es zeigte sich sogar, dass für Patienten noch vor allem anderen die persönliche Zuwendung der Krankenhausmitarbeiter ausschlaggebend für die Beurteilung ist, ob sie sich gut behandelt fühlen oder nicht.[159]

Im Krankenhaus-Kontext lässt sich zwischenmenschliche Zuwendung vor allem in der Arzt-Patient-Beziehung und in der Pflegenden-Patient-Beziehung ansiedeln.

In der Arzt-Patient-Beziehung liegt zwischenmenschliche Zuwendung vor allem in der Aufklärung des Patienten, nicht zuletzt aufgrund der Aufwertung der Patientenautonomie („Informed Consent") in den vergangenen Jahren. Allerdings zeigen Berichte aus der Praxis, dass die Umsetzung dieser nicht nur moralischen sondern auch rechtlichen Pflicht nicht immer ausreichend durchgeführt wird. Hierfür werden verschiedene Gründe ins Feld geführt. Dies ist beispielsweise der allgegenwärtige Zeitdruck, dessen Ursache auch in den Umstrukturierungen der vergangenen Jahre gesehen wird.[160] Es werden auch die Dominanz der Naturwissenschaften und die rasante technische Entwicklung in Diagnose und Therapie der letzten Jahrzehnte vorgebracht, die eine „Entfremdung und Objektivierung" im Verhältnis zum Patienten führten, so dass die Konzentration weiterhin

---

[156] vgl. Wiss. Rat d. Dudenredaktion 1999, S. 4702
[157] vgl. Conradi 2001, S. 45 ff.
[158] vgl. Dorsch et al 2004, S. 194
[159] vgl. Gärtner 1994, S. 46; Kleinfeld 2002, S. 152
[160] vgl. Roßbach 2002, S. 80 f.; 110, Giese 2001, S. 9

auf dem körperlichen Aspekt liegt und die psychosozialen Aspekte der Genesung im Hintergrund verbleiben.[161]

Die Pflegenden-Patient-Beziehung hingegen lässt deutlicher als die Arzt-Patient-Beziehung die emotionale Bezogenheit zum Patienten erkennen. Dies mag historisch bedingt sein. Mit dem Beginn des Mittelalters setzt die Geschichte des Hospitals, dem Vorläufer des heutigen Krankenhauses, ein. Es diente als Herberge für Bedürftige, d.h. arme und nichtsesshafte Menschen, zur unentgeltlichen Aufnahme und Betreuung und folgte der kirchlichen Tradition der Nächstenliebe und Barmherzigkeit. Gegen Ende des 18. Jahrhunderts wurde das Hospital für Bedürftige vom „Krankenhaus" abgelöst, das dann zur ausschließlichen Pflege und medizinischen Behandlung von Kranken diente. Hier waren es primär weibliche Pflegeorden, die die Grundlage einer qualifizierten Krankenpflege schufen.[162] Sinn und Ziel der pflegenden Arbeit ist es auch heute noch, die pflegerische Unterstützung über die rein körperliche Therapie hinaus auch für psychosoziale Aspekte der Heilung des Patienten zu gewährleisten. Dies auch unter nicht-kirchlichen Vorzeichen. *Watson* erklärt: „Bei der zwischenmenschlichen Zuwendung im Zuge des Pflegeprozesses geht es also nicht bloß um eine Gefühlswallung, ein persönliches Anliegen, eine Geisteshaltung oder ein Streben nach Mildtätigkeit. Vielmehr handelt es sich um das moralische Ideal der Pflege, deren eigentliches Anliegen es ist, die menschliche Würde zu schützen und zu bewahren."[163]

Die Erfüllung des Wunsches des Patienten nach Zuwendung im Krankenhaus wird demnach historisch bedingt insbesondere vom pflegenden Krankenhausmitarbeiter erwartet. Naturgemäß verbringt der Pflegende nach wie vor mehr Zeit als der Arzt mit dem Patienten, hat somit mehr Gelegenheit, den Patienten zu beobachten, mit ihm zu reden, ihn kennen zu lernen.[164] Es geht in diesem Sinne umfassender um die „...Erlangung, Bewahrung und Wiederherstellung von Gesundheit und Wohlbefinden ..."[165] Allerdings blieb auch die Krankenpflege von den Umstrukturierungen der Vergangenheit nicht unberührt. So beklagen Pflegekreise heute, dass für zwischenmenschliche Zuwendung, in Form von Zuhören und Spenden von Liebe und Trost, wenig Zeit bleibt und professionelle Anerkennung hierfür gänzlich ausbleibt. Denn die Zuwendung über das körperlich Notwendige hinaus wird in der Praxis bislang nicht dokumentiert[166] und in der Theorie aufgrund der Konzentration auf rationale und funktionale Aspekte nicht erfasst[167].

---

[161] vgl. Gahl 1995 S. 28 f.; Gärtner 1994, S. 46
[162] vgl. Roßbach 2002, S. 24, 26, 49, 54; Hennekeuser 1999, S. 74
[163] vgl. Watson 1996, S. 46
[164] vgl. Peplau 1997, S. 47 f.
[165] vgl. Schroeter/Rosenthal 2005, S. 21
[166] vgl. Gesellschaft für Humanistische Pflege, http://www.dghp.de
[167] vgl. Watson 1996, S. 16 f.

Es stellt sich nunmehr die Frage, wie der Begriff der Zuwendung von der interpersonellen Interaktions-Ebene auf die organisationale Ebene übertragen werden kann, auf die das normative Management, die Geschäftsleitung, als initiierende und verantwortliche Instanz Einfluss nehmen kann. Denn dem Forschungsinteresse folgend stellt sich die Frage, wie dem Patienten von Seiten der Organisation - nicht von Seiten einzelner Individuen, den ärztlichen oder pflegenden Mitarbeitern - Zuwendung entgegengebracht werden kann.

3.2.2.2 Die „organisationale Zuwendung" zum Patienten – eine praktische Annäherung

Das klassische Begriffsverständnis von Zuwendung muss hinsichtlich der Forschungsfrage eine Erweiterung erfahren, die im Folgenden begründet und erläutert werden soll.

„Organisationale Zuwendung" bezeichnet in dieser Arbeit das „Sich-Hineinversetzen" des Krankenhauses als Organisation in die besondere Situation des Patienten (als erkranktem Menschen) und die Entwicklung von Maßnahmen, die sein psychosoziales Wohlbefinden im Sinne des philanthropen Patientenbildes potentiell fördern können. Die von der Organisationsspitze initiierten Maßnahmen organisationaler Zuwendung liegen hierin begründet zunächst außerhalb der direkten, zwischenmenschlichen Interaktion, ein Teil der Maßnahmen münden jedoch bei ihrer Umsetzung durch den Krankenhausmitarbeiter hierhin. Organisationale Zuwendung ist sozusagen ein durch die Geschäftsleitung ferngesteuertes, jedoch die gesamte Organisation durchdringendes, auf Werten basierendes Maßnahmensystem, dessen Auswirkungen vom Patienten unmittelbar erlebt werden können. Organisationale Zuwendung wird von der Geschäftsleitung veranlasst und ist durch die von ihr angeregten und erwarteten Verhaltensweisen der Mitarbeiter idealerweise in der gesamten Organisation präsent.

Der Blick der „Organisation" auf den Patienten ist vor allem in betriebswirtschaftlich motivierten Einlassungen in Theorie und Praxis vorzufinden. Seit das Krankenhaus zunehmend als „Dienstleistungsunternehmen" wahrgenommen wird und der Patient daher als „Kunde" stärker als früher in den Fokus des Krankenhaus-Kontextes rückt, werden Erkenntnisse aus Wirtschaftsunternehmen auf Krankenhäuser angewendet. Seit Ende der neunziger Jahre ist mehr als je zuvor die Rede von Verfahrensanpassungen für eine gesteigerte „Patientenorientierung" im Krankenhaus und die stärkere Einbindung von „Patientenwünschen". Es handelt sich dabei um Ziele wie z.B. bessere Orientierungshilfen, mehr Information und Aufklärung, die stärkere Integration des Patienten und seiner Angehörigen in den Aufnahme-, Behandlungs- und Entlassungsprozess, bessere Kommunikation, erhöhte Rücksichtnahme und Beachtung der menschlichen Individualität und insbesondere auch mehr Serviceleistungen, vgl. hierzu ausführlich Kapitel 2.1.4. *„Der Qualitätsgedanke"*. Im Kern dreht es sich um das Bestreben zur Verbesserung der Dienstleistungsqualität des Krankenhauses.

Sie soll, sofern sie tatsächlich über den theoretischen Anspruch hinaus in der Praxis Umsetzung findet, dem Krankenhaus in Zeiten des anvisierten erhöhten Patientenaufkommens prozessorganisatorisch nutzen und darüber hinaus das Krankenhaus als Dienstleistungsunternehmen im Sinne eines guten Marketing attraktiv erscheinen lassen. Ihre Umsetzung zielt auf wirtschaftliche Bedarfe der Organisation ab. Die aus den o.g. Zielen resultierenden Maßnahmen können Vorteile für den Patienten bedeuten und sind daher anerkennenswert. Sich jedoch allein auf sie zu beschränken würde die Schöpfung des Terminus „organisationale Zuwendung" nicht rechtfertigen. Denn die organisationale Zuwendung im Sinne des philanthropen Patientenbildes basiert, ungeachtet wirtschaftlicher Motive des Krankenhausmanagements,

a) auf der Gewährung selbstverständlicher Bürger- bzw. Patientenrechte als Basis, die

b) zum Zwecke der Praxisrelevanz für den Patienten vom Krankenhaus in für ihn verständlicher Form operationalisiert werden müssen. Die Operationalisierung erfordert eine grundlegend menschenfreundliche Gesinnung, wie sie der in Kapitel 1.1.3.2 *„Das philanthrope Patientenbild"* dargelegten Philanthropie, d.h. dem freundschaftlichen Verhältnis zwischen dem Krankenhaus und dem Patienten, entspringt. Sie kann z.B. erforderlich sein, weil ein Recht zu allgemein formuliert ist und für die Praxis „heruntergebrochen" werden muss. Darüber hinaus kann eine philanthrope Gesinnung Grundlage für weitere, über gesetzlich reglementierte Patientenrechte hinausgehende Ideen sein, die das psychosoziale Wohlbefinden des Patienten potentiell fördern.

Patientenrechte in Verknüpfung mit der philanthropen Idee fügen sich nahtlos in das Selbstverständnis des (sie umsetzenden) Krankenhausmitarbeiters, der Bürger einer demokratischen Gesellschaft und Mensch ist, ein. Es ist in Anlehnung an das in Kapitel 3.1.2 *„Der theoretische Bezugsrahmen: der Organisationskultur-Ansatz"* dargelegte Kultur-Ebenen-Modell nach *Schein* davon auszugehen, dass hierin fußende Maßnahmen organisationaler Zuwendung daher eine größtmögliche Chance auf einen Wertwandel ermöglichen.

Patientenrechte im gesetzlichen Sinne waren in den vergangenen Jahrzehnten wiederkehrend ein Thema. Die EU proklamierte 1979 „Patientenrechte für Krankenhauspatienten"[168], die Generalversammlung des Weltärztebundes verabschiedete 1981 die „Deklaration von Lissabon zu den Rechten des Patienten" und die WHO wies 1994 auf „allgemeine Patientenrechte"[169] hin. Bei der 72. Gesundheitsministerkonferenz vom 9./10.6.1999 wurde das Dokument „Patientenrechte in Deutschland heute" vorgelegt und dieser folgend die „Charta der

---

[168] vgl. EU 1979 – Charta der Patientenrechte für Krankenhauspatienten, www.hope.be/07publi/publoth/Hospchart.htm
[169] vgl. WHO 1994, www1.umn.edu/humanrts/instree/patientrights.html

Patientenrechte" des Bremer Diskussionsforums, an dem sich Vertreter aus allen medizinrelevanten gesellschaftlichen Gruppen beteiligt haben. Die jüngste Initiative erfolgte durch die Bundesministerien der Justiz und Gesundheit.[170] Die daraus hervorgegangenen Verbraucher-Broschüren können allerdings lediglich einen ersten, sehr allgemeinen Eindruck über Patientenrechte vermitteln. Als umfassende Informationsgrundlage sind sie ungeeignet, da sie nicht sehr detailliert sind.[171] Dass sich an dieser Situation nicht bedeutendes verändert, mag daran liegen, dass Verbraucherverbände die Wahrung der Patientenrechte als eine Aufgabe unter vielen betrachten, dass das Bundesverbraucherministerium dieses Thema noch nicht entdeckt hat, dass Patienteninitiativen nur wenig politischen Einfluss haben und andere Interessengruppen, z.B. Krankenkassen und Ärztevereinigungen, eigene politische Ziele im Fokus haben und sich daher als Interessenwahrer der Patienten nicht eignen.[172]

Dennoch sind Patienten in Deutschland mit Rechten ausgestattet. Allerdings fehlt eine gesetzgeberische Normierung für den Patientenschutz als eigenes Rechtsgebiet, d.h. eine in sich geschlossene, zusammenhängende Regelung für Patientenrechte in Form eines Patientenschutzgesetzes. Stattdessen erfolgen Ableitungen aus diversen Quellen, z.B. dem Datenschutzgesetz, dem Transplantationsgesetz, der Röntgenverordnung, dem Medizinproduktegesetz, dem Transfusionsgesetz, dem Infektionsschutzgesetz, dem SGB, dem BGB, dem KHG oder den Berufspflichten der Ärzte. Das Medizinrecht war und ist permanenten Veränderungen ausgesetzt. Die Ausgestaltung von Patientenrechten erfolgt(e) in großem Umfang durch Richterrecht, was die Überschaubarkeit von Patientenrechten für den Laien erschwert. Die Informationslage in der breiten Öffentlichkeit (sowie auch beim medizinischen Personal) wird daher zu recht als defizitär bezeichnet.[173] Patientenrechte zu eruieren fordert dem Patienten und dem potentiellen Patienten, zumeist dem medizinischen und juristischen Laien, ein weit überdurchschnittliches Maß an Kenntnis und Engagement ab. Das allgemeine Informationsdefizit in der Öffentlichkeit hat zur Folge ist, dass vorhandene Rechte aufgrund von Unkenntnis häufig nicht in Anspruch genommen werden.

Nachfolgend sollen wesentliche Patientenrechte grob skizziert werden.

Allem voran darf nichts ohne die Einwilligung des Patienten geschehen. Die Grundlage für das *Recht auf Aufklärung und Einwilligung* des Patienten bildet das Selbstbestimmungsrecht. Es stellt eine der wesentlichen grundrechtlichen

---

[170] vgl. Weichert 2003, S. 83; Bundesarbeitsgemeinschaft der Patientinnenstellen 1994; Freie und Hansestadt Hamburg 2002
[171] vgl. hierzu exemplarisch die Broschüre „Patientenrechte in Deutschland", hrsg. vom Bundesministerium für Gesundheit und Soziale Sicherung und dem Bundesministerium der Justiz 2005
[172] vgl. Weichert 2003, S. 94
[173] vgl. Gstöttner 2004, S. 97, 146 f.; Weichert 2003, S. 83; Rehborn 2000, vgl. auch Tischmann 2004, S. 15

Begründungen für Aufklärung und Einwilligung, jedoch auch für weitere Patientenrechte dar, was ebenfalls für das Persönlichkeitsrecht gilt.[174] Jede Behandlung, ob diagnostisch oder therapeutisch, würde ansonsten auch bei Indikation und fachgerechter Ausführung als Körperverletzung zu werten sein. Eine Entscheidung, ob Einwilligung oder Ablehnung, setzt voraus, dass der Patient „umfassend informiert ist, dass er in der Lage ist, selbstbestimmt und frei zu entscheiden."[175] Das Konzept des „Informed Consent" („IC"), die „informierte Zustimmung" oder der „informierte Konsens", vgl. ausführlich Kapitel 1.1.3.2 „*Das philanthrope Patientenbild*", greift genau dies auf. Ein Konsens setzt das Verständnis der Sachlage beim Patienten voraus.[176] Um diese zu erreichen, ist ein auf den Einzelfall abgestimmtes, frühzeitiges Gespräch obligatorisch. Der Patient muss nach den gegebenen Umständen ausreichend Gelegenheit haben, sich frei und ohne Entscheidungsdruck für oder gegen den Eingriff zu entscheiden.[177] Kleinere Maßnahmen (z.B. Röntgenaufnahmen) benötigen weniger Zeit, schwere Eingriffe benötigen mehr Zeit und bei Operationen, so ein Urteil des BGH, sollte spätestens einen Tag vorher aufgeklärt werden.[178] Das Aufklärungsgespräch ist von allen, an einem Eingriff oder der Behandlung, beteiligten Ärzte (z.B. auch Anästhesisten) und in der erforderlichen Ausführlichkeit zu führen: Der Patient ist über Diagnose, die Erforderlichkeit seiner Mitwirkung (z.B. Einhaltung einer Diät), über den Verlauf (d.h. nicht nur einmalig, sondern kontinuierlich), über Art, Umfang und Durchführung der vorgeschlagenen Therapie aufzuklären, ebenso über (insbesondere unvermutete) Risiken, gesundheitliche Folgen, gar über mögliche Alternativen der Behandlung und über Prognosen bei Behandlung und Nichtbehandlung zu informieren. Es gilt, dass der Patient insgesamt befähigt werden muss, sofern er dies wünscht, Umfang und Tragweite seiner Behandlung einschätzen und Risiken abwägen zu können.[179] Die Einholung einer *Zweitmeinung* ist hier einzuordnen. Sowohl der Arzt hat die Pflicht, sich im Bedarfsfall bei einem Spezialisten Rat einzuholen[180] als auch der Patient hat das Recht, einen Konsiliararzt hinzuzuziehen.[181] Das Krankenhaus hat darüber hinaus sicherzustellen, dass das Arztgespräch bei Bedarf übersetzt

---

[174] vgl. Gstöttner 2004, S. 110, Schell 1993, S. 18 f., Art. 2 GG (hier aus Kunig 2000, S 123 ff.)
[175] vgl. Oltmanns 1995, S. 49 ff.; Gstöttner 2004, S. 42 ff.; der Patient hat im Rahmen seiner Selbstbestimmung selbstredend auch das Recht, auf Information zu verzichten, vgl. hierzu Weichert 2003, S. 86.
[176] vgl. Irrgang 1995, S. 71 f.
[177] vgl. BGH Urteil vom 25.3.2003 – VI ZR 131/02, in: Patienten Rechte 2003, Heft 3, S. 78
[178] vgl. Bundesarbeitsgemeinschaft der PatienInnenstellen 1994, S. 8; BGH Urteil vom 7.4.1992 – VI ZR 192/91, in: Neue Juristische Wochenschrift 1992, Heft 37, S. 2351 ff.
[179] vgl. Oltmanns 1995, S. 49 ff., S. 56; Gstöttner 2004, S. 42 ff.
[180] vgl. Bundesarbeitsgemeinschaft der PatienInnenstellen 1994, S. 9
[181] vgl. Freie und Hansestadt Hamburg 2002, S. 13

wird und Missverständnisse aufgrund von *Übersetzungs*fehlern ausgeschlossen werden können.[182]

Zum Punkt Aufklärung und Einwilligung ist es (zumindest vor Operationen) gängige Praxis, da rechtlich unabdingbar, dass der Patient ein Formular zur Unterschrift erhält, um seine Einwilligung schriftlich zu bestätigen. Dies ist als eine Maßnahme organisationaler Zuwendung zu werten, da das Krankenhaus auf diese Weise sicherstellt, dass der Patient bewusst einwilligt. An diesem Punkt allerdings wird die Bedeutung der philanthropen Idee bei der Gestaltung von Maßnahmen organisationaler Zuwendung deutlich: Die gesetzliche Vorgabe führt bei diesem Beispiel zur Fokussierung auf die Patientenunterschrift. Ob z.B. die Aufklärung durch den Arzt vor Einwilligung des Patienten ausreichend ausführlich und zeitlich früh genug verlief, ob der Patient bei Unsicherheiten eine Zweitmeinung einholen kann, kann vom (uninformierten) Patienten nicht festgestellt werden. Es bleibt zu befürchten, dass die medizinische Praxis die Ausführlichkeit der Aufklärung nicht einhellig bejaht und eher als lästige Pflicht begreift. Der praktische Nutzen im Krankenhaus für den Patienten ist damit fraglich, da die Umsetzung in eine rein formale Einverständniserklärung, also eine Unterschrift des Patienten auf einem Formular ohne die sonstigen wesentlichen Attribute der Aufklärung zum Zwecke der Aufhebung des Wissensgefälles zwischen Arzt und Patient zu erfüllen, münden kann, allein um dem Gesetz zu genügen.[183]
Um das Recht auf Aufklärung und Einwilligung zum Nutzen des Patienten zu gewähren, sollte das Krankenhaus über einzelne gesetzliche Vorgaben hinaus weitere Maßnahmen ergreifen, z.B. dem Patienten ausführliche Gespräche unter Berücksichtigung der Details und des zeitlichen Vorlaufes garantieren, es sollte darüber hinaus dem Patienten die Einholung einer Zweitmeinung gewähren und für ausreichende Übersetzungshilfen für fremdsprachige Patienten sorgen.

Das Selbstbestimmungsrecht des Patienten erstreckt sich auch auf Situationen, in denen der Patient keine freie Willensäußerung mehr tätigen kann, z.B. wenn er im Koma liegt, sofern er im Vorfeld Vorsorge traf. Der Patient kann, solange er gesundheitlich dazu in der Lage ist, seinen freien Willen mündlich in Form eines Nottestamentes äußern oder eine schriftliche *Patientenverfügung* verfassen. Der Krankenhausträger ist gemäß der Auffassung des Bundesgerichtshofes dazu angehalten, dem Patienten, der ein Testament errichten möchte, in zumutbarer Weise Hilfestellung zu leisten.[184] Dies dient in Zeiten wachsender Medizintechnik meist dem Zweck, medizinische Maßnahmen zu verhindern, die der persön-

---

[182] vgl. OLG Düsseldorf, Urteil vom 12.10.1989 – 8 U 60/88 in: Neue Juristische Wochenschrift 1990, Heft 12, S. 771 f.; Weichert 2003, S. 85; als fraglich kann angesehen werden, ob Fehler bei Übersetzungen durch Angehörige oder Krankenhausmitarbeiter ausgeschlossen werden können, vgl. hierzu Gstöttner 2004, S. 55

[183] vgl. Roßbach 2002, S. 110; Giese 2001, S. 9; Bundesarbeitsgemeinschaft der Patientinnenstellen 1994, S. 7

[184] vgl. Behrens 1997, S. 500 ff.

lichen Auffassung des Patienten über die Qualität des Lebens entgegenstehen, z.b. ausschließlich lebensverlängernd wirken. Zur Unterstützung der Ausübung des Rechts auf Vorausverfügung bieten die Landesministerien für Justiz kostenlose Formulare und Ratgeber an.[185] Entgegen früherer Auffassung der Ärzte ist der Wunsch des Patienten heute rechtlich bindend, so ein höchstrichterlicher Beschluss des Bundesgerichtshofs 1995.[186] Im Sinne einer Operationalisierung durch das Krankenhaus wäre denkbar, dass diese Formulare für den Patienten zur Verfügung gestellt werden und der Patient auf Wunsch beraten wird.

Der Patient hat das *Recht (und die Pflicht), mitzuwirken*, selbstbestimmt zu entscheiden und die hierfür notwendige kontinuierliche Information und Integration zu erfahren. Im Hinblick auf die Mitwirkung des Patienten fanden in den letzten Jahren anglo-amerikanische Termini Eingang in den hiesigen Sprachgebrauch. Neben dem bereits dargestellten „Informed Consent", dem informierten Einverständnis des Patienten vor diagnostischen und therapeutischen Maßnahmen, ist mit „compliance" die aktive Mithilfe des Patienten gemeint.[187] Auch die Bezeichnung „Ko-Produzent"[188] von Gesundheit ist unter dem Aspekt der Beteiligung und Eigeninitiative des Patienten geläufig. Im Sinne einer Operationalisierung durch das Krankenhaus sollte dem Patienten die Ausübung seiner Selbstverantwortung bzw. Eigeninitiative garantiert werden.

Der Patient hat das Recht auf *Behandlung nach den aktuellen, gesicherten Erkenntnissen* der medizinischen Wissenschaft. Dies schließt nicht nur die Anwendung ausschließlich gesicherter Diagnose- und Therapieverfahren ein, sondern auch die Fortbildungen der ärztlichen und pflegerischen Mitarbeiter und deren regelmäßige Lektüre aktueller Fachliteratur.[189] Ferner müssen Arzneimittel und Medizinprodukte die gesetzlich vorgeschriebenen Sicherheitsanforderungen erfüllen. Dafür trägt der Hersteller, teilweise aber auch das Krankenhaus, die Verantwortung. Im Krankenhaus müssen die erforderlichen organisatorischen, personellen (z.B. die Ausbildung des Personals) und sachlichen Standards (z.B. Medizingerätesicherheit, Hygienestandards) gewährleistet werden.[190] Im Sinne einer Operationalisierung durch das Krankenhaus wäre zu überlegen, dem Patienten die Gewissheit zu vermitteln, dass sämtliche dieser Standards eingehalten werden.

Mit dem Recht auf *Intim- bzw. Privatsphäre* ist in der Krankenhauspraxis meist der vertrauliche Umgang mit Informationen, die den Patienten betreffen, der Da-

---

[185] erhältlich bei den Ministerien der Justiz der Bundesländer, exemplarisch vgl. Hessisches Ministerium der Justiz, Broschüre „Betreuungsrecht", 1.1.2006
[186] vgl. Borasio et al 2003, A 2062 ff.; Schmitten 1999, S. 134
[187] vgl. Kellnhauser 2003, S. 42
[188] Schupeta 1999, S. 16
[189] vgl. Bundesarbeitsgemeinschaft der PatientInnenstellen 1994, S. 6
[190] vgl. Freie und Hansestadt Hamburg 2002, S. 12

tenschutz, also die Verschwiegenheitspflicht des Arztes, welche im Standesrecht (§ 9 Muster-Berufsordnung der deutschen Ärztinnen und Ärzte), aber auch im Strafrecht durch die ärztliche Schweigepflicht gemäß § 203 StGB besonders betont wird, gemeint. Der Patient soll vor Kenntnisnahme durch Dritte bewahrt werden, was für den Heilerfolg wesentlich ist. Es müsste sonst befürchtet werden, dass der Patient dem Arzt nicht alle für die Heilung relevanten Informationen mitteilt.[191] Der Patient kann den Arzt gegenüber ausgewählten Personen, z.b. Familienangehörigen, von der Schweigepflicht entbinden. Zumeist endet die Auslegung der Privatsphäre an diesem Punkt. Bei genauerer Betrachtung allerdings reicht die Privatsphäre weit über den reinen Datenschutz hinaus, sie sollte nicht nur im Hinblick auf die diskrete Behandlung bereits gewonnener, patientenbezogener Informationen, Dokumente und sonstiger Belange verstanden werden. Die private Sphäre ist deutlich umfassender ein „...räumlich abgeschirmter Bereich persönlicher Entfaltung, in dem der Patient allein zu bleiben wünscht, um die Wahrung seiner Intimität den Einblicken (unbefugter, Anm. d. Verf.) Dritter zu entziehen..."[192]. Im Sinne einer Operationalisierung durch das Krankenhaus wäre zu überlegen, für den Patienten einige Umgangs-Regeln in den Stationsalltag zu integrieren: z.B. das Anklopfen vor dem Eintreten ins Zimmer, den Sichtschutz bei körperlichen Entblößungen für Pflegemaßnahmen und die Körperpflege in Intimregionen und sonstige Verrichtungen des Patienten, das Führen von therapeutischen Gesprächen (allen voran die Visite) unter ausschließlicher Anwesenheit der in die Behandlung involvierten ärztlichen und pflegenden Mitarbeiter u.v.m.[193] In diesem Zusammenhang kann auch gesehen werden, dass der Patient zu unterrichten ist darüber, wer für seine Behandlung und Pflege zuständig ist.[194] Hierfür kann das Krankenhaus z.B. Namensschilder an der Bekleidung der Krankenhausmitarbeiter und eine persönliche Begrüßung des Patienten regeln.

Der Patient ist neben der medizinischen Behandlung auch über die entsprechenden wirtschaftlichen Folgen aufzuklären. Der Patient hat das Recht, vom Krankenhaus Informationen sowohl über Leistungen als auch eine *Kostenauskunft* zu erhalten. Gemäß Krankenhausentgeltgesetz kann jeder Patient, nicht nur der Selbstzahler verlangen, dass ihm die voraussichtlichen Kosten, also die Höhe der Fallpauschale, ergänzende Entgelte und eventuelle Erhöhungen rechtzeitig genannt werden[195] und die Rechnungsstellung in verständlicher Form erfolgt.[196]

---

[191] vgl. Weichert, 2003, S. 83
[192] vgl. Gstöttner 2004, S. 51, 112 f.
[193] vgl. hierzu ausführlich Bauer 1996, S. 48 f.
[194] vgl. Roßbach 2002, S. 82; Freie und Hansestadt Hamburg 2002, S. 13; Das Bundesministerium für Gesundheit und Soziale Sicherung und Justiz 2005, Leitfaden für Patientinnen/Patienten und Ärztinnen/Ärzte
[195] vgl. § 8 (8) KHEntgG
[196] vgl. § 1 (8) KFPV; Roßbach 2002, S. 83

Dies gilt auch für Wahlleistungen sowie die Kosten für Behandlungen durch leitende Ärzte. Der Patient hat das Recht, bevor er Leistungen in Anspruch nimmt, deren Kostenübernahme durch die Krankenversicherung nicht gesichert ist, vom Krankenhaus darüber informiert zu werden.[197] Allerdings ist es nach Auffassung des BGH dem Krankenhaus nicht zumutbar, einen individuellen, detaillierten Kostenvoranschlag zu erstellen, da dies einen deutlich erhöhten verwalterischen Aufwand bedeutet und vor Aufnahme der Behandlung nicht immer Diagnose, Therapie und Krankheitsverlauf bekannt sind.[198] Im Sinne einer Operationalisierung durch das Krankenhaus wäre zu überlegen, diesbezügliche schriftliche Erläuterungen und Ansprechpartner für den Patienten bereitzustellen.

Der Patient hat das Recht auf *Einsicht in die Dokumentation* seiner Behandlung (Patientenakte). Der BGH hat dies bereits 1982 in einem Grundsatzurteil anerkannt.[199] Als eine Nebenpflicht aus dem Behandlungsvertrag resultiert die Verpflichtung des Arztes, eine ausführliche und vollständige Dokumentation der Behandlung zu gewährleisten.[200] Gleiches gilt für den „Arztbrief", der bei oder nach Entlassung aus dem Krankenhaus für den nachbetreuenden Arzt angefertigt wird.[201] Im Sinne einer Operationalisierung durch das Krankenhaus ist die Patientenakte (und der Arztbrief) auf Wunsch des Patienten auszuhändigen und verständlich zu machen.

Die Krankenhausgesetze einiger Länder halten Krankenhäuser dazu an, angemessene *Besuchszeiten* festzulegen, um dem Patienten die Möglichkeit zu geben, mit erwünschten Personen zu kommunizieren.[202] Der Kreis erwünschter Personen, Personen zur sozialen und seelsorgerischen Betreuung, muss nicht zwangsläufig auf medizinische Krankenhausmitarbeiter beschränkt sein. Im Sinne einer Operationalisierung sollte das Krankenhaus dafür sorgen, dass Vertraute aus dem Familien- oder Freundeskreis und weitere Personen Zugang zum Patienten haben. Über die Regelung von Besuchszeiten für nahe stehende Personen hinaus kann das Krankenhaus den Kontakt zu weiteren hilfreiche Personen gewährleisten. Z.B zu einem dem Krankenhausträger unterstellten Sozialdienst, aber auch ehrenamtlichen Patientendiensten sowie konfessionellen Seelsorgern (christlicher und nicht-christlicher Glaubensgemeinschaften).[203]

Sollten entgegen aller Bemühungen seitens der Krankenhäuser dennoch Schwierigkeiten aus Sicht des Patienten im Verlauf des Krankenhausaufenthaltes auf-

---

[197] vgl. Freie und Hansestadt Hamburg 2002, S. 16
[198] vgl. Günter 2004, S. 31
[199] vgl. Ender 2003, S. 6 (BGH Urteil vom 23.11.1982 – VI ZR 222/79)
[200] vgl. Oltmanns 1995, S. 52 f.; § 810 BGB; Roßbach 2002, S. 82, 86; Gstöttner 2004, S. 49 f.
[201] vgl. Freie und Hansestadt Hamburg 2002, S. 15
[202] vgl. Gstöttner 2004, S. 53 f., bei medizinischer Begründung hat der Patient das Recht auf Mitaufnahme einer Begleitperson, vgl. § 11(3) SGB V; Wabnitz 2003, S. 44
[203] vgl. Wabnitz 2003, S. 44 ff.

treten, kann sich der Patient an die eigens hierfür eingerichtete und dem Krankenhausträger unterstellte *Patientenbeschwerdestelle* im Krankenhaus wenden. Hier werden Beschwerden über die Umstände, die Form oder Organisation der medizinischen Behandlung und auch der Verdacht auf einen ärztlichen Behandlungsfehler aufgenommen. Die Bestimmungen des Qualitätsmanagements geben obligatorisch vor, Beschwerden aufzunehmen und abgesehen von der Problemlösung im Einzelfall hierdurch die Leistungsqualität des Krankenhauses für die Zukunft zu verbessern.[204] Im Sinne einer Operationalisierung kann das Krankenhaus dem Patienten Ansprechpartner zur Verfügung stellen, was zumeist ein Krankenhausmitarbeiter ist, der sich neben der Ausübung seines Berufes um Patientenbeschwerden kümmert.

Die Krankenhausgesetze mancher Länder sehen darüber hinaus vor, dass formal unabhängige *Patientenfürsprecher* einzusetzen sind. Der Patientenfürsprecher wird vom Stadtrat oder Kreistag gewählt. Seine Aufgabe besteht darin, die Rechte des Patienten gegenüber dem Krankenhaus zu schützen und durchzusetzen, sofern der Patient das wünscht. Es wird davon ausgegangen, dass der Krankenhausträger berechtigten Beschwerden entsprechen wird. Im Zweifelsfall kann sich der Patientenfürsprecher an die betreffenden Behörden bis hin zum Minister wenden. Der Patientenfürsprecher ist formal unabhängig und unterliegt somit nicht der Weisung der Krankenhausleitung, er hat ein öffentliches Amt inne und wird einem Krankenhaus ehrenamtlich zugeordnet. In einigen Ländern, z.B. in Hessen, ist die Bestellung des Patientenfürsprechers gesetzlich vorgeschrieben.[205] Das Krankenhaus ist zur Zusammenarbeit verpflichtet, wenngleich die notwendige Unabhängigkeit des Patientenfürsprechers in der Literatur zuweilen angezweifelt wird.[206]

Der Versuch, wesentliche Patientenrechte zu skizzieren, zeigte auf Basis des Rechts auf Selbstbestimmung ganz unterschiedliche Patientenrechte auf. Diese sind, wie sich zeigte, z.B. das Recht auf Aufklärung und Einwilligung, auf Formulierung einer Patientenverfügung, auf Mitwirkung, auf Behandlung nach gesicherten Erkenntnissen, auf Intim- bzw. Privatsphäre, auf Erläuterung zu wirtschaftlichen Belangen, auf Einblick in die Patientenakte, auf Kommunikation mit Personen des Vertrauens, auf Beschwerde und eine Interessenvertretung.

Diesen Ausführungen zufolge ist die Gewährung und Operationalisierung von Patientenrechten teilweise durch obligatorische gesetzliche Vorgaben geregelt, wie z.B. das Recht auf Selbstbestimmung in Form der Patientenunterschrift zum Beleg über die Aufklärung und Einwilligung des Patienten. Doch bei weitem nicht alles ist reglementiert. Für das Krankenhaus existiert über den vorgegebenen Rechtsrahmen hinaus ein großer Gestaltungsspielraum, innerhalb dessen die

---

[204] vgl. Gstöttner 2004, S. 68
[205] vgl. Gstöttner 2004, S. 69; Wabnitz 2003, S. 46 ff.
[206] vgl. hierzu Kranich 1995 (a), S. 253 f.

"organisationale Zuwendung" zum Ausdruck gebracht werden kann. Dies wird vor allem in der Art und Weise der Operationalisierung der Patientenrechte (in Form von Maßnahmen organisationaler Zuwendung) erkennbar sein. Die Art und Weise der Operationalisierung wird zeigen, ob z.b. bei der Aufklärung und Einwilligung, dem Recht entsprechend, lediglich standardmäßig informiert wird mit dem Ziel einer Unterschrift, oder ob der Patient darüber hinaus z.b. ermuntert wird, relevante Fragen zu stellen, ob ihm dargelegt wird, dass alternative Therapien existieren und ob er aufgeklärt wird, dass er, ohne Repressalien befürchten zu müssen, eine Behandlung ablehnen kann. Die im Sinne des philanthropen Patientenbildes erwünschte Art der Operationalisierung der einzelnen Patientenrechte, für die eine philanthrope Gesinnung (vgl. hierzu Kapitel 1.1.3.2 *„Das „philanthrope" Patientenbild*) unverzichtbar ist, schafft ein weites Aktionsspektrum für die Realisierung organisationaler Zuwendung.

Das bedeutet für die vorliegende Forschung, dass sämtliche Maßnahmen, die eine organisationale Zuwendung darstellen, als „Patientenrechte" benannt werden, wenngleich sie nicht allesamt zwangsläufig gesetzlich verankerte Rechte darstellen oder auf diese zurückzuführen sein müssen. Relevant sind sämtliche Rechte, die ein einzelnes Krankenhaus „seinem" Patienten einräumt, wenngleich es gesetzlich nicht dazu verpflichtet ist.

3.2.3 Konsequenz III: Die Kommunikation von Leitbild und Maßnahmen „organistionaler Zuwendung"

Das Vorhandensein von Leitbild und Maßnahmen organisationaler Zuwendung allein ist nicht ausreichend für eine Initiierung, solange sie nicht in Richtung Patient und Mitarbeiter kommuniziert werden.

Ein Blick in die USA zeigt, dass das Leitbild, tituliert mit „Mission Statement" und „Philosophy", in seiner Bedeutung für die Praxis sehr ernst genommen und daher umfassend kommuniziert wird, sowohl intern als auch extern. So legt *Kellnhauser* dar: „This mission statement is made known to all employees in that it is printed on the first page of the Employee's Handbook [...]. The meaning of it is discussed with new employees during their orientation period." Gleiches gelte, so *Kellnhauser* weiter, für die Philosophie und schließlich auch für praktische Maßnahmen, die das psychosoziale Wohlbefinden des Patienten fördern sollen. Es sind die hier so genannten Maßnahmen organisationaler Zuwendung, über die der Patient in der Patientenbroschüre („Patient Information Booklet") erfährt.[207]

Vor diesem Hintergrund der Notwendigkeit einer umfassenden Kommunikation an alle Patienten und Mitarbeiter ist in einem nächsten Schritt festzulegen, welche Bedingungen kontextabhängig erfüllt sein müssen, damit in der vorliegen-

---

[207] vgl. Kellnhauser 2003, S. 34 ff.

den Forschung von Kommunikation „durch das Krankenhaus" ausgegangen werden kann.

Der Initiator der Kommunikation, „das Krankenhaus", ist die normative Managementebene, die höchste verantwortliche Stufe in der Krankenhaushierarchie. Die Adressaten der Kommunikation bzw. der kommunizierten Inhalte sind sowohl der Patient (als informierte Empfänger der spezifischen Krankenhausleistungen) als auch der Mitarbeiter (als unmittelbare Leistungserbringer).

Krankenhäuser präsentieren sich nach außen durchweg als einheitliches Gebilde, gleichwohl sie aus verschiedenen Fachabteilungen und teilweise sogar räumlich getrennten Fachkliniken bestehen. Soll das philanthrope Patientenbild initiiert werden, ist es notwendig, dass Leitbild und Maßnahmen der organisationalen Zuwendung für die *gesamte Organisation* Krankenhaus, nicht nur für Teile daraus, gültig sind, was eine organisationsumfassende Kommunikation bedeutet.

Dies kann erreicht werden, wenn das normative Management, die Krankenhausleitung, *aktiv kommuniziert*. Die Kommunikation ist als Aktion, nicht als Reaktion auf vereinzelte Patientenwünsche zu verstehen, sie muss im Krankenhaus unaufgefordert und routinemäßig erfolgen. Das bedeutet, das Krankenhaus setzt die entsprechenden Adressaten, seine Patienten und ebenso seine Mitarbeiter, darüber in Kenntnis, welche Wertvorstellungen und welche Maßnahmen organisationaler Zuwendung organisationsumfassend als erwünscht und verbindlich angesehen werden. Erst durch aktive Kommunikation, und nur dann, kann der Patient selbst entscheiden, welche Maßnahmen der organisationalen Zuwendung er in Anspruch nehmen möchte.

Ein Krankenhaus, das den Patienten als Partner anerkennt, wird ihn nicht von für ihn wesentlichen Informationen ausschließen.[208]

Dieses aktive Verständnis von Kommunikation bringt zwei Bedingungen mit sich. Zum einen muss die Kommunikation des Krankenhauses darauf abzielen, dass *jeder Patient* das Leitbild und die Maßnahmen organisationaler Zuwendung im Krankenhaus erfahren und damit einfordern kann, sofern er dies wünscht, unabhängig davon, in welcher Fachabteilung, von welchem Team oder Mitarbeiter er betreut wird. Leitbild und Maßnahmen organisationaler Zuwendung müssen für jeden Patienten Gültigkeit besitzen. Und es bedeutet zum andern, sie müssen ihm ohne Ansehen der Person unaufgefordert, d.h. *routinemäßig* kommuniziert werden, unabhängig von seinem individuellen Informationshintergrund, persönlichen oder vermeintlichen Eigenschaften.

Eine allgemeine Unkenntnis über Leitbild und Maßnahmen organisationaler Zuwendung kann dazu führen, dass ihre Verwirklichung nicht von jedem Patienten, der den Bedarf für sich subjektiv empfindet, nachgefragt wird. Insofern wird

---

[208] vgl. Weichert 2003, S. 83

beklagt, dass vom Patienten berechtigte Wünsche im Zweifel aus Unsicherheit nicht geäußert werden, da er ungern den Anschein erweckt, nicht zu vertrauen.[209] Der Kommunikation hin zum Patienten wohnt insofern auch ein Element der Kontrolle inne. Denn ob die kommunizierten Wertvorstellungen des Leitbildes und die Maßnahmen organisationaler Zuwendung letztlich auf seinen Wunsch hin umgesetzt werden, kann nur der informierte Patient feststellen. Die "...regelmäßige Überprüfung von Verhaltenskomponenten...(der Mitarbeiter, Anm. d. Verf.)", im Krankenhauskontext z.b. über die aufmerksame Betreuung der Patienten und Mitarbeiter durch Vorgesetzte, Patientenbefragungen oder Möglichkeiten für Patientenbeschwerden, wird in der Literatur als entscheidend für die Alltagsrelevanz des Leitbildes angesehen.[210]

Kommuniziert das Krankenhaus seine Maßnahmen der organisationalen Zuwendung hin zum Patienten, so muss eine entsprechende aktive Kommunikation durch das Krankenhaus hin zum Mitarbeiter ebenfalls stattfinden, da dieser das Krankenhaus repräsentiert und nur dann auf einen Patientenwunsch hin informiert reagieren kann. Dies kann z.B. durch Mitarbeitergespräche oder gezielte Schulungen erfolgen.

Bei der vorliegenden empirischen Vorgehensweise wird die Kommunikation zum Patienten hin fokussiert. Aus folgendem Grund:

Kommuniziert das Krankenhaus nicht in Richtung Patient, so erübrigt sich die Frage, ob es in Richtung Mitarbeiter kommuniziert. Der Grund dafür ist, dass in solch einem Fall, in dem der Patient nicht Adressat der Kommunikation ist, grundsätzlich nicht von Kommunikation im Sinne des philanthropen Patientenbildes, das auf die Selbstbestimmung und Partnerschaftlichkeit des Patienten baut, auszugehen ist.

Ist jedoch eine Kommunikation hin zum Patienten feststellbar, so ist davon auszugehen, dass sie ebenfalls an den Mitarbeiter erfolgt. Denn der einzelne Mitarbeiter ist für den Patienten Repräsentant des Krankenhauses und die Maßgaben des Krankenhauses kommen im täglichen informierten Verhalten des Mitarbeiters gegenüber dem Patienten zum Ausdruck. Die Kommunikation gegenüber dem Patienten wäre sinnlos, wenn keine gleichzeitige Kommunikation gegenüber dem Mitarbeiter erfolgen würde.[211]

Fehlt die Kommunikation, so wird die (Re-)Aktion des Mitarbeiters bei zufälliger Nachfrage eines Patienten nicht nur allein aufgrund seiner individuellen Interpretationsleistung, sondern zunächst vor allem aus Unkenntnis individuell unterschiedlich ausfallen. Diese organisationsweit uneinheitliche (Re-)Aktion, ab-

---

[209] vgl. Gstöttner 2004, S. 23
[210] Frigge/Houben 2005, S. 43
[211] zur Wichtigkeit der internen Kommunikation vgl. Deutz 1999, S 67.

hängig von einzelnen Mitarbeitern oder Teams, ist nicht im Interesse der Organisation Krankenhaus. Fehlende oder uneffektive Kommunikation hat somit zur Folge, dass Leitbild und Maßnahmen organisationaler Zuwendung allenfalls teilweise und dann nur demjenigen Patienten gewährt bzw. angeboten werden, der nachfragt, darum bittet oder nach subjektivem Eindruck der Mitarbeiter einen Bedarf hat. Damit wird die Umsetzung von Leitbild und Maßnahmen organisationaler Zuwendung im Hinblick auf die gesamte Organisation Krankenhaus unberechenbar und uneinheitlich.

Wenn dies geschieht, ist nicht von Erfüllung des Leitbildes und organisationaler Zuwendung im Sinne der vorliegenden Forschung auszugehen.

3.2.4 Zusammenfassung

Im zweiten Teil des Kapitels 3 wurde, unter Berücksichtigung der Hinweise aus dem Organisationskultur-Ansatz, aus relevanter Literatur herausgearbeitet, welche Konsequenzen ein Krankenhaus bzw. sein Management ergreifen sollte, die geeignet sind, ein neues Patientenbild zu initiieren. Dieses waren die Formulierung wesentlicher theoretischer Grundsätze zum erwünschten Patientenbild, d.h. die schriftliche Fixierung eines so genannten „Leitbildes" als geistigen Überbau, in dem das „Selbstverständnis" (Mission) und „grundlegende Überzeugungen" (Philosophie) des Krankenhauses genannt werden, deren Operationalisierung und damit praktische Umsetzung mittels Maßnahmen, die dem psychosozialen Wohlbefinden des Patienten in der Praxis dienen sollen und als „Maßnahmen organisationaler Zuwendung" benannt wurden, und schließlich die aktive (unaufgeforderte und routinemäßige) „Kommunikation" beider in Richtung Patient und Mitarbeiter.

Die Zusammensetzung der Begriffe „organisational" und „Zuwendung" erscheint auf den ersten Blick widersprüchlich und ungewöhnlich. Deshalb wurden diese Termini entsprechend erläutert.

Dem allgemeinen Sprachverständnis zufolge ist „Zuwendung" auf Individuen und Handlungen zwischenmenschlicher Art beschränkt. Verlässt man die Perspektive des Individuums und nimmt die der Organisation ein, bedeutet „organisationale Zuwendung" das Sich-Hineinversetzen der Organisation Krankenhaus in die psychosoziale Situation des Patienten und mündet in die Entwicklung von Maßnahmen, die sein psychosoziales Wohlbefinden im Sinne des philanthropen Patientenbildes potentiell fördern können. Diese Maßnahmen stützen sich auf die Gewährung von Bürger- bzw. Patientenrechten, die zum Zwecke der Praxisrelevanz vom Krankenhaus bzw. dem Management in verständlicher Form heruntergebrochen werden müssen. Die Operationalisierung des Leitbildes auf Basis von Rechten ist nur möglich, wenn eine grundlegend menschenfreundliche Gesinnung, d.h. eine freundschaftliche Grundeinstellung des Krankenhauses in

Richtung Patient, vorhanden ist. Denn erst sie ermöglicht es, Maßnahmen der organisationalen Zuwendung zu entwickeln. Die freundschaftliche Grundeinstellung hilft also, Ideen zu generieren und die große Gestaltungsfreiheit des Krankenhauses, auch über rechtliche Vorgaben hinausgehend, auszuschöpfen.

Nachdem in Kapitel 3 die Betrachtung des Krankenhauses aus sozialwissenschaftlicher Perspektive durchgeführt wurde, ist der theoretische Teil der Arbeit abgeschlossen. In Kapitel 4 wird der empirische Teil der Arbeit dargestellt.

4 Die empirische Untersuchung beim sozialen Dienstleister Krankenhaus

In diesem Kapitel wird die methodische Vorgehensweise geschildert und begründet und im Anschluss daran die empirische Untersuchung durchgeführt.

4.1 Die Methode

Die vorliegende Arbeit ist eine explorative Studie mit folgender deskriptiver Fragestellung:

Lassen sich im Krankenhaus auf organisationaler Ebene Konsequenzen für die Initiierung eines philanthropen Patientenbildes mit Blick auf das psychosoziale Wohlbefinden des Patienten erkennen?

Im Rahmen einer Querschnitterhebung wurden acht Krankenhäuser in zwei Schritten, einmal mit Hilfe einer Dokumentenanalyse und zum andern mit Hilfe leitfadengestützter Experteninterviews, mit je einem Vertreter der (kaufmännischen) Geschäftsleitung und der Leitung einer Station, untersucht.

Die Untersuchung konzentriert sich auf Aussagen zu den im vorangegangenen Kapitel aus der Literatur herausgearbeiteten „Konsequenzen" für das Krankenhaus bei der Initiierung des philanthropen Patientenbildes. Es handelt sich dabei um die forschungsrelevanten Inhalte eines schriftlich fixierten „Leitbildes", das im wesentlichen die Wertvorstellungen abbildet, weiter um forschungsrelevante Maßnahmen der „organisationalen Zuwendung", die die praktische Umsetzung abbilden, und schließlich um deren „Kommunikation" in Richtung Patient und Mitarbeiter. Forschungsrelevant bedeutet, relevant sind Aussagen, die das psychosoziale Wohlbefinden des Patienten im Sinne des philanthropen Patientenbildes potentiell fördern. Diese „Konsequenzen" bilden den roten Faden in der Erhebung. Es handelt sich um eine qualitative Datenerhebung.

Die gesamte Betrachtung erstreckt sich über den stationären Krankenhausaufenthalt von „elektiven" Patienten.[212]

Die bisherigen Erläuterungen zu den einzelwirtschaftlichen Aspekten und dem theoretischen Organisationskultur-Ansatz dienen als Hintergrundinformationen und unterstützen die Interpretation der Ergebnisse.

---

[212] Der elektive Patient tritt einen geplanten Krankenhausaufenthalt an und unterscheidet sich insofern vom Notfall-Patienten.

4.1.1 Die Auswahl der Krankenhäuser

Die Bestimmung der Auswahl erfolgte bewusst.[213] Aus praktischen Gründen der Umsetzbarkeit im Rahmen der vorliegenden Arbeit erfolgt eine Beschränkung auf die Region Rhein-Main und das nähere Umfeld.[214] Innerhalb dieser Region wurden insgesamt 25 Allgemein-Krankenhäuser[215] ausgewählt, von denen sich schließlich acht bereit erklärten, teilzunehmen.[216] Die Übertragbarkeit und Verallgemeinerung der Ergebnisse auf das gesamte Krankenhauswesen in Deutschland ist nicht möglich und nicht beabsichtigt. Dennoch ist davon auszugehen, dass Muster erkennbar werden, die auch in anderen, nicht untersuchten Krankenhäusern anzutreffen sind.

Die acht teilnehmenden Krankenhäuser unterscheiden sich in ihrem Träger. Es handelt sich um zwei konfessionelle Krankenhäuser, zwei staatliche Universitäts-Krankenhäuser, zwei städtische Krankenhäuser und schließlich um zwei private Krankenhäuser.

Der einzelne Träger bzw. die Trägerkategorie konfessionell, universitär, städtisch und privat, ist nicht Teil der Auswertung, da sie für die Beantwortung der Forschungsfrage keine Rolle spielt. Allerdings können diesbezügliche Auffälligkeiten, z.B. Gemeinsamkeiten und Unterschiede, eine interessante Information darstellen. Aus diesem Grund werden sie an geeigneter Stelle ergänzend angefügt.

4.1.2 Die Schritte der empirischen Vorgehensweise

In zwei Schritten, der Dokumentenanalyse und den daran anschließenden Experteninterviews, sollten Erkenntnisse gewonnen werden.

4.1.2.1 Schritt 1: Die Dokumentenanalyse

In einem ersten Schritt erfolgt eine Dokumentenanalyse. Hierfür wurde die Patientenbroschüre als das zentrale Kommunikationsmedium des Krankenhauses ausgewählt.

Die Auswertung der Dokumente sollte inhaltliche Informationen zum Leitbild, die daraus abgeleiteten konkreten praktischen Maßnahmen organisationaler Zuwendung und Informationen zur Kommunikation beider hervorbringen. Ziel der Dokumentenanalyse war die Generierung dieser Inhalte, des weiteren auf deren Basis die Ausgestaltung des Leitfadens für die später erfolgenden Expertenin-

---

[213] vgl. Schnell et al 1989, S. 272
[214] vgl. Helfferich 2004, S. 153
[215] nicht berücksichtigt wurden reine Fachkrankenhäuser, Sonderkrankenhäuser, Tages- und Nachtkliniken, Gesundheitszentren.
[216] zur Auswahlgröße in qualitativen Untersuchungen vgl. Helfferich 2004, S. 155

terviews und schließlich die Vorbereitung des Interviewers auf die individuellen Gegebenheiten eines jeden Krankenhauses der Auswahl.

4.1.2.1.1 Theoretische Vorüberlegungen zur Dokumentenanalyse

Bei der Untersuchung der Dokumente wurde *Mayring* gefolgt, wonach die Inhalte des zugrunde gelegten Materials in Verbindung mit dem zu bearbeitenden Gegenstand gebracht werden müssen.[217] Die Kernfrage lautete deshalb: Welche Bedeutung haben die Inhalte für die Förderung des psychosozialen Wohlbefindens des Patienten im Hinblick auf das philanthrope Patientenbild im Krankenhaus? Das Selektionskriterium ist die Einschätzung der Bedeutung der Inhalte für die Fragestellung durch den Forscher.

Über das Inhaltliche hinaus ist die Förderung von psychosozialem Wohlbefinden nur dann möglich, wenn der Patient dies erkennen kann. Das bedeutet, der Patient muss zum einen über die fraglichen Aspekte in Kenntnis gelangen, also darüber vom Krankenhaus aktiv informiert werden, während seines Krankenhausaufenthaltes, sie müssen ferner für ihn nutzbar, also bei Bedarf abrufbar und schließlich auch subjektiv beurteilbar sein. Dies berücksichtigt den Laienstatus des Patienten.

4.1.2.1.2 Zur Durchführung der Dokumentenanalyse

Die Patientenbroschüre wendet sich primär an den Patienten und an den potentiellen Patienten. Sie ist das zentrale schriftliche Medium des Krankenhauses in der Kommunikation in Richtung Patient, das traditionell von jedem Krankenhaus zur Verfügung gestellt wird. Zentral deshalb, weil die Patientenbroschüre durch Aushändigung an den potentiellen Patienten, dem ein geplanter Krankenhausaufenthalt bevorsteht und der sich hierüber informieren möchte, zu dessen Information und vor allem der Imagepflege des Krankenhauses dient und sie dem bereits im Krankenhaus befindlichen Patienten zu Beginn seines Krankenhausaufenthaltes üblicherweise an seinem Bett ausgehändigt wird. Letzteres ist im Kontext der vorliegenden Arbeit besonders wichtig, denn es kann nicht erwartet werden, dass der Patient im Vorfeld oder während seines Krankenhausaufenthaltes andere, öffentliche Quellen (z.B. das Internet) einsieht. Die Patientenbroschüre ist gleichzeitig ein Kommunikationsmedium in Richtung Mitarbeiter. Denn was dem Patienten kommuniziert wird, muss vom Krankenhaus, d.h. vom Mitarbeiter, auf Wunsch des Patienten geleistet werden.

Für die vorliegende Forschung wurde die Patientenbroschüre per e-mail oder telefonisch bei der Krankenhausverwaltung angefordert und, sofern aktuell vorhanden, per Post zugesandt.

---

[217] Mayring 1996, S. 92

Die Patientenbroschüre sollte einen Eindruck über

> Mission und Philosophie aus dem *Leitbild,* d.h. solchen Wertvorstellungen des Krankenhauses, die das psychosoziale Wohlbefinden des Patienten im Sinne des philanthropen Patientenbildes potentiell fördern können,

vermitteln.

Sofern aus der Patientenbroschüre nicht ausreichend Informationen zu den Wertvorstellungen hervorgingen, musste die Dokumentenanalyse auf weitere Quellen, den Qualitätsbericht, die Homepage und das schriftliche „Leitbild" des Krankenhauses erweitert werden.

Dieses Vorgehen war zwingend erforderlich, weil damit erst gewährleistet werden konnte, dass Aussagen zum Leitbild des einzelnen Krankenhauses überhaupt gemacht werden können. Im Hinblick auf die Maßnahmen „organisationaler Zuwendung" und die Kommunikation konnte nicht auf weitere Quellen zurückgegriffen werden, weil hierzu keine weiteren, öffentlich zugänglichen Quellen existieren.

Die Patientenbroschüre sollte einen Eindruck über

> die *Maßnahmen „organisationaler Zuwendung",* die das Krankenhaus zur Förderung des psychosozialen Wohlbefindens des Patienten im Sinne des philanthropen Patientenbildes ergriffen hat,

geben.

Die gefundenen Maßnahmen, aus denen zum Verständnis ihrer Bedeutung und der Vergleichbarkeit innerhalb der Dokumentenanalyse Kategorien abgeleitet werden sollen, sind von wesentlicher Bedeutung für die vorliegende Untersuchung. Sie vermitteln einen ersten Eindruck darüber, ob und welche Konsequenzen das Krankenhaus aus den theoretischen Wertvorstellungen seines Leitbildes für die Praxis zieht, welche praktischen Maßnahmen es für das psychosoziale Wohlbefinden des Patienten ergreift.

Die Patientenbroschüre sollte schließlich einen Eindruck über

> die *Kommunikation* von Leitbild und Maßnahmen organisationaler Zuwendung

im Krankenhaus geben.

Welche Rolle spielt die Patientenbroschüre als Kommunikationsmedium und welchen Ausblick auf hierin (noch) nicht geschilderte Informationen und Kommunikation gibt sie? Es wird nicht erwartet, dass die Patientenbroschüre der einzige Weg der Kommunikation hin zum Mitarbeiter und zum Patienten während dessen Aufenthalt ist, stattdessen ist zu erwarten, dass es weitere Dokumente gibt und dass insbesondere die mündliche Kommunikation einen besonderen

Stellenwert einnimmt. Dies ist der Grund, weshalb die Durchführung der Experteninterviews unverzichtbar ist.

4.1.2.2 Schritt 2: Die Experteninterviews

Die insgesamt sechzehn Experteninterviews wurden leitfadengestützt durchgeführt. Die Dokumentenanalyse diente neben der Erkenntnisgewinnung und der Vorbereitung des Interviewers ganz wesentlich auch zur Vorbereitung des Leitfadens für die Experteninterviews.

4.1.2.2.1 Theoretische Vorüberlegungen zur Struktur der leitfadengestützten Experteninterviews

Ein Forschungsinteresse wurde formuliert, zu dem Äußerungen von Experten im Rahmen eines Interviews produziert werden sollen. Grundlage des Interviews je Expertenrunde soll ein Leitfaden sein. Das Experteninterview stellt eine Sonderform des Interviews dar, was sich insbesondere bei der Gestaltung des Leitfadens als Hilfsmittel niederschlägt.

Bei der Entwicklung des Interviewleitfadens wurde *Helfferich* gefolgt, da deren Maxime „So offen und flexibel – mit der Generierung monologischer Passagen – wie möglich, so strukturiert wie aufgrund des Forschungsinteresses notwendig"[218] und die entsprechenden Vorschläge für eine praktische Ausgestaltung des Interviewleitfadens für die Ziele der vorliegenden Arbeit als sehr sinnvoll erscheinen. Sie tragen dem Umstand, dass es sich um Experteninterviews handelt, am ehesten Rechnung.

Das heißt, dass trotz Verwendung eines Leitfadens die Flexibilität der Interviewführung durchweg gewährleistet sein sollte. Der Experte soll sich, aufgrund seines meist hochrangigen sozialen Status (wie in der vorliegenden Forschung gegeben) als kompetenter Gesprächspartner „…ernst genommen fühlen…" und die Chance bekommen, eigene Schwerpunkte zu setzen, ohne dass das Ziel des Interviews dabei zwangsläufig aus den Augen verloren wird. Es ist anzunehmen, dass eine „Frage-Antwort-Situation" ungünstig auf die Gesprächsatmosphäre wirken würde.[219]

In der Gestaltung des Leitfadens nach *Helfferich* bedeutete das, dass auf die strikte Festlegung von Frageformulierungen und Fragenreihenfolgen verzichtet werden konnte. Stattdessen beschränkt sich der Leitfaden auf einige wesentliche („maximal vier") Fragenbereiche („Blöcke", "Erzählblöcke"), die den Experten zu Erzählungen anregen sollen.[220] Diese stellen sich vertikal dar.

---

[218] vgl. Helfferich 2004, S. 161
[219] vgl. Vogel 1995, S. 75 f., 78 f.
[220] vgl. Helfferich 2004, S. 158 ff.

Zunächst erfolgt die Hinführung des Interviewpartners auf das Thema des Gespräches: Was tut das Krankenhaus, um dem elektiven Patienten psychosoziales Wohlbefinden während seines Krankenhausaufenthaltes zu vermitteln? Das Interview ist in zwei Erzählblöcke eingeteilt. Für beide Expertenrunden (Geschäftsleitungen und Stationsleitungen) wurde derselbe Leitfaden verwendet.

Neben inhaltlichen Erzählungen ist die Frage der Kommunikation der Inhalte von wesentlicher Bedeutung für die Beantwortung der Forschungsfrage. Es erscheint allerdings nicht sinnvoll, sich zunächst allein auf die Inhalte zu konzentrieren, um daran anschließend eine Erzählaufforderung zur Kommunikation aller Inhalte zu platzieren, z.b. in einem neuen Erzählblock. Dies würde eine künstliche Trennung bedeuten, die den Erzählfluss stören könnte. Es erscheint hingegen sinnvoller, die Kommunikation der Inhalte in den Erzählblöcken zu Leitbild und Maßnahmen organisationaler Zuwendung, Block I und Block II, einfließen zu lassen bzw. zu platzieren. Die Kommunikation an den Patienten und den Mitarbeiter begleitet somit den Experten durch das gesamte Interview.

Die Erzählaufforderungen gestalten sich wie folgt:

Block I:
Das Leitbild und seine Kommunikation:

Der Experte wird dazu aufgefordert, über das Leitbild und dessen Kommunikation, in Richtung Patient und Mitarbeiter, zu erzählen.

Block II:
Die organisationale Zuwendung und ihre Kommunikation:

Der Experte wird dazu aufgefordert, zu den in der Praxis vorzufindenden Maßnahmen organisationaler Zuwendung und deren Kommunikation in Richtung Patient und Mitarbeiter zu erzählen. Bei den Erzählungen des Experten wird von Seiten des Interviewers stets darauf geachtet, dass der Experte den Aspekt der Kommunikation berücksichtigt (z.B. „wird der Patient auf die entsprechende Maßnahme explizit hingewiesen?"). Findet eine Kommunikation zum Patienten hin statt, so ist davon auszugehen, dass auch die Kommunikation zum Mitarbeiter hin stattfindet, weil es nicht im Sinne der Organisation ist, etwas anzubieten, das bei Nachfrage nicht erfüllt wird, aufgrund von Unkenntnis der Mitarbeiter.

Bei Bedarf können die Erzählblöcke mittels konkreter Nachfragen durch den Interviewer vertieft werden („flexibel handhabbares Nachfragereservoir"). Dies wird durch horizontal angeordnete Spalten unterstützt (in der vorliegenden Arbeit mit von links nach rechts zunehmendem Detailgrad unter Check-Detail I, Check-Detail II, Check-Detail III. Durch die Vorgaben der im Rahmen der Dokumentenanalyse entwickelten Kategorien wird die inhaltliche Vergleichbarkeit der Interviews gewährleistet. Die erwünschte Flexibilität bringt es weiter auch

mit sich, dass insgesamt die Reihenfolge der Erzählimpulse nicht zwingend eingehalten werden muss, wenngleich sie sinnvoll ist.[221]

4.1.2.2.2 Theoretische Vorüberlegungen zur Bestimmung der Experten

Bei der Festlegung, wer ein geeigneter Interviewpartner ist und in diesem Sinne als Experte angesehen wird, wurde der Darstellung von *Meuser und Nagel* gefolgt.

Der Experte ist eine Person, die „…selbst Teil des Handlungsfeldes ist, das den Forschungsgegenstand ausmacht" und die „…Verantwortung trägt für den Entwurf, die Implementierung oder die Kontrolle einer Problemlösung…". Mit anderen Worten sind die hier als Experte bezeichneten Personen „…RepräsentantInnen einer Organisation […], insofern sie die Problemlösungen und Entscheidungsstrukturen (re-)präsentieren." Die mit ihrer Funktion verknüpften „…Zuständigkeiten, Aufgaben, Tätigkeiten und die aus diesen gewonnenen exklusiven Erfahrungen und Wissensbestände sind die Gegenstände der ExpertInneninterviews".[222]

Wer eignet sich als Repräsentant eines Krankenhauses und damit als Experte im vorliegenden Forschungsinteresse?

An diesem Punkt ist es hilfreich, sich an eine Kernaussage des Organisationskultur-Ansatzes zu erinnern. Maßgeblich sind demzufolge die durch die oberste Instanz eines Unternehmens, einer Organisation, die Organisationsleitung, in ihrer Rolle als initiierende und kontrollierende Instanz veranlassten Maßnahmen.

So ist es nahe liegend, sich in der ersten Expertenrunde auf die Organisationsleitung, der überwiegend in der Position des kaufmännischen „Geschäftsleiters" oder „Verwaltungsdirektors" vorzufinden ist beziehungsweise auf dessen Vertreter, zu konzentrieren. Diese Positionsinhaber verfügen, abgesehen von ihrer hierarchischen Positionierung, in allen untersuchten Krankenhäusern über ein weiteres Attribut, die sie als besonders geeignete Interviewpartner erscheinen lässt. Es handelt sich dabei um einen betriebswirtschaftlich geprägten Fokus und häufig auch Ausbildungshintergrund, der bei Abwägungen nicht einseitig medizinischen oder pflegewissenschaftlichen Argumenten folgt, sondern die Gesamtheit der Organisation Krankenhaus im Blick hat. Der Geschäftsleiter bzw. Verwaltungsdirektor befindet in letzter Verantwortung über den Fluss finanzieller Mittel. Für die obligatorische Erstellung eines Leitbildes ist er nicht nur inhaltlich hauptverantwortlich, sondern gibt finanzielle Mittel hierfür frei und sollte, nicht zuletzt auch deshalb, an dessen „Verwertung", der Umsetzung in der Krankenhauspraxis interessiert sein.

---

[221] vgl. Helfferich 2004, S. 159 ff.
[222] vgl. Meuser/Nagel 2002, S. 73 f.

Eine weitere Kernaussage des Organisationskultur-Ansatzes ist die wichtige Rolle des die Wertvorstellungen umsetzenden Mitarbeiters, wodurch diese letztendlich erst im Sinne des Ansatzes „gelebt" werden.

In der zweiten Expertenrunde liegt die Konzentration daher auf der umsetzenden Mitarbeiter-Ebene.

Hierfür wurde die Stationsleitung ausgewählt, aus folgendem Grund: Bei der Stationsleitung handelt es sich um eine(n) aktiv direkt am Patienten arbeitende, in das Tagesgeschäft eingebundene Krankenschwester (oder -pfleger) mit langjähriger Erfahrung im befragten Krankenhaus, die (der) gleichzeitig eine überschaubare Gruppe von Mitarbeitern innerhalb des Pflegeberufes permanent anleitet und überblickt.

Die pflegende Berufsgruppe wurde an dieser Stelle ausgewählt, da sie im Vergleich zu anderen Berufsgruppen (z.b. Ärzte) die personell größte Berufsgruppe im Krankenhaus darstellt und sie den in zeitlicher Hinsicht engsten Bezug zum Patienten hat, nämlich vierundzwanzig Stunden pro Tag.

Der gemeinsam geteilte „institutionell-organisatorische Kontext"[223] aller Experten ermöglicht, abgesehen von der Verwendung eines Leitfadens, die Vergleichbarkeit der Interviews.

4.1.2.2.3 Die Anbahnung und Behandlung der Experteninterviews

Die Krankenhausleiter wurden telefonisch kontaktiert und über das Forschungsvorhaben informiert. Termine für ein persönliches Interview entstanden innerhalb eines Zeitraumes von vier bis acht Wochen nach der telefonischen Kontaktaufnahme. Jedes Interview dauerte eineinhalb bis zwei Stunden und wurde mit einem Diktiergerät aufgezeichnet. Den Experten wurde strenge Vertraulichkeit zugesichert. Die wörtliche Transkription umfasste je Gespräch zwischen fünfundzwanzig und fünfunddreißig Seiten, es erfolgte eine inhaltliche Auswertung.

Die Interviewtermine mit den Stationsleitungen wurden mit Unterstützung der bereits interviewten Krankenhausleitungen möglich, so dass die Interviews im Rahmen der darauf folgenden drei Monate durchgeführt werden konnten. Jedes Interview dauerte ebenfalls eineinhalb bis zwei Stunden und wurde mit einem Diktiergerät aufgezeichnet. Den Experten der zweiten Runde wurde ebenso strenge Vertraulichkeit zugesichert. Die wörtliche Transkription umfasste je Gespräch zwischen fünfundzwanzig und fünfunddreißig Seiten, es erfolgte eine inhaltliche Auswertung.

---

[223] vgl. Meuser/Nagel 2002, S. 81

4.2 Die Analyse der Dokumente

Die Dokumentenanalyse sollte inhaltliche Informationen zum Leitbild und der darin aufgeführten Mission und der Philosophie liefern. In einem nächsten Schritt sollten inhaltliche Informationen zu den Maßnahmen organisationaler Zuwendung gefunden werden. Schließlich sollten Information über die Kommunikation dieser Inhalte an Patienten und Mitarbeiter gefunden werden. Als geeignetes Dokument hierfür dient die als das zentrale Kommunikationsmedium angesehene Patientenbroschüre. Sofern erforderlich, werden ergänzende Quellen hinzugezogen.

Ferner bildet diese Dokumentenanalyse die Grundlage für die Ausgestaltung des Leitfadens für die später erfolgenden Experteninterviews und gibt schließlich dem Interviewer die Möglichkeit, aufgrund seiner gewonnenen theoretischen Vorkenntnisse über die einzelnen Krankenhäuser sich auf jedes Interview individuell vorzubereiten.

Die Dokumentenanalyse erfolgte in anonymisierter Form.

4.2.1 Das Leitbild in der Dokumentenanalyse

Das Leitbild kann sämtliche Auffassungen eines Unternehmens gegenüber verschiedenen Gruppen oder Themen, welche ihm nennenswert erscheinen, abbilden. Im Hinblick auf das Forschungsinteresse wurden die anschließenden Betrachtungen zum Leitbild auf jene Aussagen eingeschränkt, die dazu geeignet sind, das psychosoziale Wohlbefinden des Patienten im Hinblick auf das philanthrope Patientenbild potentiell zu fördern. Dabei galt es zu beachten, dass das „Leitbild", gemäß internationaler Literatur, zwei Aspekte vereint, die Mission und die Philosophie des Krankenhauses. Auf die Wichtigkeit des Leitbildes als theoretische Grundlage für praktische Folgerungen wurde hingewiesen. Ob das Leitbild eines Krankenhauses für die Initiierung des philanthropen Patientenbildes geeignet ist oder nicht, hängt von den inhaltlichen Aussagen ab.

Bei der Sichtung der Patientenbroschüren hinsichtlich Aussagen zum Leitbild trat unmittelbar zu Beginn ein Problem auf. Ursache ist folgende Gegebenheit: Krankenhäuser sind seit Januar 2005 vom Gesetzgeber verpflichtet, ein Leitbild zu haben. Für die Inhalte gibt es keine Vorgaben, diese werden vom Krankenhaus individuell festgelegt. Die reine Pflicht zur Formulierung eines Leitbildes sagt somit nichts über seinen Inhalt aus. Krankenhäuser sind darüber hinaus nicht dazu verpflichtet, ihr Leitbild in der Patientenbroschüre zu veröffentlichen.

Zum Zeitpunkt der Erhebung lagen lediglich sechs von acht Patientenbroschüren vor, aufgrund der Überarbeitung und Neuauflage in zwei Krankenhäusern. Von diesen sechs Patientenbroschüren waren nur in zweien überhaupt Aussagen vorzufinden, die dem „Leitbild" zuzuordnen wären. Mit Beschränkung auf nur zwei von insgesamt acht Patientenbroschüren wäre die Erhebung der Leitbilder bzw.

von Inhalten, die dem Leitbild zugerechnet werden könnten, nicht möglich gewesen. Da die Auswertung der Leitbilder jedoch enorm wichtig erschien, musste zwangsläufig auf alternative Quellen zurückgegriffen werden. Diese waren die öffentlich zugängliche Homepage eines jeden Krankenhauses und der im Internet veröffentlichte Qualitätsbericht, ferner das öffentlich nicht zugängliche, interne Papier, das so titulierte „Leitbild", das zum Zwecke der Forschung ausgehändigt wurde.

4.2.1.1 Zentrale Aussagen zur Mission im Leitbild

Als Mission wird die Auffassung des Krankenhauses über seinen Auftrag in der Gesellschaft und seine Daseinsberechtigung verstanden, hier eingegrenzt auf die Fragestellung. Alle Krankenhäuser machten eine Aussage zu ihrer Mission.

Es kristallisierten sich zwei wesentliche Richtungen heraus.

Sechs der acht Krankenhäuser nannten die Anwendung der bestmöglichen technisch-diagnostischen Leistung im Dienste des Menschen, d.h. die Fortschrittlichkeit der technischen Ausstattung und der medizinischen Behandlungen. Die Krankenhäuser, die akademische Lehrkrankenhäuser sind, fühlten sich zudem der akademischen Forschung und Lehre verpflichtet.

Nur zwei der acht Krankenhäuser führten das Ziel einer bestmöglichen medizinischen Betreuung mit der Betonung des Menschen und dessen Leid in ihrer Mission zusammen.

Wenngleich nicht Teil der Auswertung, aber dennoch auffällig und daher interessant, ist ergänzend anzumerken, dass ausschließlich die Krankenhäuser der konfessionellen Träger die psychosoziale Seite des Patienten betonten, in diesem Sinne den Menschen vor allem anderen in ihrer Mission darstellen.

4.2.1.2 Zentrale Aussagen zur Philosophie im Leitbild

Als Philosophie werden sämtliche Wertvorstellungen des Krankenhauses verstanden, welche allgemein handlungsorientierend für den Mitarbeiter wirken sollen, eingegrenzt auf die Fragestellung.

Zur Philosophie konnte eine große Zahl an Stichworten gefunden werden, insgesamt zwanzig.

Die nachfolgende Tabelle listet in der Spalte links die gefundenen Stichworte auf, in der Spalte rechts wird die Summe gebildet, d.h. in wie vielen der acht Leitbilder das einzelne Stichwort zur Philosophie genannt wurde. Solche Stichworte, die der vermuteten inhaltlichen Bedeutung nach vom Forscher als ähnlich beurteilt wurden, sind zusammengefasst.

Tabelle 1   Die Philosophie im Leitbild

Stichworte	Häufigkeiten
Würde des Menschen	7
Patientenzufriedenheit, -bedürfnisse	6
Gleichbehandlung, Gleichwertigkeit (unabhängig von Weltanschauung, Glauben, kultureller Vielfalt)	5
Respekt, Achtung, Freundlichkeit	5
Individualität, Persönlichkeit, Ängste, Wünsche, Akzeptanz, Toleranz	5
Ganzheitlichkeit	4
Information (nicht näher konkretisiert)	4
Eigenständigkeit, Selbstbestimmung, Selbständigkeit	4
Wohlbefinden, Wohl	3
Wertschätzung	3
Sensibilität, Aufmerksamkeit, Rücksichtnahme	3
Freiheit	2
Sicherheit	1
Verlässlichkeit	1
Transparenz	1
Kommunikation	1
Kunde	1
Service	1
Nachbetreuung	1
Partnerschaftlichkeit	1

Diese Auswertung bezieht sich auf acht „Leitbilder" (n=8) bzw. Inhalten aus verschiedenen Quellen, die einem „Leitbild" zuordenbar sind

Jedes Krankenhaus nannte mehrere Stichworte, zwischen mindestens fünf und maximal fünfzehn.

Die Häufigkeit der gefundenen Stichworte war unterschiedlich. Als häufige Nennung wird angesehen, wenn ein Stichwort in mindestens der Hälfte, also in mindestens vier von acht Leitbildern gefunden wurde.

Häufig kommen die nachfolgenden acht Stichworte vor:
- Die Würde des Menschen wurde in sieben von acht Leitbildern genannt.
- Patientenzufriedenheit und Patientenbedürfnisse wurden in sechs von acht Leitbildern genannt.

– Gleichbehandlung und Gleichwertigkeit (des Patienten, ungeachtet der Weltanschauung, des Glaubens und kultureller Vielfalt), ebenso Respekt, Achtung, Freundlichkeit, das Eingehen auf Individualität und Persönlichkeit des Patienten mit seinen Ängsten, Wünschen und Fähigkeiten, seine Akzeptanz und Toleranz, wurden in fünf von acht Leitbildern genannt.
– Ganzheitlichkeit im Sinne der Einheit von Körper, Geist und Seele, Information allgemein (d.h. nicht konkretisiert wer worüber informiert wird), die Förderung von Eigenständigkeit, Selbstbestimmung und Selbständigkeit, wurden in vier von acht Leitbildern genannt.

Weniger häufig genannt, d.h. in weniger als vier von acht Leitbildern, wurden weitere zwölf Stichworte, nämlich „Wohlbefinden, Wohl", „Wertschätzung", Sensibilität, Aufmerksamkeit und Rücksichtnahme (drei von acht); Freiheit (zwei von acht); Sicherheit, Verlässlichkeit, Transparenz, Kommunikation, der Kundenbegriff (der Patient als Kunde), der Hinweis auf Service, Nachbetreuung und Partnerschaftlichkeit (eins von acht) genannt.

4.2.1.3 Zusammenfassung der Ergebnisse zum Leitbild in den Patientenbroschüren der Auswahl

Grundlage für die Dokumentenanalyse war die Patientenbroschüre eines jeden Krankenhauses der Auswahl. Soweit erforderlich zur Erlangung von Erkenntnissen, wurden ergänzende Quellen (Homepage, Qualitätsbericht und internes „Leitbild") hinzugezogen. Denn bereits zu Beginn der Dokumentenanalyse wurde die Schwierigkeit sichtbar, dass die Patientenbroschüren im Hinblick auf das Leitbild nicht oder nicht ausreichend aussagefähig waren.

Es stellte sich heraus, dass jedes Krankenhaus über ein Leitbild verfügt und somit Aussagen zu seiner Mission und zu seiner Philosophie trifft.

Die *Mission* der Krankenhäuser der Auswahl ließ sich im Hinblick auf die Fragestellung auf eine zentrale Aussage je Krankenhaus zusammenfassen, auf das, was das Krankenhaus als seinen gesellschaftlichen Auftrag und seine Daseinsberechtigung versteht. Dabei kristallisierten sich zwei wesentliche Richtungen heraus. Drei Viertel der Krankenhäuser sahen ihren Auftrag in der Fortschrittlichkeit der technischen Ausstattung und den medizinischen Behandlungen. Die Subjektivität des Patienten fand keine Erwähnung. Aus dem Fehlen dieser und vor dem Hintergrund der in Kapitel 1.1.3.1 *„Das paternalistische Patientenbild"* dargestellten Einschnitte für die Menschlichkeit im Krankenhaus aufgrund zunehmender Technisierung und Spezialisierung, lässt sich daher schließen, dass in diesen Krankenhäusern der Patient eher als Objekt betrachtet wird, zu dessen Zustandsverbesserung eine technologisch geprägte Behandlung angezeigt und ausreichend ist. Dies soll nicht heißen, dass das Wissen um die technische und wissenschaftliche Fortschrittlichkeit des Krankenhauses für den Patienten in psychosozialer Hinsicht unbedeutend ist, jedoch wird sein psychosoziales

Daher wurden die Patientenbroschüren weiter nach Stichworten untersucht, die der Frage nachgehen, was Krankenhäuser ihren Patienten in der Praxis anbieten, um ihnen psychosoziales Wohlbefinden im Sinne des philanthropen Patientenbildes potentiell zu vermitteln. Die gefundenen Stichworte wurden als „Maßnahmen organisationaler Zuwendung" zusammengefasst.

Die Analyse erfolgte im weiteren Verlauf, wie geplant, ausschließlich auf Basis des zentralen Kommunikationsmediums Patientenbroschüre. Im Gegensatz zu den Leitbild-Aussagen, die in lediglich zwei von acht Patientenbroschüren vorzufinden waren und daher eine Analyse nicht möglich gewesen wäre, haben die sechs vorliegenden Patientenbroschüren der insgesamt acht ausgewählten Krankenhäuser die Erhebung von Maßnahmen organisationaler Zuwendung ermöglicht. Für die fehlenden zwei Patientenbroschüren alternative Quellen hinzuzuziehen war somit nicht erforderlich und wäre ohnehin nicht sinnvoll, da alternative Quellen keine oder nur teilweise Auskunft über die Maßnahmen organisationaler Zuwendung geben.

Die Dokumentenanalyse liefert neben dem Erkenntniswert die Voraussetzung für die weitere Entwicklung des Interview-Leitfadens im Block II (Maßnahmen organisationaler Zuwendung und ihre Kommunikation), und unterstützt den Forscher in der Vorbereitung auf die einzelnen Interviews.

Die gefundenen Maßnahmen, die im Sinne der vorliegenden Forschung als Maßnahmen der organisationalen Zuwendung gewertet werden konnten, wurden zugunsten ihrer besseren Übersichtlichkeit in Kategorien eingeteilt. Dies dient zudem der Erleichterung der später erfolgenden Interpretation.

Die nachfolgenden Tabellen listen jeweils in der Spalte links die gefundenen Maßnahmen je Kategorie auf, in der Spalte rechts wird die Summe gebildet, d.h. in wie vielen Patientenbroschüren die einzelne Maßnahme je Kategorie genannt wurde.

4.2.2.1 Umfeld/Serviceattribute

Die Kategorie Umfeld enthält Maßnahmen, die den Aufenthalt des Patienten erleichtern sollen in Form von behandlungsfernen Serviceattributen. Es konnten insgesamt zwanzig Maßnahmen gefunden werden, damit hat diese Kategorie die meisten Maßnahmen zu verzeichnen. Siehe Tabelle 2, Seite 87.

In allen sechs Patientenbroschüren wurden Wahlleistungen, TV, Telefon und Tresor genannt. In fünf von sechs Patientenbroschüren wurden Bibliothek/-Bücherdienst am Bett, Friseur/Kosmetik, der Umgang mit Fundsachen, Kiosk/-Geschenkeladen und die Behandlung von Post genannt. In vier von sechs Patientenbroschüren wurden das Parken, der Bankautomat und die Cafeteria/das Bistro genannt. In drei von sechs Patientenbroschüren wurden eine angenehme räumliche Atmosphäre (z.B. die farbliche Gestaltung der Räume, ein Umbau) und die Fußpflege genannt.

Wohlbefinden hierauf reduziert. Bei der Formulierung der Mission handelt es sich um die auf den Punkt gebrachte, zentrale Aussage zur eigenen Daseinsberechtigung aus Sicht des Krankenhauses, die in diesem Fall das Wohlbefinden des Patienten nicht umfänglich hierin integriert, sondern nur teilweise.

Das übrige Viertel der Krankenhäuser führte dagegen das Ziel einer bestmöglichen technisch-diagnostischen Betreuung mit der Betonung des Menschen und dessen Leid unmittelbar zusammen. Sie brachten zum Ausdruck, dass sie sich in erster Linie der Menschlichkeit verpflichtet sehen. Dies legt nahe, dass sie den Patienten nicht als Objekt, sondern eher als Subjekt mit seinen psychosozialen Bedürfnissen betrachten. Diese Krankenhäuser, das sei ergänzend erwähnt, waren jene mit konfessionellen Trägern. Dies überrascht allerdings nicht, da sich konfessionelle Krankenhäuser traditionell dem „seelischen" Wohl des Menschen widmen.

Die *Philosophie* wurde von einer großen Zahl von Aussagen, je Krankenhaus zwischen fünf und fünfzehn, abgebildet.

Die Wortwahl lässt bei allen Krankenhäusern der Auswahl erkennen, dass die Grundrechte des Patienten anerkannt werden. Er soll nicht nur körperlich versorgt, sondern mit dieser Versorgung auch in psychosozialer Hinsicht zufrieden sein und zwar dadurch, dass diese in einer würdevollen Atmosphäre stattfindet. Dabei soll seine Persönlichkeit in ihrer individuellen Ausprägung ganzheitlich berücksichtigt werden und seine persönliche Autorität gewahrt bleiben. Dabei ist festzustellen, dass diesbezügliche Aussagen in jeder der vier Trägerkategorien (konfessionell, universitär, städtisch und privat) genannt wurden. Dies zeigt eine Gemeinsamkeit bei der Wahl bestimmter Aussagen zur Philosophie.

Die von weniger als der Hälfte aller Krankenhäuser getroffenen Aussagen sind sinngemäß eine Ableitung der von allen geteilten Begriffe. Es geht dabei hauptsächlich um das individuelle Wohlbefinden des Patienten und die ihm entgegengebrachte Anerkennung als Individuum, Subjekt und Partner. Insgesamt lässt sich feststellen, dass der Patient, zunächst auf theoretischer Ebene, d.h. im Leitbild der Krankenhäuser, als Subjekt mit psychosozialen Bedürfnissen wahrgenommen wird.

4.2.2 Die Maßnahmen organisationaler Zuwendung in der Dokumentenanalyse

Nach Betrachtung der Leitbilder stellte sich die Frage, ob und wie das Krankenhaus diese zunächst noch theoretischen Wertvorstellungen letztlich für die Praxis konkretisiert, d.h. wie es die Grundsätze mit allgemein handlungsorientierender Wirkung in Grundsätze mit konkret handlungsleitender Wirkung transformiert.

In weniger als der Hälfte der Patientenbroschüren, in zwei von sechs, wurden die Verfügbarkeit von Internet und Tageszeitungen genannt, und schließlich in einer von sechs, wurde das Vorhandensein einer Küche, kostenlosen Getränken auf dem Flur, eines Empfangs/Information und eines Aufenthaltsraumes genannt.

Tabelle 2   Auswertung Patientenbroschüren der Auswahl
– Kategorie Umfeld/Serviceattribute –

Maßnahmen	Häufigkeiten
Hinweis auf Wahlleistungen	6
TV	6
Telefon	6
Tresor	6
Bibliothek/Bücherdienst am Bett	5
Friseur/Kosmetik	5
Fundsachen	5
Kiosk/Geschenkeladen	5
Post	5
Parken	4
Bankautomat	4
Cafeteria/Bistro	4
angenehme räumliche Atmosphäre	3
Fußpflege	3
Internet an gesonderten Plätzen	2
Tageszeitungen	2
Küche und Verpflegung	1
kostenlose Getränke (Flur)	1
Empfang/Information	1
Aufenthaltsraum	1

Diese Auswertung bezieht sich auf sechs Patientenbroschüren (n=6)

4.2.2.2 Orientierung

Die Kategorie Orientierung enthält Maßnahmen, die eine erste Orientierung des Patienten in diversen Fragen, nicht nur räumlich, erleichtert sollen. Es konnten insgesamt elf Maßnahmen gefunden werden. Siehe Tabelle 3, Seite 88.

In allen Patientenbroschüren wurde eine Wegbeschreibung/ein Lageplan genannt, d.h. abgebildet. In fünf von sechs Patientenbroschüren wurden zu erledigende Formalitäten vor der Station, z.B. Anmeldung, Krankenhausvertrag, Mitzubringendes, genannt. In drei von sechs Krankenhäusern wurden die allgemeine personelle Struktur einer Station und das Vorhandensein einer Übersetzungshilfe für ausländische Patienten genannt.

In weniger als der Hälfte der Patientenbroschüren, in zwei von sechs, wurden Ausschnitte des Betriebsleitbildes genannt und es wurde auf die Erledigung von Formalitäten auf der Station hingewiesen. In einer von sechs Patientenbroschüren wurden der Hinweis, dass alle Mitarbeiter Namensschilder tragen, dass an einer Patientenbefragung teilgenommen werden kann, dass der Patient bei organisatorischem Erfordernis seitens der Station jederzeit verlegt werden kann, der Patient die Pflegesätze/Kosten im Voraus erfragen kann und die elektronischen Hilfen im Zimmer, d.h. die Klingel, erläutert werden.

Tabelle 3 Auswertung Patientenbroschüren der Auswahl
– Kategorie Orientierung –

Maßnahmen	Häufigkeiten
Wegbeschreibung/Lageplan	6
Formalitäten vor der Station (Anmeldung, Krankenhausvertrag, Mitzubringendes)	5
personelle Struktur der Station allg.	3
Übersetzungshilfen für ausländische Patienten	3
Ausschnitte des Betriebsleitbildes	2
behandlungs- und pflegespezifische Formalitäten werden auf Station geregelt	2
Mitarbeiterkennzeichnung (Namensschilder)	1
Patientenbefragung	1
Verlegung des Patienten bei organisatorischem Erfordernis	1
Offenlegung der Pflegesätze/Kosten im Voraus	1
Info über elektronische Hilfen im Zimmer (Klingel)	1

Diese Auswertung bezieht sich auf sechs Patientenbroschüren (n=6)

Auffällig ist, dass die vorgefundenen Maßnahmen ganz überwiegend räumliche und organisatorische, für einige Krankenhausabläufe sinnvolle Informationen für den Patienten darstellen. Maßnahmen zum persönlichen Umgang, die für den Patienten ebenfalls hilfreich sind, kommen extrem selten, d.h. nur zwei- bzw. einmal, vor. Hierzu zählen der Hinweis auf das Leitbild, das die Wertvorstellungen des Krankenhauses im Hinblick auf den Patienten und das für ihn zu erwartende Miteinander wiedergibt, der Hinweis auf Namensschilder der Mitarbeiter zur Erleichterung der Anrede für den Patienten sowie seine Einbindung in einen Beurteilungsprozess durch Patientenbefragungen. Das heißt, die meisten Patientenbroschüren sagen über Wertvorstellungen, den persönlichen Umgang zwischen Krankenhaus(-mitarbeiter) und Patient, nichts aus und bieten in diesem Punkt keinerlei Orientierung für den Patienten.

4.2.2.3 Individualität

Die Kategorie Individualität enthält Maßnahmen der Erfüllung individueller Patientenwünsche. Es konnten insgesamt vier Maßnahmen gefunden werden.

Tabelle 4   Auswertung Patientenbroschüren der Auswahl
– Kategorie Individualität –

Maßnahmen	Häufigkeiten
Speisewünsche (im Rahmen des Programms)	4
Grüne/Blaue Damen und Herren (Ehrenamt)	4
Beurlaubungswünsche können beantragt werden	2
professionelle Servicemitarbeiter (anstelle ehrenamtlicher Grüner/Blauer Damen und Herren)	1

Diese Auswertung bezieht sich auf sechs Patientenbroschüren (n=6)

In mehr als der Hälfte, in vier von sechs Patientenbroschüren, wurden die Erfüllung von individuellen Speisenwünschen begrenzt mit dem Hinweis auf Einhaltung des Rahmens des Speisenprogramms. Ferner wurde auf die Verfügbarkeit ehrenamtlicher Personen, so genannter „Grüner" oder „Blauer" Damen und Herren, die Erledigungen für Patienten tätigen, genannt.

In weniger als der Hälfte der Patientenbroschüren, in zwei von sechs, wurde die Möglichkeit der Beurlaubung vom Krankenhausaufenthalt genannt. In einer von sechs Patientenbroschüren wurde die Verfügbarkeit professioneller Servicemitarbeiter genannt, anstelle der nicht vorhandenen ehrenamtlichen „Grünen/Blauen Damen und Herren", sie sind in ihrer Funktion mit ihnen gleichzusetzen.

Auffällig ist, dass nur vier Maßnahmen der Kategorie Individualität (des Patienten) zugeordnet werden können. Sie konzentrieren sich auf Speisenwünsche und auf Servicepersonal (ehrenamtlich und professionell kann hier seiner Bedeutung nach zusammengefasst werden).

4.2.2.4 Sicherheit

Die Kategorie Sicherheit enthält Maßnahmen, die die Sicherheit des Patienten gewährleisten sollen. Es konnten insgesamt zwei Maßnahmen gefunden werden.

Tabelle 5 Auswertung Patientenbroschüren der Auswahl
– Kategorie Sicherheit –

Maßnahmen	Häufigkeiten
Einnahme ausschließlich verordneter Medikamente	2
Transport im Haus (nur bei sitzenden/liegenden Patienten)	1

Diese Auswertung bezieht sich auf sechs Patientenbroschüren (n=6)

Die Maßnahme bezüglich des Hinweises auf die ausschließliche Einnahme der verordneten Medikamente konnte in zwei von sechs Patientenbroschüren gefunden werden.

Die Maßnahme bezüglich des Hinweises auf die Hilfe beim Transport des Patienten im Haus konnte in einer von sechs Patientenbroschüren gefunden werden.

Auffällig ist, dass nur zwei Maßnahmen der Kategorie Sicherheit zugeordnet werden können, die wiederum nur selten, zwei- bzw. einmal, genannt werden. Die meisten Patientenbroschüren sagen über die Sicherheit des Patienten nichts aus.

4.2.2.5 Behandlung/Pflege

Die Kategorie Behandlung/Pflege enthält Maßnahmen, die allgemeine Angebote bezüglich der Behandlung darstellen. Es konnten insgesamt vier Maßnahmen gefunden werden.

Tabelle 6 Auswertung Patientenbroschüren der Auswahl
– Kategorie Behandlung/Pflege –

Maßnahmen	Häufigkeiten
Integration des Patienten in Behandlung	2
Alternative Medizin	1
Allgemeine Informationsveranstaltungen zu bestimmten Erkrankungen	1
Prospekte zu Krankheitsbildern nach Bedarf	1

Diese Auswertung bezieht sich auf sechs Patientenbroschüren (n=6)

In zwei Patientenbroschüren erfolgt der Hinweis auf die Integration des Patienten in die Behandlung. Weitere Maßnahmen wurden je in nur einer von sechs Patientenbroschüren genannt. Diese sind das Angebot von Alternativer Medizin, der Hinweis auf Informationsveranstaltungen zu bestimmten Erkrankungen und der Hinweis auf Prospekte zu Krankheitsbildern nach Bedarf.

Auffällig ist, dass nur vier Maßnahmen der Kategorie Behandlung/Pflege zugeordnet werden konnten, die wiederum selten genannt werden, d.h. in nur einer oder zweien von sechs Patientenbroschüren.

Die Patientenbroschüren der übrigen Krankenhäuser sagen nichts über Maßnahmen aus, die der Kategorie Behandlung/Pflege zuzuordnen wären.

4.2.2.6 Selbstbestimmung

Die Kategorie Selbstbestimmung/Integration enthält Hinweise auf zustimmungsrelevante Ereignisse. Es konnten insgesamt zwei Maßnahmen gefunden werden.

Tabelle 7   Auswertung Patientenbroschüren der Auswahl
– Kategorie Selbstbestimmung –

Maßnahmen	Häufigkeiten
Schriftliche Zustimmung zu Operationen/Narkoseverfahren	1
Zustimmungspflicht bei Teilnahme an Forschungsprojekten	1

Diese Auswertung bezieht sich auf sechs Patientenbroschüren (n=6)

Die gefundenen Maßnahmen wurden in einer von sechs Patientenbroschüren genannt. Diese sind die schriftliche Zustimmung des Patienten zu Operationen und Narkoseverfahren sowie zur Teilnahme an Forschungsprojekten.

Auffällig ist, dass nur zwei Maßnahmen der Kategorie Selbstbestimmung/Integration zugeordnet werden konnten.

Die Patientenbroschüren der übrigen Krankenhäuser sagen nichts über Maßnahmen aus, die der Kategorie Selbstbestimmung/Integration zuzuordnen wären.

4.2.2.7 Privatsphäre/Vertraulichkeit

Die Kategorie „Privatsphäre/Vertraulichkeit" enthält eine einzige Maßnahme. Sie ist der Hinweis auf den Datenschutz der Patientendaten im Krankenhaus. Siehe Tabelle 8 Seite 92.

Die Maßnahme des Hinweises auf den Datenschutz konnte in fünf von sechs Patientenbroschüren gefunden werden.

Auffällig ist, dass keine weiteren Maßnahmen gefunden wurden, die der Kategorie „Privatsphäre/Vertraulichkeit" hätten zugeordnet werden können.

Tabelle 8 Auswertung Patientenbroschüren der Auswahl
– Kategorie Privatsphäre/Vertraulichkeit –

Maßnahme	Häufigkeiten
Datenschutz	5

Diese Auswertung bezieht sich auf sechs Patientenbroschüren (n=6)

4.2.2.8 Emotionale Unterstützung

Die Kategorie Emotionale Unterstützung enthält Maßnahmen, die die psychosoziale Betreuung des Patienten betreffen. Es konnten insgesamt neun Maßnahmen gefunden werden.

Tabelle 9 Auswertung Patientenbroschüren der Auswahl
– Kategorie Emotionale Unterstützung –

Maßnahmen	Häufigkeiten
konfessionelle Betreuer	6
christliche Kapelle	6
Besuchszeiten (festgelegt)	6
Möglichkeit der Unterbringung von Angehörigen (intern oder extern Hotel)	6
Gebet/Gespräch/Krankensalbung/Kommunion auf dem Zimmer	2
Verpflegung von Angehörigen im Bistro	2
Verpflegung von Angehörigen per Gästetablett	1
neutrale Gebetsräume	1
Kontaktherstellung zu weiteren, nicht-christlichen Konfessionen	1

Diese Auswertung bezieht sich auf sechs Patientenbroschüren (n=6)

In allen Patientenbroschüren wurden die Verfügbarkeit konfessioneller Betreuer mit Vorstellung der Person und Kontaktdaten, das Vorhandensein einer Kapelle, Besuchszeiten für Angehörige und Möglichkeiten der Unterbringung Angehöriger genannt.

In weniger als der Hälfte der Patientenbroschüren, in zwei von sechs, wurde weiterführender, spezieller Service, d.h. konfessioneller Dienst auf dem Zimmer des Patienten und die Verpflegung der Angehörigen im Bistro genannt. In einer von sechs Patientenbroschüren wurde die Verpflegung Angehöriger per Gästetablett (erhältlich für Selbstzahler ohne Aufnahme auf der Station), neutrale Gebetsräume für nicht-christliche Gläubige und die Herstellung von Kontakten zu weiteren, nicht-christlichen Konfessionen genannt.

Auffällig ist, dass die Information zur emotionalen Betreuung von Seiten des Krankenhauses auf die konfessionelle Betreuung und weiter auf die christlichen Konfessionen begrenzt ist, hierüber wird personell und räumlich informiert. Ferner werden zugunsten der emotionalen Betreuung die Integration Angehöriger und die Besuchszeiten genannt. Eine darüber hinausgehende individuellere emotionale Betreuung, z.b. für Andersgläubige oder die Versorgung Angehöriger, fällt kaum ins Gewicht.

4.2.2.9 Konflikt/Kritik/Beschwerde

Die Kategorie Konflikt/Kritik/Beschwerde enthält Maßnahmen, die dem Patienten helfen sollen, berechtigte Kritik zu üben. Es konnten insgesamt fünf Maßnahmen gefunden werden.

Tabelle 10 Auswertung Patientenbroschüren der Auswahl
– Kategorie Konflikt/ Kritik/Beschwerde –

Maßnahmen	Häufigkeiten
Patientenfürsprecher*, Patientenbeschwerdestelle/Ansprechpartner plus Kontaktdaten zur Initiierung einer Beschwerde/Kritik	6
Aufforderung zu Anregungen und Kritik	4
Haftungsansprüche, Ansprechpartner (falls Patient Anspruch gegen Krankenhaus geltend machen will)	1
"Kunden"-Hotline/Patientenhotline	1
Ausschluss der Krankenhaushaftung, wenn Patient Opfer eines Diebstahls wird	1

Diese Auswertung bezieht sich auf sechs Patientenbroschüren (n=6)

In allen Patientenbroschüren wurden der Patientenfürsprecher und/oder die Patientenbeschwerdestelle als neutraler Vertreter der Patienteninteressen mit Vorstellung der Person und Kontaktdaten genannt. In vier von sechs Patientenbroschüren erfolgte eine explizite Aufforderung zu Anregungen und Kritik, wofür auch der ärztliche und pflegende Mitarbeiter ansprechbar ist.

In weniger als der Hälfte der Patientenbroschüren, in einer von sechs Patientenbroschüren, wurden ein Ansprechpartner für Haftungsansprüche des Patienten,

---

* der „Patientenfürsprecher" wird häufig gemeinsam mit der Patientenbeschwerdestelle angeführt, ein Unterschied wird nicht erkennbar. Literatur zufolge besteht dieser darin, dass es sich beim Patientenfürsprecher um eine krankenhausunabhängige, externe Person und ein politisches Amt handelt, während die Patientenbeschwerdestelle mit einer krankenhausinternen Person besetzt ist.

eine Patienten-Hotline für Fragen aller Art und der Ausschluss der Krankenhaushaftung, falls der Patient Opfer eines Diebstahls wird, genannt.

4.2.2.10 Entlassung/Kontinuität der Betreuung

Die Kategorie Entlassung/Kontinuität der Betreuung enthält Maßnahmen, die die Entlassung und Betreuung nach der Entlassung betreffen. Es konnten insgesamt vier Maßnahmen gefunden werden.

Tabelle 11   Auswertung Patientenbroschüren der Auswahl
– Kategorie Entlassung/Kontinuität der Betreuung –

Maßnahmen	Häufigkeiten
Sozialdienst (Aufgaben und Erreichbarkeit, Ansprechpartner)	6
Transport nach Hause (auch Taxi)	5
Allgemeines zur Entlassung, Entlassungszeitpunkt, Gefahren der vorzeitigen Entlassung, Voraussetzung Urteil des Arztes	4
Patientenschulung (körperliche Selbstpflege, gesunde Ernährungsweise)	2

Diese Auswertung bezieht sich auf sechs Patientenbroschüren (n=6)

In allen Patientenbroschüren wurde der Sozialdienst, seine Aufgaben und Erreichbarkeit, genannt. In fünf von sechs Patientenbroschüren wurde die Unterstützung des Patienten beim Transport nach Hause, ggf. durch Rufen eines Taxis, genannt. In vier von sechs Patientenbroschüren wurde allgemeines zu den Voraussetzungen der Entlassung, z.B. Anweisung des Arztes, genannt.

In weniger als der Hälfte der Patientenbroschüren, in zwei von sechs, wurde die Patientenschulung, z.B. für die körperliche Selbstpflege und eine gesunde Ernährungsweise, genannt.

Wenngleich nicht Teil der Auswertung, aber dennoch auffällig und daher interessant, ist ergänzend anzumerken, dass die einzigen Patientenbroschüren, die die Patientenschulungen nannten, die der universitären Krankenhäuser waren. Mit Ausnahme der universitären Krankenhäuser werden Patientenschulungen in den übrigen Krankenhäusern nicht genannt.

4.2.2.11 Verhaltensregeln

Die Kategorie Verhaltensregeln enthält Maßnahmen, die eine Aufforderung des Patienten zur Beachtung der Hausordnung darstellen. Es konnten insgesamt drei Maßnahmen gefunden werden.

Tabelle 12   Auswertung Patientenbroschüren der Auswahl
              – Kategorie Verhaltensregeln –

Maßnahmen	Häufigkeiten
Verhaltensregeln Behandlung (Visitenzeiten einhalten, Alkohol-/Zigaretten-/Drogenverbot)	6
Verhaltensregeln allg. (Brandschutz, Feuerlöscher, offenes Feuer, Handynutzung, Abmelden bei Verlassen des Hauses, Besucher einteilen, Rücksichtnahme bei Erkältung, Brille/Utensilien, Nachtruhe, Tier-/Pflanzenverbot)	5
Verhaltensregeln für Patient bei Unfällen	1

Diese Auswertung bezieht sich auf sechs Patientenbroschüren (n=6)

In allen Patientenbroschüren wurden Verhaltensregeln, die den Behandlungserfolg betreffen, z.B. Alkohol- und Drogenverbot, genannt. In fünf von sechs Patientenbroschüren wurden behandlungsferne, allgemeine Verhaltensregeln, die den Aufenthalt betreffen, z.B. Handynutzung, genannt.

In weniger als der Hälfte der Patientenbroschüren, in einer von sechs, wurden Verhaltensregeln für den Patienten bei Unfällen genannt.

4.2.2.12 Rechnungsbegleichung

Die Kategorie Rechnungsbegleichung enthält Maßnahmen, die eine Aufforderung des Patienten zur Rechnungsbegleichung darstellen. Es konnten insgesamt fünf Maßnahmen gefunden werden.

Tabelle 13   Auswertung Patientenbroschüren der Auswahl
              – Kategorie Rechnungsbegleichung –

Maßnahmen	Häufigkeiten
Zuzahlung von 10 Euro je Tag (Eigenbeteiligung)	
Rechnungsbegleichung im Haus/"Zahlstelle"	3
Bankverbindung des Krankenhauses	2
Rechnungsstellung mit Zahlungsziel an Selbstzahler	1
Schadensersatzanspruch des Krankenhauses gegen den Patienten (bei Beschädigung von Krankenhauseigentum)	1

Diese Auswertung bezieht sich auf sechs Patientenbroschüren (n=6)

In fünf von sechs Patientenbroschüren wurde der Hinweis auf Zuzahlung von Zehn Euro je Tag Eigenbeteiligung des Patienten genannt. In drei von sechs Patientenbroschüren wurde ein Hinweis auf eine im Haus befindliche „Zahlstelle" mit der Empfehlung der Barzahlung genannt.

In weniger als der Hälfte der Patientenbroschüren, in zwei von sechs, wurde die Bankverbindung genannt. In einer von sechs Patientenbroschüren wurde der Hinweis an Selbstzahler, sie erhielten eine Rechnung, genannt. In ebenfalls einer der Patientenbroschen wurde der Hinweis genannt, das Krankenhaus werde seinen Schadensersatzanspruch gegen den Patienten im Falle der Beschädigung von Krankenhauseigentum gelten machen.

4.2.2.13 Zusammenfassung der Ergebnisse zu den Maßnahmen organisationaler Zuwendung in den Patientenbroschüren der Auswahl

Zum Zeitpunkt der Auswertung lagen lediglich sechs Patientenbroschüren vor.

Die gefundenen Aussagen wurden zunächst gesammelt und dann kategorisiert. Die vorgenommene Kategorisierung dient der besseren Übersichtlichkeit und unterstützt die Interpretation der Bedeutung der Aussagen als Maßnahmen organisationaler Zuwendung. Es wurden zwölf Kategorien eröffnet.

Unter „Umfeld" wurden zahlreiche Serviceangebote zusammengefasst, von denen manche, z.B. ein Fernsehgerät auf dem Zimmer, von der Mehrzahl angeboten werden. Andere, z.B. die Möglichkeit der Nutzung eines Internetanschlusses, werden lediglich vereinzelt angeboten.

Unter „Orientierung" wurden Informationen zusammengefasst, die dem Patienten einen ersten Eindruck vermitteln, was ihn erwartet, wenn er das Krankenhaus betritt. Die Mehrzahl beschränkte sich hierbei auf räumliche und organisatorische Informationen, z.B. die Abbildung eines Lageplanes und die Nennung von notwendigen Formalitäten bei der Aufnahme. Nur sehr vereinzelt, in nur einer Patientenbroschüre, wurden Informationen zum persönlichen Umgang vermittelt, z.B. mittels Abdruck zentraler Wertvorstellungen und Grundsätze aus dem Leitbild, zumindest in Ausschnitten.

Der „Individualität" des Patienten wurde vorwiegend durch den Hinweis auf eine (organisatorisch begrenzte) Berücksichtigung individueller Speisenwünsche und die Verfügbarkeit von Servicemitarbeitern, welche z.B. Botengänge erledigen, Rechnung getragen.

Um das Gefühl der „Sicherheit" des Patienten zu fördern, konnten bei der Mehrzahl keine Aussagen gefunden werden. Nur sehr vereinzelt wurde ermahnend auf die sorgfältige Medikamenteneinnahme hingewiesen und liegenden bzw. sitzenden Patienten der Transport für Wege im Haus angeboten.

Zu „Behandlung und Pflege" konnten ebenfalls bei der Mehrzahl keine Aussagen gefunden werden. Sehr vereinzelt war ein Hinweis auf die Integration des

Patienten und auf Informationsveranstaltungen zu bestimmten Erkrankungen vorzufinden.

Ähnliches gilt für die „Selbstbestimmung" des Patienten. Hierzu fanden sich bei der Mehrzahl keine Angaben. Sehr vereinzelt wurde auf die zustimmungsrelevante Ereignisse und die hierfür erforderliche schriftliche Zustimmung durch den Patienten hingewiesen.

Die „Privatsphäre" des Patienten und damit das Thema „Vertraulichkeit" beschränkte sich allein auf den Hinweis zur Einhaltung der Datenschutzbestimmungen durch das Krankenhaus.

Etwas ausführlicher fielen die Aussagen im Hinblick auf die „Emotionale Unterstützung" des Patienten aus. Es wurde durchgängig auf konfessionelle (christliche) Betreuung hingewiesen und die Integration der Angehörigen betont. Darüber hinausgehend, z.b. im Hinblick auf Patienten anderer Konfessionen, erfolgten allerdings nur sehr vereinzelt Aussagen.

Das Thema „Konflikt, Kritik und Beschwerde" äußerte sich in der durchgängigen Benennung von Möglichkeiten und Ansprechpartnern für den Patienten, um seine Kritik zu äußern.

Auf die Voraussetzungen für eine „Entlassung", den Transport nach Hause und die „Kontinuität der Betreuung" mit Hilfe eines krankenhausexternen Sozialdienstes, der für Patienten mit dauerhaftem Betreuungsbedürfnis nach dem Krankenhausaufenthalt Hilfestellung anbietet, wurde von der Mehrzahl hingewiesen.

Abschließend gaben die Patientenbroschüren zahlreiche ermahnende Hinweise wieder, im Hinblick auf Verhaltensregeln des Patienten zur besonderen Berücksichtigung der Hausordnung. Ferner war die „Rechnungsbegleichung" vorwiegend durch Hinweise auf die Selbstbeteiligung und die Bezahlung vor Ort erläutert.

Alle der vorliegenden Patientenbroschüren machten Aussagen über Serviceattribute, betriebliche Gegebenheiten und Notwendigkeiten sowie über Zugeständnisse an den Patienten und patientenbezogene (Verhaltens-)Regeln, welche durchgängig als „Wissenswertes von A bis Z" tituliert wurden. Die Formulierungen waren tendenziell belehrend.

Als bedenklich erscheint, dass die vorliegenden Patientenbroschüren zu einer Reihe der eröffneten Kategorien sehr wenig aussagten, z.B. zu der „Orientierung" des Patienten, seiner „Individualität" und „Privatsphäre". Bedenklich ist ferner, dass die Mehrzahl darüber hinaus nichts über die „Sicherheit", „Behandlung und Pflege" sowie die „Selbstbestimmung und Integration" aussagt, und zwar deswegen, weil diese Kategorien zentrale Anliegen des Patienten bündeln.

Die in Deutschland vorhandene rechtliche Ausstattung des Patienten, die seinen Status als autonomen Partner im Behandlungsprozess festigt, schlägt sich damit in Form von handlungsleitenden, konkreten Maßnahmen einer organisationalen Zuwendung in den Patientenbroschüren nicht nieder.

Es wird angenommen, dass die Patientenbroschüre nicht erschöpfend Auskunft gibt über alle kommunizierten Maßnahmen organisationaler Zuwendung im Krankenhaus. Hierzu sollen letztlich die Experteninterviews Aufschluss geben. Es ist denkbar, dass außer über die Patientenbroschüre auch über das persönliche Gespräch mit dem Patienten hinsichtlich der Maßnahmen organisationaler Zuwendung kommuniziert wird. Aus diesem Grund sollte die Dokumentenanalyse zur Vorbereitung des Interviewleitfadens dienen. Voraussetzung für die Durchführung der Interviews ist es, einen Leitfaden zu entwickeln, der es ermöglicht, im Gespräch gezielt nachzufragen, sofern die Erzählaufforderung für die Erkenntnisgewinnung nicht ausreicht. Aufgrund des nicht sehr ergiebigen Ergebnisses der Dokumentenanalyse der Auswahl, den nur wenigen Maßnahmen je Kategorie, stellte sich an dieser Stelle die Frage, auf welche weiteren Quellen im Vorfeld zurückgegriffen werden könnte, die weiterführend sind im Hinblick auf eine inhaltliche Ausgestaltung der Kategorien und damit des Interviewleitfadens. Zur Unterstützung musste eine zusätzliche Quelle gefunden werden, in der sich über das bislang Gefundene hinaus das hier verwendete Verständnis von organisationaler Zuwendung in der Praxis eher widerspiegelt. Zu diesem Zweck wurde ein Exkurs unternommen.

4.2.2.14 Exkurs: Die Analyse einer US-amerikanischen Patientenbroschüre zum Vergleich

Wie bereits dargelegt, verfügen US-amerikanische Krankenhäuser im internationalen Vergleich über die längste Erfahrung im Hinblick auf die Zertifizierung (Accreditation) von Krankenhäusern, was unter anderem jahrzehntelange Erhebungen zu Patientenbedürfnissen einschließt. Es wird angenommen, dass sich diese Erfahrungen in der Kommunikation hin zum Patienten und dadurch auch in den Patientenbroschüren, niederschlägt. Es werden zusätzliche, konstruktive Anregungen für die Entwicklung des Interview-Leitfadens erwartet.

4.2.2.14.1 Patients´ rights and responsibilities

Es wurden vier US-amerikanische Krankenhäuser[224] über eine Internetrecherche bewusst ausgewählt und die jeweilige Patientenbroschüre in gedruckter Form angefordert. Aufgrund der starken inhaltlichen Übereinstimmung dieser vier Patientenbroschüren wurde eine davon, die Patientenbroschüre des *Cedars Medical Center (Miami, Florida),* für die weiteren Schritte exemplarisch herangezogen, da sie optisch besonders übersichtlich gestaltet ist. Die Auswertung aller

---

[224] Cedars Medical Center Miami, St. John´s Hospital Springfield, New York-Presbyterian University Hospital, St. Dominic-Jackson Memorial Hospital Miami

vier Patientenbroschüren hätte, einer Durchsicht zufolge, keinen zusätzlichen Nutzen gebracht.

Aus der Analyse der US-amerikanischen Patientenbroschüre ließen sich mehr Maßnahmen organisationaler Zuwendung als in der Auswahl gewinnen, was auch zur Folge hatte, dass zusätzliche Kategorien eröffnet werden mussten. Insgesamt bestätigte sich, dass US-amerikanische Krankenhäuser bei der Konkretisierung Ihres Leitbildes ihren Fokus nicht auf den Mitarbeiter, sondern völlig auf den Patienten legen: „...the patient is the focus of attention."[225]

Basierend auf dieser Einstellung dem Patienten gegenüber finden sich zahlreiche Kategorien unter dem übergeordneten Titel „patients' rights". Entsprechend beginnt die Einführung in jede Kategorie ausdrücklich mit „As a patient you have the right to...", zum Beispiel „...Personal privacy and confidentiality of information...". Im Gegenzug gibt es einen übergeordneten Titel „patients' responsibilities". Entsprechend beginnt der Text mit „...As a patient you have the responsibility to...", zum Beispiel „...provide, to the best of your knowledge, accurate and complete information about present complaints...."[226]

Eine Analyse der ausgewählten US-amerikanischen Patientenbroschüre ist in der nachfolgenden *Tabelle 14* ersichtlich. Sie stellt die entwickelten Kategorien (linke Spalte) dar, wie sie im Verlauf des Krankenhausaufenthaltes von der Aufnahme bis zur Entlassung für den Patienten beobachtbar und beurteilbar sind. Die Tabelle zeigt als nächstes die Bedeutung der jeweiligen Kategorie, so, wie sie der Patientenbroschüre anhand der gefundenen Maßnahmen zu entnehmen ist (mittlere Spalte). Zur Veranschaulichung werden weiterhin die vorgefundenen, der Kategorisierung zugrunde gelegten Maßnahmen genannt (rechte Spalte).

Tabelle 14 Kategorisierung und Bedeutung der vorgefundenen Maßnahmen organisationaler Zuwendung aus der Patientenbroschüre eines US-amerikanischen Krankenhauses

„patients' rights"		
Kategorie	Bedeutung	Maßnahmen
Umfeld	Recht auf Kommunikation/Special Services/Behandlungsferne Serviceattribute	Bibliothek/Bücherdienst (am Bett), TV, Friseur/Kosmetik, Tresor, Café, Kiosk, Parkmöglichkeiten, Post, Telefon, Spiele (am Bett), Tageszeitungen
Orientierung	Recht auf Information über den Aufenthalt zur ersten Orientierung	Philosophische Ausrichtung des Hauses, zu erledigende Formalitäten, Hinweis auf Gleichbehandlung beim Zugang zu

---

[225] vgl. Kellnhauser 2003, S. 36
[226] Patientenbroschüre des Cedars Medical Center, Miami 2005

„patients´ rights"		
Kategorie	Bedeutung	Maßnahmen
		Behandlung und Pflege (unabhängig von Alter, Geschlecht, Weltanschauung, Glaube, ethnischer Abstammung, Finanzierungsmodus), Hinweis auf Nennung aller in die Behandlung und Pflege inbolvierter Personen mit Namen, Hinweis auf respektvolle Umgangsformen, Vorstellung der verschiedenen relevanten Berufsgruppen, Patientenrechte und in Patientenrechten geschulte Mitarbeiter, Hinweis auf Nennung dritter behandlungsrelevanter Institutionen, Aushändigung des Leitbildes auf Anfrage, Information über elektronische Hilfen im Zimmer, Übersetzungshilfe (Krankenhausmitarbeiter mit Fremdsprachenkenntnissen), Bereitstellung eines „international center" (z.B. Kontakt zu Konsulat, offizielle Übersetzungen)
Individualität	Recht auf Erfüllung außergewöhnlicher, persönlicher Patientenwünsche	Service für Behinderte, besondere Anlässe, private Kleidung und Symbole, Zimmerverlegung auf Wunsch des Patienten, Tragen privater Kleidung
Sicherheit	Recht auf persönliche Sicherheit hinsichtlich Behandlung und Umfeld	Individuelle Patientenkennzeichnung am Handgelenk, Sicherheits- und Überwachungsdienst (für die allg. Sicherheit aller Personen im Krankenhaus, z.B. vor Diebstählen, Begleitung von Patienten oder deren Familienangehörigen zum Parkplatz)
Behandlung und Pflege	Recht auf Information zur eigenen Person vollständig und aktuell	Verständlichkeit und Verwendung von Laienterminologie, umgehende Beantwortung von Fragen, Umgang mit mitgebrachte Medikamenten, Integration des Patienten in Diagnose/Prognose/-Risiken/Entwicklung und Implementierung des Behandlungs- und Pflegeplans, Alternativen zur vorgeschlagenen Behandlung, ausführliche Erklärung bei Verlegung in eine andere Einrichtung, Kontinuität der Information des Patienten über Behandlungs- und Pflegeverlauf, Begutachtung und Schmerzbehandlung, Aufklärung über Krankheitsbilder im TV-Programm, Einblick in die Pati-

„patients' rights"		
Kategorie	Bedeutung	Maßnahmen
		entenakte, Information des Hausarztes auf Wunsch.
Selbstbestimmung/ Integration	Recht auf Selbstbestimmung/Zustimmung oder Ablehnung	Informierte Integration des Patienten bei Entscheidungen, bei Ablehnung folgt Aufklärung über Folgen, Beratung in Konfliktsituationen/gemeinsame Problemlösung, Zuziehung eines Konsiliararztes (Einholen einer Zweitmeinung beim einem vom Patienten frei ausgewählten Arzt), auf Wunsch Verlegung in eine andere Einrichtung, Integration oder Ausschluss von Familienangehörigen auf Wunsch des Patienten
Selbstbestimmung in bes. Situationen	Recht auf Selbstbestimmung in bes. Situationen	Hinzuziehung eines Notars, ausführliche Erläuterung von Inhalt und Verfahrenweise zur Erstellung einer Patientenverfügung oder Vollmacht, Angebot eines rechtlichen oder ärztlichen Beistands auf Wunsch, Bestimmung eines Vertreters
Privatsphäre/-Vertraulichkeit	Recht auf Achtung der persönlichen Privatheit	Verweigerung von Kontakt zu Personen, die nicht in die Behandlung und Pflege involviert sind (auch Besucher), Gespräche und Untersuchungen in angemessener Privatsphäre (z.B. diskrete Durchführung von Konsultationen/Visiten ohne Dritte im Raum) und unter Anwesenheit des gleichen Geschlechts, Entkleidung nicht länger als erforderlich, diskrete Handhabung der Patientenakte (Datenschutz), Vertraulichkeit sämtlicher Angelegenheiten (z.B. Finanzierungsmodus)
Emotionale Unterstützung	Recht auf Information über psychosoziale Betreuung	Konfessionelle Betreuer, andere spirituelle Betreuer, Kapelle, Besuchszeiten, Unterbringung und Verpflegung Familienangehöriger, Kontaktherstellung zu Familienangehörigen
Konflikt/Kritik/ Beschwerde	Recht auf sanktionsfreie Kritik und Beschwerde	Ermunterung und explizite Aufforderung zur Kritik, Freiheit von Beeinträchtigung der Behandlung, formloses Beschwerdeprocedere (Stationsmitarbeiter), formale Patientenanlaufstelle („consumer relations") über 24 Stunden täglich

„patients´ rights"		
Kategorie	Bedeutung	Maßnahmen
Entlassung/Kontinuität der Betreuung	Recht auf angemessene Überleitung	Darlegung der Planung und Methoden der Entlassung bei Aufnahme, Patientenschulung, Beratung zu gesundheitlichen Erfordernissen nach Entlassung
Rechnungslegung/ Finanzberatung	Recht auf Finanzierungsberatung/Anforderung und Erhalt einer Rechnung	Beratung zu Finanzierungsmöglichkeiten, detaillierte Erläuterungen zur Rechnungslegung, Kostenvoranschlag bei Anfrage, Erklärung der Kostenübernahme durch Medicare, rechtzeitige Benachrichtigung bei Änderung/Ablauf der Kostenerstattung

„patients´ responsibilities"		
Kategorie	Bedeutung	Maßnahmen
Informationsverhalten	Pflicht zur Informationsvermittlung	Aufforderung zu Mitteilung von Veränderungen des Gesundheitszustandes, Vorerkrankungen, Medikamente, Mitteilung von Zustimmung oder Ablehnung
Mitwirkung/ "Compliance"	Pflicht zur Mitwirkung	Stärkung eines positiven Informationsverhalten des Patienten („tell us"), Aktive Mitwirkung zum Verständnis des Behandlungsplans („ask us"), Verstehen und Einverständnis zum gemeinsam vereinbarten Behandlungsplan nach ausführlicher Information, Umsetzung des gemeinsam vereinbarten Behandlungsplans (Befolgen von Instruktionen, Einhaltung von Terminen), Selbstverantwortung
Verhaltensregeln	Pflicht zur Berücksichtigung allg. Verhaltensregeln	Allg. Verhaltensregeln (Hausordnung, z.B. Brandschutz, Alkohol- und Zigarettenverbot, Aufbewahrung von Brillen und Prothesen, Nachtruhe, Verbot von Tieren und Topfpflanzen, Rücksichtnahme, schonender Umgang mit Krankenhauseigentum)
Rechnungsbegleichung	Pflicht zur Rechnungsbegleichung	Aufforderung zur zeitnahen Rechnungsbegleichung

Die Analyse der Patientenbroschüren der Auswahl und der US-amerikanischen Patientenbroschüre lassen erhebliche inhaltliche Unterschiede erkennen. Während die Kategorisierung aus der Analyse der Patientenbroschüren der Auswahl weitgehend problemlos auf die Analyse der US-amerikanischen Patientenbroschüre angewendet werden kann, sind die Inhalte in ihrer Bedeutung überwiegend sehr unterschiedlich.

Wie bereits angesprochen, wurde eine Unterscheidung zwischen „patients' rights" und „patients' responsibilities" vorgefunden, zu übersetzen mit „Patientenrechten" und „Patientenpflichten". Dabei ist allerdings zu beachten, dass die Bedeutung des Begriffes „patients' rights" nicht gleichbedeutend mit dem deutschen Verständnis von „Patientenrechten" ist. „Patients' rights" sind vorwiegend aus Bürgerrechten abgeleitete, für den Krankenhauskontext operationalisierte Rechte, die dem Patienten als Bürger ganz selbstverständlich gewährt und explizit kommuniziert werden. Folgendes Beispiel illustriert dies: der US-amerikanische Patient kommuniziert mittels der Nutzung von Telefon, Post, Zeitungen, TV, u.s.w., was mit dem „Recht auf Kommunikation" begründet wird. In Deutschland werden als „Patientenrechte" lediglich jene Rechte benannt, die im Kontext der medizinischen Behandlung relevant sind. Um beim Beispiel der Kommunikation zu bleiben, wird in den Broschüren der Krankenhäuser der Auswahl die Bereitstellung derselben Kommunikationsmedien daher als Service- bzw. Ausstattungsattribut des Krankenhauses dargestellt.

Die Beschreibung der Tabelle aus der Analyse der US-amerikanischen Patientenbroschüre wird der bereits dargelegten Beschreibung der Analyse der Patientenbroschüren der Auswahl gegenübergestellt, um die Unterschiede deutlicher aufzeigen zu können. Die Gegenüberstellung der Inhalte erfolgt nachfolgend je Kategorie.

Folgendes ließ sich zu den „patients' rights" entnehmen:

Umfeld/Serviceattribute:

Die Auswahl fasste unter diesen Punkt Informationen über behandlungsferne Serviceattribute, die das Krankenhaus anbietet, um den Aufenthalt außerhalb von Behandlung und Pflege angenehmer zu gestalten.

Dem gegenüber stehen ähnliche Serviceattribute auf Seiten der US-amerikanischen Patientenbroschüre mit dem Unterschied, dass das Angebot dem Patienten gegenüber damit begründet wird, seinem Recht auf Kommunikation entsprechen zu wollen.

Orientierung:

Die Auswahl fasste unter diesem Punkt vorwiegend räumliche und organisatorische Informationen zum Aufenthalt.

Dem gegenüber steht auf Seiten der US-amerikanischen Patientenbroschüre der Hinweis auf das Recht auf Information über den Aufenthalt zur ersten Orientierung des Patienten. Die hierunter fallenden Maßnahmen sollen die Einstimmung des Patienten auf seinen Aufenthalt umfassender gewährleisten, daher geben sie neben kurzen formellen Erläuterungen (zum Beispiel Formulare, Klingelanlage) vor allem Hinweise auf den zu erwartenden persönlichen Umgang im Krankenhaus. Hierzu zählen die philosophische Ausrichtung des Hauses mit dem Hinweis auf Aushändigung des Leitbildes auf Anfrage, der Hinweis auf Gleichbehandlung aller Patienten unabhängig von Alter, Geschlecht, Weltanschauung, Glaube, ethnischer Abstammung, Finanzierungsmodus. Ferner die Namens-Nennung aller in die Behandlung und Pflege involvierter Personen, respektvolle Umgangsformen und eine Behandlung und Pflege ausschließlich durch solche Mitarbeiter, die in Patientenrechten geschult wurden.

Individualität:

Die Auswahl fasste unter diesem Punkt vorwiegend individuelle Speisenwünsche (Variationen im vorgegebenen Rahmen) und die Verfügbarkeit von Servicemitarbeitern.

Dem gegenüber steht das Recht auf die Erfüllung außergewöhnlicher persönlicher Patientenwünsche, das eine größere Vielfalt bzw. Flexibilität verspricht. Der Patient erfährt, dass er Wünsche für besondere Anlässe (z.B. Geburtstag) äußern darf, dass das Mitbringen privater Kleidung und Symbole erlaubt ist, dass die Zimmerverlegung auf Wunsch des Patienten hin möglich oder Service für Behinderte verfügbar ist.

Sicherheit:

Die Auswahl machte hierüber vorwiegend keine Angaben.

Dem gegenüber steht das Recht auf persönliche Sicherheit hinsichtlich Behandlung und Umfeld. Der Patient erfährt, dass er bei Aufnahme ins Krankenhaus eine nicht entfernbare Kennzeichnung am Handgelenk erhält, die ihn zusätzlich zu sonstigen Sicherheitsvorkehrungen hinsichtlich Therapie und Pflege sichert.[227] Das Krankenhaus weist darauf hin, dass ein privater Sicherheitsdienst für bestmögliche Sicherheit in der Umgebung des Patienten sorgt.

Behandlung/Pflege:

Die Auswahl machte hierüber vorwiegend keine Angaben.

Dem gegenüber steht das Recht auf Information zur eigenen Person mit dem ausdrücklichen Hinweis, dass das Krankenhaus sich selbst verpflichtet, diese vollständig, aktuell und kontinuierlich zu liefern bis hin zu dem Hinweis auf Einblick des Patienten in seine Patientenakte. Zentral ist der gemeinsam zu ver-

---

[227] Diese Form der Personenkennzeichnung ist in Deutschland nur bei Neugeborenen üblich.

einbarende Behandlungsplan, über dessen Informations- und Beratungsmerkmale sehr ausführlich aufgeklärt wird und der das Recht auf Mitwirkung des Patienten ausdrücklich einschließt. Der Patient wird mit Nachdruck dazu ermutigt, Fragen zu stellen und sich mitzuteilen.

Selbstbestimmung/Integration:
Die Auswahl machte hierüber vorwiegend keine Angaben.

Dem gegenüber steht das Recht auf Selbstbestimmung im Sinne von Zustimmung oder Ablehnung in allen Fragen der Behandlung und Pflege, nicht nur im Hinblick auf Eingriffe oder Ausnahmesituationen wie eine Forschungsteilnahme. Er erfährt, dass er bei allen Entscheidungen ein Recht auf eine mit den Leistungserbringern gemeinsame Problemlösung hat und jederzeit einen Konsiliararzt seiner Wahl hinzuziehen kann. Der Patient kann nicht nur ablehnen, er hat auch das Recht, erst nach Zustimmung behandelt zu werden. Diese Integration des Patienten setzt seine Informiertheit ebenso voraus wie seine Mitwirkung.

Selbstbestimmung in besonderen Situationen:
Die Auswahl sagte hierüber nichts aus, auch nicht vereinzelt, so dass diese Kategorie nicht eröffnet werden konnte.

Dem gegenüber steht das Recht auf Selbstbestimmung in besonderen Situationen. Der Patient erfährt, dass es die Möglichkeit einer Willensäußerung hinsichtlich einer künftigen medizinischen Behandlung gibt für den Fall, dass der Patient befürchtet, später nicht mehr dazu in der Lage zu sein. Verschiedene Verfahren werden erläutert, ein sog. „Advance Directive" bzw. „Living Will" zu verfassen: Der „Living Will" entspricht einer deutschen Patientenverfügung und die „Health Care Surrogate Designation" entspricht einer Vollmacht, in der der Patient einen Vertreter bestimmt, meist eine Vertrauensperson aus dem familiären Umfeld, der dann die Entscheidungsfindung übernehmen wird. Rechtliche und ärztliche Unterstützung werden auf Wunsch angeboten.

Privatsphäre/Vertraulichkeit:
Die Auswahl fasste hierunter vorwiegend die Information zur Einhaltung der Datenschutzbestimmungen.

Dem gegenüber steht das Recht auf Achtung der persönlichen Privatsphäre, das weitaus umfassender ausgefüllt ist. Neben dem eher abstrakten Datenschutz gegenüber dritten, in die Behandlung involvierten Personen oder Institutionen sind hier alltägliche Situationen, die physisch in die Intimsphäre des Patienten eingreifen, angesprochen. Der Patient hat demnach das Recht auf eine ausreichend diskrete Umgebung bei Gesprächen mit Ärzten und bei Untersuchungen. Er erfährt, dass in die Behandlung nicht involvierte Dritte nicht geduldet werden müssen, er auf Wunsch von einem gleichgeschlechtlichen Krankenhausmitarbeiter untersucht oder gepflegt werden kann und er nicht unnötig lange entkleidet sein muss.

Emotionale Unterstützung:

Die Auswahl fasste hierunter vorwiegend Informationen über psychosoziale Betreuungsmöglichkeiten durch konfessionelle Betreuer und Räumlichkeiten sowie zur Integration Angehöriger durch die Angabe von Besuchszeiten und Unterbringungsmöglichkeiten.

Ähnlichen Inhaltes ist das Recht auf Information über psychosoziale Betreuung. Der Patient erfährt, dass er auf konfessionelle Betreuer zurückgreifen kann und eine Kapelle zur Verfügung steht. Er erfährt über die Möglichkeiten, auf Wunsch Familienangehörige unterzubringen und verpflegen zu lassen.

Konflikt/Kritik/Beschwerde:

Die Auswahl fasste hierunter vorwiegend die Information über Möglichkeiten des Patienten, Kritik zu äußern.

Dem gegenüber steht das Recht auf „sanktionsfreie" Kritik und Beschwerde. Der Patient hat die Wahl, sich formlos an einen Stationsmitarbeiter zu wenden oder die hausinterne Anlaufstelle zu kontaktieren, die rund um die Uhr telefonisch erreichbar ist. Ihm wird insbesondere ausdrücklich versichert, dass er keinerlei Sanktionen aufgrund der Äußerung seiner Kritik zu befürchten habe.

Entlassung/Kontinuität der Betreuung:

Die Auswahl fasste hierunter vorwiegend die Information über den Sozialdienst (für Patienten mit dauerhaftem Betreuungsbedürfnis), Transportmöglichkeiten, Voraussetzung (ärztliche Anordnung) zur Entlassung.

Dem gegenüber steht das Recht auf angemessene Überleitung des Patienten. Der Patient erfährt, dass er bereits bei seiner Aufnahme über die Planung und Methoden der Entlassung informiert wird und bei Bedarf für die Zeit nach Verlassen des Krankenhauses eine Patientenschulung und weitere Beratung und Behandlung je nach gesundheitlichen Erfordernissen erhält.

Finanzberatung/Rechnungslegung:

Die Auswahl sagte hierüber nichts aus.

Dem gegenüber steht das Recht auf individuelle Finanzierungsberatung (unabhängig vom Finanzierungsmodus) sowie die Anforderung und den Erhalt einer detaillierten und verständlichen Rechnung.

Zu den „patients´ responsibilities" ließ sich folgendes entnehmen:

Informationsverhalten:

Die Auswahl sagte hierüber nichts aus.

Dem gegenüber steht die Pflicht zur Informationsvermittlung. Der Patient erfährt, dass er zur Mitteilung aller behandlungs- und pflegerelevanter Informationen verpflichtet ist, wie zum Beispiel Veränderungen des Gesundheitszustandes, Vorerkrankungen und Medikamenteneinnahme. Er wird auf seine Selbstverantwortung hingewiesen, soll bewusst mitwirken oder bewusst ablehnen und dafür den Behandlungsplan verstehen.

Mitwirkung/"Compliance":

Die Auswahl sagte hierüber nichts aus.

Dem gegenüber steht die Pflicht zur Mitwirkung, die sich in Teilen als Recht verstehen lässt. Sie wirkt darauf hin, dass der Patient sich aktiv integriert, er den gemeinsam besprochenen und gemeinsam entschiedenen Behandlungsplan einhält, im Miteinander mit den ärztlichen und pflegenden Mitarbeitern kooperiert und dabei den organisatorischen Verlauf nicht stört, sich zum Beispiel an Visitenzeiten hält.

Verhaltensregeln:

Die Auswahl fasste hierunter vorwiegend die Aufforderung des Patienten zur Berücksichtigung allgemeiner Verhaltensregeln im Hinblick auf die Behandlung des Patienten und im Hinblick auf die Hausordnung.

Dem gegenüber steht die als Pflicht formulierte Berücksichtigung allgemeiner Verhaltensregeln, die ähnliche Regeln der Hausordnung beschreibt wie die Auswahl.

Rechnungsbegleichung:

Die Auswahl fasste hierunter vorwiegend die Information über die Selbstbeteiligung von Zehn Euro für den Kassenpatienten und die Zahlstelle im Haus für Barzahler.

Dem gegenüber steht die Pflicht zur Rechnungsbegleichung. Der Patient erfährt, dass es seine vertragliche Pflicht ist, seine Rechnung zeitnah zu begleichen. Darüber hinausgehende Hinweise versteht man als Teil des Patientenrechts auf Beratung durch das Krankenhaus.

4.2.2.14.2 Zusammenfassung der Ergebnisse zu den Maßnahmen organisationaler Zuwendung in der US-amerikanischen Patientenbroschüre

Der Exkurs zur US-amerikanischen Patientenbroschüre zeigt, dass sich die gefundenen Kategorien inhaltlich stark unterscheiden.

In der US-amerikanischen Patientenbroschüre steht, im Gegensatz zu den Patientenbroschüren der Auswahl, nicht das Krankenhaus, sondern der Patient im Mittelpunkt. Dies geschieht, indem das Krankenhaus durchgängig die (Bürger-) Rechte des Patienten hervorhebt und es als seine Aufgabe anzeigt, diese zu respektieren. Nicht das Krankenhaus bildet die Grundlage dessen, was den Patienten erwartet, sondern der Patient selbst. Das Krankenhaus richtet sein Handeln an den Rechten (und Pflichten) des Patienten aus. Diese Rechte werden dem Patienten schriftlich kommuniziert, so dass er sie nachlesen und einfordern kann.

Die Einteilung in zwölf Kategorien der „patients' rights" und vier Kategorien der „patients' responsibilities" weisen dem Patienten durchgängig eine partnerschaftliche Rolle zu. Der Patient wird dazu ermuntert, seine Rechte einzufordern. Die einzelnen Maßnahmen des Krankenhauses stellen kein freiwilliges Entgegenkommen oder kulantes Zugeständnis an den Patienten dar, sondern sind die selbstverständliche Erfüllung seiner Rechte und werden jedem Patienten aktiv kommuniziert mit dem zusätzlichen Hinweis, dass jeder Mitarbeiter über die „patients' rights and responsibilities" informiert ist und mit dem Patienten entsprechend umgehen wird. Dies zeigt, dass sowohl der Patient als auch der Mitarbeiter Adressat der Kommunikation des Krankenhauses sind und hier mittels der Patientenbroschüre und darüber hinausgehend kommuniziert wird (z.B. durch gezielte Schulung der Mitarbeiter in Patientenrechten).

4.2.3 Die Kommunikation von Leitbild und Maßnahmen organisationaler Zuwendung in der Dokumentenanalyse

Die Initiierung des so genannten philanthropen Patientenbildes erfordert drei Konsequenzen für das Krankenhaus. Die erste Konsequenz war die Existenz eines Leitbildes als theoretischer Überbau. Die zweite Konsequenz war das Vorhandensein von praktischen Maßnahmen, die das Krankenhaus ergreift, um die Aussagen des Leitbildes konkret in die Praxis zu übersetzen. Die dritte Konsequenz ist die Kommunikation von Leitbild und Maßnahmen organisationaler Zuwendung in Richtung Mitarbeiter und Patient.

4.2.3.1 Die Kommunikation des Leitbildes in der Dokumentenanalyse

Im Hinblick auf die Kommunikation des Leitbildes wurde zunächst angenommen, dass die Patientenbroschüre, als zentrales Kommunikationsmedium, hierfür von jedem Krankenhaus der Auswahl genutzt wird. Es stellte sich jedoch zu Beginn der Dokumentenanalyse heraus, dass dies weitgehend nicht zutrifft. Hätte sich die Forschung in diesem Punkt auf die alleinige Untersuchung der Patientenbroschüren beschränkt, wäre es nicht möglich gewesen, Aussagen zum Leitbild der Mehrzahl der ausgewählten Krankenhäuser zu finden. Wie sich zeigen wird, gaben lediglich zwei Patientenbroschüren Auskunft, vier gaben keine Auskunft, zwei lagen für die Auswertung nicht vor. Es musste zwangsläufig nach weiteren Quellen, in denen Aussagen zum Leitbild kommuniziert werden, gesucht werden.

Die nachfolgende Tabelle veranschaulicht die Quellen, in denen Aussagen zum Leitbild, d.h. zur Mission und zur Philosophie, vorgefunden wurden.

Die Quellen unterscheiden sich in ihrer Zugänglichkeit. Während Homepage, Patientenbroschüre und Qualitätsbericht jederzeit öffentlich zugänglich sind, handelt es sich beim so genannten „Leitbild" um ein internes Papier, das in Druckversion oder im Intranet der Krankenhäuser vorliegt und üblicherweise nicht öffentlich zugänglich ist.

Tabelle 15 Die Quellen der relevanten Aussagen aus den Leitbildern

Quellen der Leitbild-Inhalte	Häufigkeiten
Patientenbroschüre	2
Homepage	4
Qualitätsbericht	8
Print oder Intranet „Leitbild"	8

Die Patientenbroschüre gibt nur bei zwei der acht Krankenhäuser Aussagen zum Leitbild wieder. Hierbei ist anzumerken, dass die Patientenbroschüren zweier Krankenhäuser zum Zeitpunkt der Erhebung nicht vorlagen, da sie sich in Überarbeitung und Neuauflage befanden.

Die Homepage gibt bei der Hälfte der Krankenhäuser Aussagen zum Leitbild wieder.

Der Qualitätsbericht gibt bei allen Krankenhäusern relevante Aussagen wieder. Ebenso wie das als „Leitbild" titulierte Papier, das in allen Krankenhäusern vorhanden ist, jedoch nicht öffentlich zugänglich. Für die vorliegende Forschung wurden diese „Leitbilder" auf Anfrage an den Forscher ausgehändigt und es zeigte sich, dass es bei allen Krankenhäusern relevante Aussagen wiedergibt.

Wenngleich nicht Teil der Auswertung, so lässt sich festhalten, dass die Patientenbroschüre (dasselbe gilt für die Homepage) zur Kommunikation des Leitbildes von universitären und städtischen Krankenhäusern nicht genutzt wird. Die übrigen Krankenhäuser nutzten sie jedoch, sofern vorhanden.

Die Kommunikation des Leitbildes in Richtung Patient und Mitarbeiter wird in keiner Quelle eigens thematisiert. Es ist lediglich festzuhalten, dass dem Mitarbeiter dieselben (öffentlichen) Quellen zur Verfügung stehen wie dem Patienten und darüber hinaus ein internes „Leitbild" in jedem Krankenhaus hinterlegt und für ihn theoretisch einsehbar ist (was nichts über dessen Kommunikation bzw. Handhabung aussagt).

4.2.3.2 Die Kommunikation der Maßnahmen organisationaler Zuwendung in der Dokumentenanalyse

Alle Krankenhäuser der Auswahl nutzen die Patientenbroschüre zur Kommunikation von Maßnahmen organisationaler Zuwendung.

Die gefundenen Maßnahmen organisationaler Zuwendung erweckten den Eindruck, dass die Patientenbroschüren nur ausschnitthaft Auskunft über die zu erwartenden Maßnahmen geben.

Hinweise auf weitere Maßnahmen organisationaler Zuwendung durch ergänzende schriftliche oder mündliche Kommunikation an den Patienten oder Mitarbeiter, die das Krankenhaus unaufgefordert und in diesem Sinne aktiv tätigt, waren den Patientenbroschüren nicht zu entnehmen.

4.2.3.3 Zusammenfassung der Ergebnisse zur Kommunikation von Leitbild und Maßnahmen organisationaler Zuwendung in den Patientenbroschüren der Auswahl

Es zeigte sich, dass die Patientenbroschüre überraschend selten für die Kommunikation des Leitbildes genutzt wird. Sofern eine Patientenbroschüre vorlag, war dies in nur zwei von sechs vorliegenden Patientenbroschüren der Fall, bei einem der konfessionellen und einem der privaten Krankenhäuser. Vier von sechs Krankenhäuser, ebenfalls konfessionelle und private, nutzen die Homepage als Kommunikationsmedium. Das Leitbild bzw. die Mission und Philosophie aller Krankenhäuser war allerdings im jeweiligen Qualitätsbericht und im internen, so genannten „Leitbild" (in Papierform bzw. im Intranet) eines jeden Krankenhauses vorzufinden. Eine Aussage zu deren Handhabung konnte nicht gefunden werden. Ob das Leitbild dem Patienten am Bett und dem Mitarbeiter unabhängig von der Patientenbroschüre kommuniziert wird, kann aufgrund der Dokumentenanalyse nicht beurteilt werden. Die Dokumentenanalyse brachte Erkenntnisse zum Leitbild in inhaltlicher Hinsicht, jedoch nur geringfügig im Hinblick auf seine Kommunikation. Sie reicht nicht aus, um erschöpfend Aufschluss zu geben über die Kommunikation des Leitbildes in Richtung Patient und Mitarbeiter.

Es zeigte sich, dass die Patientenbroschüre für die Kommunikation von Maßnahmen organisationaler Zuwendung von allen Krankenhäusern genutzt wird. Ob dabei sämtliche Maßnahmen kommuniziert werden oder nur ein Teil davon, kann aufgrund der Dokumentenanalyse nicht beurteilt werden. Ein Hinweis auf zu erwartende weitere Maßnahmen organisationaler Zuwendung und deren Kommunikation in Richtung Patient und Mitarbeiter erfolgte in den Patientenbroschüren der Auswahl nicht. Die Dokumentenanalyse reicht damit nicht aus, um erschöpfend Aufschluss zu geben über die vorzufindenden Maßnahmen organisationaler Zuwendung und ihrer Kommunikation in Richtung Patient und in Richtung Mitarbeiter. Es ist denkbar, dass in der Praxis Maßnahmen, die in der Patientenbroschüre nicht erwähnt werden, dennoch separat schriftlich oder mündlich an Patient und Mitarbeiter kommuniziert werden.

Die Kommunikation des Leitbildes und der Maßnahmen organisationaler Zuwendung wurde als wichtiger Bestandteil bei der Initiierung eines neuen Wertes, dem philanthropen Patientenbild, herausgestellt, vgl. hierzu Kapitel 3.2.3 *„Konsequenz III: Die Kommunikation von Leitbild und Maßnahmen „organisationaler Zuwendung"*. Die Dokumentenanalyse zeigte, dass ein Leitbild und verschiedene Maßnahmen organisationaler Zuwendung in allen Krankenhäusern vorhanden sind, dass über deren Kommunikation im Rahmen der Dokumentenanalyse allerdings nur unzureichende Erkenntnisse gewonnen werden konnten. Für die Kommunikation des Leitbildes wurde die Patientenbroschüre von der Mehrzahl der ausgewählten Krankenhäuser nicht eingesetzt. Hinsichtlich der Maßnahmen organisationaler Zuwendung ergab sich der Eindruck, dass die Patientenbroschüre nicht vollständig Auskunft darüber erteilt. Es bleibt daher zunächst offen, ob die hier untersuchten Elemente „Leitbild" und „Maßnahmen organisationaler Zuwendung" über weitere schriftliche oder mündliche Kommunikation an Patient und Mitarbeiter kommuniziert werden.

4.2.4 Zwischenfazit zur Dokumentenanalyse

Die Dokumentenanalyse hatte zum *Ziel*, zu Leitbild, zu Maßnahmen organisationaler Zuwendung und zu deren Kommunikation Inhalte aus den Patientenbroschüren aller Krankenhäuser der Auswahl zu generieren. Die gewonnenen Erkenntnisse sollen für die Gestaltung des Interviewleitfadens genutzt werden und schließlich auch den Forscher, mittels dieser hieraus gewonnenen theoretischen Vorkenntnise über die einzelnen Krankenhäuser, auf jedes Interview individuell vorbereiten.

Die Dokumentenanalyse zeigte, dass jedes Krankenhaus über ein Leitbild verfügt und insofern Aussagen zu seiner Mission und zu seiner Philosophie trifft.

Die *Mission* wurde von dreiviertel der Krankenhäuser der Auswahl mit der bestmöglichen technisch-diagnostischen Leistung beschrieben. Lediglich einviertel der Krankenhäuser führte das Streben nach der bestmöglichen technisch-diagnostischen Betreuung mit der Betonung des Patienten als Mensch zusammen, dessen nicht nur körperliches, sondern auch seelisches Leid es zu lindern gilt. Da die Krankenhäuser in ihrer Mission ihre zentrale Existenzberechtigung auf den Punkt bringen, ließen die Ergebnisse der zuerst genannten Krankenhäuser darauf schließen, dass sie den Patienten eher als Objekt wahrnehmen, während im zweiten Fall ein Bewusstsein deutlich wurde für das subjektiv empfundene, psychosoziale Wohlbefinden des Patienten über die technisch-diagnostischen Möglichkeiten hinaus mit der Schlussfolgerung, dass damit der Patient als Subjekt in den Vordergrund tritt.

Bei den Darstellungen der *Philosophie* zeigte sich allerdings, dass nicht nur diejenigen Krankenhäuser mit einer subjekt-orientierten Mission, sondern auch alle übrigen den Anschein erwecken, ein Bewusstsein für das subjektive, psychosoziale Wohlbefinden des Patienten zu haben, teilweise auf gesetzlich festgelegten, menschlichen Grundrechten basierend. In der Darstellung der Philosophie zeigten die Krankenhäuser der Auswahl insgesamt große Ähnlichkeiten. Sie bekundeten einhellig, der Patient solle nicht nur körperlich versorgt, sondern mit dieser Versorgung auch in psychosozialer Hinsicht zufrieden sein und zwar dadurch, dass diese in einer würdevollen Atmosphäre stattfänden. Dabei solle seine Persönlichkeit in ihrer individuellen Ausprägung ganzheitlich berücksichtigt werden und seine persönliche Autorität gewahrt bleiben. In der Vielzahl der hierfür verwendeten Termini wurden insbesondere die „Würde des Menschen", seine „Gleichbehandlung und Gleichwertigkeit" sowie seine „Eigenständigkeit, Selbstbestimmung und Selbständigkeit", seine „Individualität", der ihm entgegenzubringende „Respekt, Achtung und Freundlichkeit", die Bereitschaft zur Gabe von „Information" und schließlich die Berücksichtigung der „Patientenzufriedenheit und -bedürfnisse" und der „Ganzheitlichkeit" angeführt.

Die Auffassungen zur Mission und die Auffassungen zur Philosophie je Krankenhaus deckten sich in ihren Grundaussagen zur tendenziellen Betrachtung des Patienten als Objekt oder Subjekt somit bei dreiviertel der Krankenhäuser nicht, denn während die Missionen hier eher einen objekt-betonten Charakter hatten, zeigten die Philosophien eine Subjekt-Betonung. Lediglich bei einviertel der Krankenhäuser, den konfessionellen, stimmte die subjekt-betonte Grundaussage überein.

In einem nächsten Schritt galt es herauszufinden, wie die in den Leitbildern dargelegten Wertvorstellungen in der Praxis in Maßnahmen der „organisationalen Zuwendung" übersetzt werden.

In den Patientenbroschüren wurde vor allem auf den bereitgestellten Service, die betrieblichen Gegebenheiten und Notwendigkeiten sowie patientenbezogene (Verhaltens-)Regeln hingewiesen. Hierbei fiel auf, dass das Krankenhaus selbst jeweils durchgängig im Mittelpunkt der Darstellungen steht, zudem wirken die Formulierungen tendenziell belehrend. Der Patient erfährt von Angeboten, die allesamt als kulantes Entgegenkommen dargestellt werden ohne zu erfahren, dass er spezifische Patientenrechte hat, die sich in den Angeboten ohnehin weitgehend nicht wiederfinden. Die subjekt-betonte Betrachtung des Patienten wird vermisst. Einige Angebote, die auf den ersten Blick den Eindruck erwecken, dass das psychosoziale Wohlbefinden des Patienten durchaus im Vordergrund steht, wie z.B. die Errichtung einer Beschwerdestelle, Hinweise auf emotionale Unterstützung und eine große Zahl an Serviceattributen, werden lediglich gestreift und die Mehrzahl der vorliegenden Patientenbroschüren sagten zu einer Reihe ganz wesentlicher Kategorien entweder bedenklich wenig oder gar nichts aus, z.b. zu der „Orientierung" des Patienten, dem Respekt gegenüber seiner „Individualität" und „Privatsphäre", zur „Sicherheit", „Behandlung und Pflege" sowie zur „Selbstbestimmung und Integration" des Patienten.

Die Betrachtung der vorgefundenen Maßnahmen zeigte somit, dass diese nicht ausreichend ausgestaltet sind, um die gefundenen Werte aus den Leitbildern zu erfüllen, ebenso wenig, wie das hier zugrunde gelegte Verständnis von organisationaler Zuwendung und die hierfür literaturgestützt festgelegten Maßnahmen zu gewährleisten.

Setzt man dieses Ergebnis in Bezug zum Leitbild der Krankenhäuser, so lässt sich sagen, dass dies zu der bei der Mehrzahl vorgefundenen Mission passt, die besagt, dass die technisch-diagnostischen Leistungen des Krankenhauses fokussiert werden. Dieses Ergebnis passt allerdings nicht zu der bei allen Krankenhäusern gefundenen Darstellungen zur Philosophie im Leitbild, bei der auf zentrale Werte der Menschlichkeit und auf Grundrechte zurückgriffen wird.

Es zeigt sich, dass die ausgewählten Krankenhäuser im Vergleich untereinander in der Darstellung ihrer Wertvorstellungen und ihrer Maßnahmen organisationaler Zuwendung stark übereinstimmen und objekt-orientiert an den Patienten herantreten.

Hierin fügt sich die unzureichende Nutzung der Patientenbroschüre als Kommunikationsmedium ein. Es ist feststellbar, dass die Patientenbroschüre für die Kommunikation des Leitbildes von der Mehrzahl der ausgewählten Krankenhäuser nicht eingesetzt wird. Hinsichtlich der Kommunikation von Maßnahmen organisationaler Zuwendung zeigte sich, dass die Patientenbroschüre von allen Krankenhäusern genutzt wird. Allerdings blieben die darin angeführten Maßnahmen deutlich hinter den Erwartungen, die die zwar nicht kommunizierten, jedoch immerhin schriftlich fixierten, subjekt-orientierten Philosophien weckten, zurück.

Die Erkenntnisse aus der Dokumentenanalyse erzeugen den Gesamteindruck, dass die den Leitbildern und hier insbesondere den Philosophien entnommene, zentrale und besondere Rolle des Patienten als Mensch, der eine insgesamt würdevolle Atmosphäre erwarten darf, in den Patientenbroschüren nicht zum Ausdruck kommt. Die in Deutschland vorhandene rechtliche Ausstattung des Patienten schlägt sich in den Patientenbroschüren nicht nieder. Es ist kein Verhältnis zum Patienten als Mensch mit psychosozialen Seiten und als Partner zu erkennen, der Subjekt und autonom ist, nach eigenen Maßstäben akzeptieren oder verweigern kann. Das Krankenhaus steht durchgängig im Mittelpunkt der Darstellungen, der Patient verbleibt im Hintergrund und in einer eher passiven Rolle, das bedeutet, das Krankenhaus und seine Reglementierungen bilden die Grundlage dessen, was den Patienten erwartet und wonach er sich zu richten hat. Das in der vorliegenden Forschung zugrunde gelegte, philanthrope Patientenbild kommt in den Patientenbroschüren nicht zum Ausdruck.

Dieser Gesamteindruck beruht auf den Inhalten der Patientenbroschüren, die den Eindruck erwecken, eher lückenhaft ausgestaltet zu sein. Die mangelhafte Nutzung der Patientenbroschüre könnte daran liegen, dass ergänzende schriftliche oder mündliche Kommunikationsmittel bzw. -wege in Richtung Patient im Krankenhaus existieren. Hierüber sollten die anschließend erfolgenden Experteninterviews Aufschluss geben.

Die Experteninterviews wurden durch die Gestaltung eines Interviewleitfadens vorbereitet. Die gewonnenen Erkenntnisse aus der Dokumentenanalyse dienten der Gestaltung eines Interviewleitfadens. Während sich im Hinblick auf das Leitbild weiterführende Fragen an die Experten logisch ableiteten, indem sich ein deutliches Defizit in der Kommunikation zeigte, warfen die bislang unzureichenden Ergebnisse im Hinblick auf die Maßnahmen organisationaler Zuwendung die Frage auf, was in der Krankenhauspraxis über das Gefundene hinaus erwartbar sein könnte, d.h. nach welchen weiteren diesbezüglichen Maßnahmen die Experten gefragt werden konnten.

Die Recherche deutscher Literatur lieferte keine Hilfestellung zur weiteren Ausgestaltung des Interviewleitfadens. Zahlreich vorzufindende Krankenhausattribute, z.B. die „Freundlichkeit" des Krankenhausmitarbeiters gegenüber dem Patienten, bleiben ohne konkrete Operationalisierung und sind daher für die vorliegende Forschung nicht weiterführend.

Zum Zweck einer umfassenden und gezielten Erhebung wurden daher die aus einer US-amerikanischen Patientenbroschüre gewonnenen Aspekte, die als Maßnahmen organisationaler Zuwendung im Sinne der vorliegenden Forschung identifiziert wurden, herangezogen, d.h. der Interviewleitfaden um diese erweitert, vgl. den Exkurs in Kapitel 4.2.2.14 *„Exkurs: Die Analyse einer US-amerikanischen Patientenbroschüre zum Vergleich"*. Dies geschah vor dem Hintergrund, dass die US-amerikanischen Krankenhäuser bekanntermaßen über eine jahrzehntelange Erfahrung mit organisationaler Zuwendung auf Basis einer wissenschaftlich fundierten Patientenzufriedenheitsforschung verfügen. Dies zeigte sich deutlich, indem der Patient bei sämtlichen Inhalten der Patientenbroschüre im Mittelpunkt steht insofern, als der partnerschaftliche Charakter mittels der Kommunikation von Patientenrechten (und -pflichten) explizit hervorgehoben und vermittelt wird. Der Patient wird auf seine Rechte und Pflichten hingewiesen, kann sie nachlesen und sanktionsfrei einfordern, zustimmen oder ablehnen.

Die Erkenntnisse aus der Dokumentenanalyse und dem Exkurs sind Gestaltungsgrundlage des Leitfadens, der nach einem Pretest in den anschließenden Experteninterviews zum Einsatz kommt.

4.2.5 Schlussfolgerungen für die Gestaltung des Leitfadens

Für die Gestaltung des Leitfadens stehen zwei Aspekte im Mittelpunkt. Diese sind:

a) das Leitbild und seine Kommunikation in Richtung Mitarbeiter und Patient (**Block I** des Leitfadens) und

b) die Maßnahmen organisationaler Zuwendung unter Berücksichtigung ihrer Kommunikation in Richtung Mitarbeiter und Patient (**Block II** des Leitfadens).

4.2.5.1 Das Leitbild im Leitfaden für die Experteninterviews

Die Inhalte der Leitbilder, Mission und Philosophie, sind aufgrund der vorangegangenen Darstellungen bekannt.

Ob und wie die Aussagen des Leitbildes kommuniziert werden, geht aus keiner der untersuchten Quellen hervor und muss im Experteninterview erfragt werden.

Aus diesem Grund wurden folgende Fragen für den **Block I** (Erzählaufforderung zum Leitbild) entwickelt, falls der Experte diese Informationen nicht ohnehin im Fluss seiner Erzählungen geben sollte:

Das Jahr der Fertigstellung des Leitbildes, die Präsenz der Inhalte beim befragten Experten, die Aushändigung des Leitbildes an oder Bereitstellung für den Mitarbeiter, die Existenz von Leitbildern in den einzelnen Fachabteilungen, wiederkehrende Mitarbeitergespräche, Schulungen, und schließlich die Aushändigung oder Bereitstellung des Leitbildes nicht nur an den Mitarbeiter, sondern auch an den Patienten.

4.2.5.2 Die organisationale Zuwendung im Leitfaden für die Experteninterviews

Die Dokumentenanalyse zeigte, dass die vorgefundenen Maßnahmen organisationaler Zuwendung nicht im Einklang zum jeweiligen Leitbild der Krankenhäuser, hier insbesondere den Philosophien, standen. Die hier gefundene Betonung zentraler Werte der Menschlichkeit, der Patientenautonomie und psychosozialer Aspekte der Krankenversorgung, findet in der praktischen Umsetzung, so wie sie in den Patientenbroschüren dargestellt wurde, nicht in ausreichendem Maße

Entsprechung. Die explizite Wahrnehmung des Patienten als selbstbestimmten Partner mit Rechten (und Pflichten) kam in den Patientenbroschüren der Auswahl nicht zum Ausdruck.

Um im Anschluss an die Dokumentenanalyse zu erforschen, ob außerhalb der Patientenbroschüren Maßnahmen organisationaler Zuwendung kommuniziert werden, wurden in **Block II** entsprechende Erzählaufforderungen konzipiert, unter Zuhilfenahme der analysierten US-amerikanischen Patientenbroschüre (vgl. Kapitel 4.2.2.14 *„Exkurs: Die Analyse einer US-amerikanischen Patientenbroschüre zum Vergleich"*). Die Erkenntnis hieraus war, dass der Patient, anders als in den Patientenbroschüren der Auswahl, als selbstbestimmter Partner mit Rechten (und Pflichten) wahrgenommen wird. Hierbei wurden vereinzelt Maßnahmen aus den Patientenbroschüren der Auswahl, die als nicht sinnvoll für den Patienten zu beurteilen waren, vernachlässigt, wie zum Beispiel die allgemeine personelle Struktur einer Station vom Chefarzt bis zur Krankenschwester. Für die individuelle Situation des Patienten sind Informationen mit diesem Allgemeinheitsgrad nicht weiterführend. Es musste auch überlegt werden, ob Maßnahmen aus der US-amerikanischen Patientenbroschüre, z.B. die Kategorien Rechnungslegung/Finanzierungsberatung und Rechnungsbegleichung, auf Deutschland sinnvoll zu übertragen sind.

Wie in den Kapiteln 1.1.3.2 *„Das „philanthrope" Patientenbild"* und 3.2.2.2 *„Die organisationale Zuwendung" zum Patienten – eine praktische Annäherung"* ausgeführt, sind die als „Patientenrechte" bezeichneten Maßnahmen organisationaler Zuwendung als Zusammenführung der gesetzlichen Rechte des Patienten in Deutschland mit der philanthropen Idee zu verstehen.

Um die aktive Rolle des Krankenhauses durchgängig zu verdeutlichen, ist im Sinne der Forschungsfrage relevant, ob das Krankenhaus die Maßnahmen organisationaler Zuwendung von sich aus und routinemäßig an jeden Patienten kommuniziert, d.h. das Krankenhaus die Initiative zur diesbezüglichen Kommunikation ergreift. Die begriffliche Hervorhebung dieses Umstandes findet sich in der Formulierung „Hinweis auf..." wieder. So stellt sich beispielsweise die Frage, ob das Krankenhaus den Patienten auf eine bestimmte Maßnahme explizit hinweist. Das Krankenhaus kann den Patienten über Informationsbroschüren, z.B. die Patientenbroschüre und zusätzliche Informationsblätter, TV im Zimmer des Patienten oder mündlich nicht nur auf das Leitbild, sondern auch auf die Maßnahmen organisationaler Zuwendung hinweisen. Aushänge und Informationsbroschüren auf den Fluren werden als nicht ausreichend gewertet, da bettlägerige Patienten dann keine Möglichkeit haben, diese einzusehen. Sofern der Patient durch das Krankenhaus auf Leitbild und Maßnahmen organisationaler Zuwendung hingewiesen wird, ist davon auszugehen, dass der Mitarbeiter inhaltliche Kenntnis davon hat, da er im Namen des Krankenhauses ausführendes Organ ist.

Nachfolgend wird der Leitfaden in seiner Gesamtheit dargestellt.

4.2.5.3 Der Leitfaden für die Experteninterviews

Die nachfolgende Tabelle bildet den Leitfaden, der den Experteninterviews zugrunde gelegt wird, ab. Die Spalten sind unterteilt in Check-Detail I – III. In **Block I** richten sich die Erzählimpulse zunächst, wie erläutert, auf das Leitbild und seine Kommunikation zum Patienten und zum Mitarbeiter hin. Im daran anschließenden **Block II** richten sich die Erzählimpulse auf die Maßnahmen organisationaler Zuwendung und deren Kommunikation zum Patienten (und damit implizit zum Mitarbeiter) hin.

Tabelle 16   Der Leitfaden

Einführung in die Thematik - Erläuterungen zur Kernfrage des Interviews: Was unternimmt das **Krankenhaus** auf organisationaler Ebene, um dem elektiven Patienten psychosoziales Wohlbefinden (potentiell) zu vermitteln?		
Erzählimpulse	**Block I Das Leitbild (und seine Kommunikation zum Patienten und Mitarbeiter)**	
Check-Detail I	**Check-Detail II**	
Fakten und Kommunikation	Jahr der Fertigstellung des Leitbildes	
	Präsenz der Inhalte beim Experten	
	Aushändigung des Leitbildes an oder Bereitstellung für den Mitarbeiter	
	Existenz eines Fachbereichs-Leitbildes	
	wiederkehrende Mitarbeitergespräche zu den Inhalten	
	Schulungen zu den Inhalten	
	Aushändigung des Leitbildes an oder Bereitstellung für den Patienten	
Erzählimpulse	**Block II Die Maßnahmen organisationaler Zuwendung (und ihre Kommunikation zum Patienten und Mitarbeiter)**	
Check-Detail I	**Check-Detail II Kategorien**	**Check-Detail III Maßnahmen (Nachfragenreservoir)**
Patientenrechte	Umfeld/Serviceattribute	Hinweis auf...
		...weitere in der Patientenbroschüre nicht erwähnte Serviceattribute
	Orientierung	Hinweis auf... ... Wegbeschreibung/Beschilderung im Haus Aufklärung über Formalitäten bei Aufnahme (Anmeldung, Krankenhausvertrag, Mitzubringendes)

Erzählimpulse	Block II Die Maßnahmen organisationaler Zuwendung (und ihre Kommunikation zum Patienten und Mitarbeiter)	
Check-Detail I	Check-Detail II Kategorien	Check-Detail III Maßnahmen (Nachfragenreservoir)
		höfliche, aufmerksame Umfangsformen aller Mitarbeiter optimale Koordinierung von Aufnahme bis Entlassung (Wartezeiten, Darlegung der Planung des Aufenthaltes) Erklärung des Zimmers und der Station Aushändigung der Patientenbroschüre Leitbild-Aushändigung Gleichbehandlung beim Zugang zu Behandlung und Pflege Patientenrechte und hierin geschulte Mitarbeiter Anklopfen vor Betreten des Zimmers Vorstellen der behandelnden/pflegenden Mitarbeiter und Verantwortlichen (Name/ggf. Tätigkeitsbezeichnung) Tragen von Namensschildern aller behandelnden/pflegenden Mitarbeiter Hilfe für fremdsprachige Patienten durch Übersetzer
	Individualität	Hinweis auf... ... Speisenwünsche Service für besondere Anlässe Servicemitarbeiter für individuelle Wünsche (professionell und ehrenamtlich) private Kleidung und Symbole Zimmerverlegung auf Wunsch des Patienten Service für Behinderte flexible Ablauforganisation (Weckzeiten, Besuchszeiten)
	Sicherheit	Hinweis auf... ...statistische Erfahrungswerte im Gebiet der individuellen Behandlung/Pflege Zusicherung, dass Behandlung und Pflege nur nach aktuellen wiss. Erkenntnissen erfolgt (beinhaltet gesicherte Diagnose- und Therapieverfahren einschließlich beruflicher Fortbildungen der ärztlichen und pflegenden Mitarbeiter) Maßnahmen zur allgemeinen Patientensicherheit unter Berücksichtigung gesetzl. Standards (z.B. Brandschutz, Sicherheitsanforderungen für Arz-

Erzählimpulse	Block II Die Maßnahmen organisationaler Zuwendung (und ihre Kommunikation zum Patienten und Mitarbeiter)		
Check-Detail I	Check-Detail II Kategorien	Check-Detail III Maßnahmen (Nachfragenreservoir)	
		neimittel, Medizinprodukte, Medizingeräte und Hygiene, Wegesicherheit) Maßnahmen zur individuellen Patientensicherheit (z.B. Namensschild am Bett) Begleitung von Patienten im Haus auf Wunsch Handzettel für Patienten ohne Begleitung	
	Behandlung/Pflege	Hinweis auf...	
		... Benachrichtigung des Hausarztes auf Wunsch Verständlichkeit und Verwendung von Laienterminologie Information über Alternativen zur vorgeschlagenen Behandlung umgehende Beantwortung von Fragen Umgang mit mitgebrachten Medikamenten Integration der Patientenbedürfnisse bei Aufnahme (Anamnese) Information über Diagnose/Prognose/Risiken und Behandlungs- und Pflegevorhaben kontinuierliche Information über und Integration des Patienten in alle Phasen des Behandlungs- und Pflegeverlaufes Übergabe der Betreuung am Bett bedarfsgerechte Schmerzbehandlung Aufklärung über Krankheitsbilder neben persönlicher Aufklärung Einblick in die Patientenakte Möglichkeit der Teilnahme an Forschung (sofern vorhanden)	
	Selbstbestimmung	Hinweis auf...	
		... schriftliche Zustimmung des Patienten zur Behandlung/Pflege im gewählten Krankenhaus (Behandlungsvertrag) schriftliche Zustimmung bei Operationen und Narkoseverfahren Erläuterung aller Formalitäten Aufklärung über Entscheidungsfreiheit der Annahme oder Ablehnung von Information/Behandlung/Pflege und die Folgen (Stärkung der Eigenverantwortlichkeit des Patienten) frühzeitige Aufklärungsgespräche unter Einbezug aller an dem Eingriff beteiligten Ärzte Konsiliararzt auf Wunsch	

Erzählimpulse	Block II Die Maßnahmen organisationaler Zuwendung (und ihre Kommunikation zum Patienten und Mitarbeiter)	
Check-Detail I	Check-Detail II Kategorien	Check-Detail III Maßnahmen (Nachfragenreservoir)
	Selbstbestimmung in besonderen Situationen	Hinweis auf... ... Verwahrung mitgebrachter Verfügungen ausführliche Erläuterung von Inhalt und Verfahrenweise zur Erstellung einer Patientenverfügung oder Vollmacht Formularsbereitstellung Unterstützung bei der Verfassung/Bereitstellung eines rechtlichen, ärztlichen oder sonstigen Beistands Einleitung der Schritte zur Bestimmung eines (amtlichen) Bevollmächtigten, falls Patientenverfügung fehlt
	Privatsphäre/Vertraulichkeit	Hinweis auf... ... Kontakt nur zu Personen, die in die Behandlung und Pflege involviert oder erwünscht sind Gespräche und Untersuchungen in angemessener Privatsphäre unter Abwesenheit Dritter Gespräche und Untersuchungen unter Verwendung eines Sichtschutzes Untersuchungen/Pflege durch oder unter Anwesenheit des gleichen Geschlechts auf Wunsch Entkleidung nicht länger als erforderlich Beachtung der Datenschutzbestimmungen Vertraulichkeit der Patientenakte
	Emotionale Unterstützung	Hinweis auf... ... konfessionelle christliche Betreuer Vertreter sonstiger Konfessionen Gebetsräume besonderer Service nicht-konfessionelle Betreuer Integration von Angehörigen auf Wunsch des Patienten Unterbringung Angehöriger Verpflegung Angehöriger Kontakte zu Selbsthilfegruppen

Erzählimpulse	Block II Die Maßnahmen organisationaler Zuwendung (und ihre Kommunikation zum Patienten und Mitarbeiter)		
Check-Detail I	Check-Detail II Kategorien	Check-Detail III Maßnahmen (Nachfragenreservoir)	
	Konflikt/ Kritik/Beschwerde	Hinweis auf... ...Erwünschtheit von Anregungen und Kritik Freiheit von Repressalien Patientenfürsprecher, Ansprechpartner plus Kontaktdaten, -zeiten Patientenbeschwerdestelle, Ansprechpartner plus Kontaktdaten, -zeiten Anlaufstelle für Patientenhaftungsansprüche	
	Entlassung/Kontinuität der Betreuung	Hinweis auf... ...rechtzeitige Ankündigung der Entlassung Erklärung und Begründung für Verlegung, Einwilligung Beratung zu gesundheitlichen Erfordernissen nach Entlassung (Patientenschulungen) Integration der Angehörigen auf Wunsch Sozialdienst Entlassungsgespräch Entlassungsbrief (Arztbrief) an Patienten ausgehändigt Erläuterung des Entlassungsbriefes auf Wunsch Hilfen zur Medikamenteneinnahme (schriftlich) auf Wunsch Beurteilungsbogen (Patientenbefragung) Unterstützung beim Transport nachhause (z.B. per Taxi)	
	Rechnungslegung/ Finanzberatung	Hinweis auf... ... Kostenauskunft oder Kostenvoranschlag rechtzeitige Benachrichtigung bei Änderung/Ablauf der Kostenerstattung detaillierte Erläuterungen zur Rechnungslegung Beratung zu Finanzierungsmöglichkeiten	
Patientenpflichten	Informationsverhalten	Hinweis auf... ... Pflicht zur Mitteilung gesundheitlicher und sozialer Gegebenheiten Pflicht zur Mitteilung von Veränderungen des Gesundheitszustandes	

Erzählimpulse	Block II Die Maßnahmen organisationaler Zuwendung (und ihre Kommunikation zum Patienten und Mitarbeiter)	
Check-Detail I	Check-Detail II Kategorien	Check-Detail III Maßnahmen (Nachfragenreservoir)
	Mitwirkung/Compliance	Hinweis auf... ... aktive Mitwirkung zum Verständnis von Behandlung und Pflege (Fragen stellen) ausdrückliche Äußerung über Einverständnis oder Ablehnung zur Behandlung/Pflege Unterstützung der gemeinsam vereinbarten Behandlung und Pflege Hinweis auf Selbstverantwortung (bei Ablehnung der Behandlung)
	Verhaltensregeln	Hinweis auf... ... Verhaltensregeln, über die Broschüre hinausgehend (Hausordnung) respektvolle Umgangsformen
	Rechnungslegung	Hinweis auf... ... zeitnahe Rechnungsbegleichung

Ein Pretest je Expertenrunde zur Überprüfung des Leitfadens und der Vorgehensweise wurde der Erhebung vorangeschaltet. Der Leitfaden erwies sich als gut anwendbar und musste lediglich geringfügig verändert werden. Diese Veränderungen bestanden in der Reihenfolge einzelner Kategorien, in der Zuordnung einzelner Maßnahmen zu Kategorien und in der Ergänzung von Kategorien um weitere sinnvolle Maßnahmen, die die Erhebung inhaltlich bereichern.

4.3 Die Analyse der Experteninterviews

Die Experteninterviews sollen die in der Dokumentenanalyse aufgetretenen Lücken auffüllen.

In der ersten Expertenrunde wird je ein Mitglied der Geschäftsleitung (Verwaltungsdirektor) jedes Krankenhauses der Auswahl (oder Vertreter) befragt. Sie werden mit „GL" abgekürzt. In der zweiten Expertenrunde wird die Leitung einer Station jedes Krankenhauses der Auswahl befragt. Sie werden mit „StL" abgekürzt.

4.3.1 Das Leitbild und seine Kommunikation im Experteninterview

Block I im Experteninterview sieht Erzählaufforderungen zum Leitbild und seiner Kommunikation vor. Im Rahmen der Dokumentenanalyse konnten Informationen zu den Inhalten und Quellen der Leitbilder gewonnen werden. Einige Fragen blieben jedoch offen, die im Interview durch den Experten erläutert werden sollen. Wie aus den Überlegungen in Kapitel 4.2.5.1 *„Das Leitbild im Leitfaden für die Experteninterviews"* hervorging, sind dies das Jahr der Fertigstellung und die Kommunikation des Leitbildes zum Patienten und zum Mitarbeiter.

Die Experten je Expertenrunde (GL und StL) wurden aufgefordert, über Leitbildfertigstellung, -inhalte und –kommunikation zu erzählen.

Bei Bedarf konnte der Forscher gezielt nachfragen (vgl. hierzu Kapitel 4.1.2.2.1 *„Theoretische Vorüberlegungen zur Struktur der leitfadengestützten Experteninterviews"* zur Nutzung eines „Nachfragenreservoirs").

4.3.1.1 Die Auswertung der Experteninterviews zum Leitbild

Die Darstellung der Ergebnisse der Erzählungen erfolgt in der nachfolgenden Tabelle. Die Spalte links zeigt die erhobenen Inhalte. Die Spalte rechts gibt die Anzahl der Bejahungen durch die GL (zuerst genannt) und der StL (darauf folgend genannt) wieder, mit Ausnahme des Jahres der Fertigstellung des Leitbildes. Um eventuelle Unterschiede in den Erzählungen der Experten aufzuzeigen, wird die Anzahl der Bejahungen durch einen Schrägstrich getrennt.

Tabelle 17 Auswertung Experteninterviews zum Leitbild

Erzählinhalte	Anzahl der Bejahungen aus n=8, links GL/ rechts StL
Jahr der Fertigstellung des Leitbildes nach Angaben der GL	1999 - 2005
Präsenz der Inhalte beim Experten	7/4
Aushändigung oder Bereitstellung des Leitbildes aktiv an/für den Mitarbeiter	6/4
Existenz von Fachbereichs-Leitbildern	0/0
Wiederkehrende Mitarbeitergespräche zum Leitbild	4/3
Durchführung von Schulungen zum Leitbild	0/0
Aushändigung des Leitbildes an Patienten	0/0

Diese Auswertung bezieht sich auf acht Teilnehmer je Expertenrunde (n=8)

Das Jahr der Fertigstellung des Leitbildes und der damit frühestmögliche Zeitpunkt seiner Kommunikation liegt bis maximal 1999 zurück. Die jüngste Fertigstellung wird auf das Jahr 2005 datiert.

Die Inhalte des jeweiligen Leitbildes je Krankenhaus kannten, mit Ausnahme eines (privaten) Krankenhauses, alle GL. Demgegenüber waren diese Inhalte nur der Hälfte der StL bekannt.

Bei der Frage danach, ob das Leitbild an Mitarbeiter ausgehändigt oder wenigstens bereitgestellt wird, antworteten nur sechs GL mit „ja", und nur vier StL (die selbst Mitarbeiter und gleichzeitig verantwortliche Vorgesetzte sind) wollen dies bestätigen.

Seit spätestens 2005 existiert in jedem Krankenhaus ein Leitbild im Sinne eines Unternehmensleitbildes, das für die gesamte Organisation Krankenhaus Gültigkeit besitzt. Hierauf aufbauende, spezifische Leitbilder je Fachbereich, die stärker die Besonderheiten der einzelnen Fachbereiche sowie einzelner Leistungen berücksichtigen, existieren nicht.

Um sich zu vergewissern, dass der Mitarbeiter die Inhalte des Leitbildes zur Kenntnis genommen hat, führen vier GL an, diese in Mitarbeitergesprächen regelmäßig aufzugreifen. Bestätigt wird dies lediglich von drei StL.

Gezielte Schulungen zu den Inhalten des Leitbildes werden in keinem der Krankenhäuser durchgeführt. Sehr vereinzelt wird in diesem Zusammenhang ausschnitthaft geschult, z.B. für das „Überbringen schlechter Nachrichten" und für die „Sterbebegleitung".

Das Leitbild wird in allen Krankenhäusern der Auswahl als internes Papier verstanden und behandelt. Ob zum Mitarbeiter hin kommuniziert oder nicht, händigt keines der Krankenhäuser der Auswahl das Leitbild direkt an den Patienten aus, im Sinne einer routinemäßigen Kommunikation (ohne vorherige Nachfrage durch den Patienten).

Obwohl die Experten nicht danach gefragt wurden, gaben sie ergänzend an, dass in den Jahren vor Fertigstellung des Leitbildes ein Leitbild für die Berufsgruppe der Pflegenden, das sogenannte Pflegeleitbild oder die Pflegevision existierte. Zum Zeitpunkt des Interviews erinnerten sich die Experten nicht mehr an dessen Verbleib oder gaben an, dass dieses seit Gültigkeit des neuen (Unternehmes)Leitbildes „aus dem Verkehr gezogen" wurde.

4.3.1.2 Zusammenfassung der Ergebnisse zum Leitbild aus den Experteninterviews

Mithilfe von Experteninterviews sollten das Jahr der Fertigstellung und die Kommunikation des Leitbildes erforscht werden.

Das Leitbild existiert in allen Krankenhäusern seit mehreren Jahren, frühestens seit 1999, spätestens seit 2005. Es ist somit ausreichend lange existent, so dass theoretisch die Chance besteht, dass jeder Patient und jeder Mitarbeiter ein Leitbild durch das Krankenhaus ausgehändigt bekommt und jeder Mitarbeiter Kenntnis von seinen Inhalten hat.

Bei genauerem Hinsehen wird jedoch augenfällig, dass die Kommunikation des Leitbildes bei allen Krankenhäusern lückenhaft erfolgt. Während die GL den Inhalt überwiegend kennt und die aktive Kommunikation über die Aushändigung an nachrangige Mitarbeiter bejaht, bestätigt dies nur noch die Hälfte der StL. Ein vertiefendes Gespräch über die Inhalte des Leitbildes mit nachrangigen Mitarbeitern (im Hinblick auf diejenigen Aspekte, die das psychosoziale Wohlbefinden des Patienten potentiell fördern) führen allerdings nur die Hälfte der GL und weniger als die Hälfte der StL. Gezielte Schulungen zum Leitbild finden nicht statt. Hier schließt sich erwartungsgemäß an, dass keine Fachbereichsleitbilder in Anlehnung zum (Unternehmens-)leitbild existieren, die es früher zumindest für die Berufsgruppe der Pflegenden gab.

Da das Leitbild als internes Papier verstanden wird, wird es in keinem der Krankenhäuser an den Patienten ausgehändigt.

Diese Ergebnisse zeigen, dass das Leitbild, obwohl von jedem Krankenhaus mit einigem Kosten- und Zeitaufwand (unter Beteiligung der Mitarbeiter) entwickelt, nicht im erforderlichen Maße, nämlich mit dem Ziel der Kenntnisnahme beim Patienten und beim Mitarbeiter, aktiv kommuniziert wird.

Diese Ergebnisse lassen den Schluss zu, dass das Krankenhaus dem Leitbild zur Kommunikation seiner Wertvorstellungen an den Patienten und den Mitarbeiter keine hervorgehobene Bedeutung einräumt.

In der nachfolgenden Untersuchung zu den Maßnahmen organisationaler Zuwendung und deren Kommunikation wird sich zeigen, ob und wie sich die unzureichende Kommunikation des Leitbildes auf seine Umsetzung auswirkt.

4.3.2 Die Maßnahmen organisationaler Zuwendung und ihre Kommunikation im Experteninterview

Der **Block II** im Experteninterview sieht Erzählaufforderungen zu den Maßnahmen organisationaler Zuwendung und deren Kommunikation in der Krankenhauspraxis vor.

Im Rahmen der Dokumentenanalyse wurde eine große Zahl von Maßnahmen gesammelt, die sich in insgesamt sechzehn Kategorien ordnen ließen.

Die ersten zwölf Kategorien sind Umfeld, Orientierung, Individualität, Sicherheit, Behandlung/Pflege, Selbstbestimmung, Selbstbestimmung in besonderen Situationen, Privatsphäre/Vertraulichkeit, emotionale Unterstützung, Konflikt/-Kritik/Beschwerde, Entlassung/Kontinuität der Betreuung und schließlich Rechnungslegung/Finanzberatung. Die hierin zugeordneten Maßnahmen wurden als „Patientenrechte" tituliert und zusammengefasst. Sie basieren auf den skizzieren Patientenrechten in Deutschland und nutzen darüber hinaus die Erfahrungen US-amerikanischer Krankenhäuser, die Patientenrechte und Servicegedanken miteinander eng verflechten. Das bedeutet, in der Reihe der „Patientenrechte" finden sich Maßnahmen, die nicht im Detail gesetzlich verpflichtend vorgegeben sind, sondern hierauf basierend der Anwendung der philanthropen Idee entsprechen.

Die weiteren vier Kategorien Informationsverhalten, Mitwirkung/"Compliance", Verhaltensregeln und schließlich Rechnungsbegleichung wurden als „Patientenpflichten" zusammengefasst.

Der in Kapitel 3.2.3 *„Konsequenz III: Die Kommunikation von Leitbild und Maßnahmen „organisationaler Zuwendung"* dargelegte, wesentliche Aspekt der Kommunikation wurde durch die Formulierung „Hinweis auf..." betont. Die Experten wurden aufgefordert, über diejenigen, dem Patienten aktiv durch das Krankenhaus angebotenen und daher auch (routinemäßig) kommunizierten Maßnahmen organisationaler Zuwendung je Kategorie zu erzählen. Bei Bedarf konnte der Forscher nach nicht erwähnten einzelnen Maßnahmen gezielt fragen. „Hinweise" können mündlich (im Rahmen von Gesprächen, z.B. Anamnese, oder auch über das TV im Zimmer) oder schriftlich (Patientenbroschüre, zusätzliches Faltblatt, Behandlungsvertrag) kommuniziert werden.

Die Darstellung der Ergebnisse der Erzählungen erfolgt je Kategorie. Jede Kategorie wird mit ihren entsprechenden Maßnahmen in einer eigenen Tabelle abgebildet, die wie oben beschrieben zu lesen ist.

Die Experten gaben vereinzelt über die gewünschten Informationen hinaus unaufgefordert Informationen zu Maßnahmen, auf die der Patient zwar nicht aktiv hingewiesen wird, die jedoch im täglichen Krankenhausbetrieb entweder als Selbstverständlichkeit angesehen oder auf Nachfrage und expliziten Wunsch des Patienten erfüllt werden. Obwohl diese Informationen nicht erfragt wurden und die Auswertung nicht berühren, sind sie als Hintergrundinformation interessant und sollen daher je Kategorie ergänzend geschildert werden.

4.3.2.1 Patientenrechte

Zunächst werden die Kategorien und Maßnahmen, die den Patientenrechten zugeordnet wurden, analysiert. Als „Patientenrechte" werden nachfolgend sämtliche Maßnahmen bezeichnet, auf die das Krankenhaus den Patienten explizit hinweist und eine Inanspruchnahme durch den Patienten als dessen Recht ansieht.

4.3.2.1.1 Umfeld/Serviceattribute

Folgende Tabelle zeigt die Ergebnisse der Erzählungen und Antworten je Krankenhaus im Hinblick auf die Kategorie „Umfeld/Serviceattribute". Siehe Tabelle 18, Seite 127.

In dieser Kategorie wurden keine ergänzenden Angaben gemacht, auf die der Patient hingewiesen werden müsste. Alle Maßnahmen, die ein Krankenhaus im

Hinblick auf das Umfeld anzubieten hat, werden laut Experten in der Patientenbroschüre erschöpfend aufgeführt.

Tabelle 18   Auswertung Experteninterviews
– Kategorie Umfeld/Serviceattribute –

Erzählinhalte	Anzahl der Bejahungen je Expertenrunde links GL/ rechts StL
Weitere in der Patientenbroschüre nicht erwähne Serviceattribute	0/0

Diese Auswertung bezieht sich auf acht Teilnehmer je Expertenrunde (n=8)

4.3.2.1.2 Orientierung

Folgende Tabelle zeigt die Ergebnisse der Erzählungen und Antworten je Krankenhaus im Hinblick auf die Kategorie „Orientierung". Siehe Tabelle 19, Seite 128.

In allen Krankenhäusern wird der Patient über Formalitäten bei seiner Aufnahme, z.b. die Anmeldung, der Krankenhausvertrag und Mitzubringendes, z.b. Schlafanzug, Zahnpflegeutensilien, aufgeklärt und hingewiesen. Alle GL geben an, dass der Patient bei seiner Begrüßung auf der Station darauf hingewiesen wird, dass die in seine Behandlung und Pflege involvierten Mitarbeiter Namensschilder tragen, um ihm die Anrede zu erleichtern. Lediglich zwei StL (dem oben angeführten, in der Patientenbroschüre darauf hinweisenden universitären Krankenhaus und einem weiteren privaten) bestätigen dies.

Der Patient erhält in allen Krankenhäusern die Patientenbroschüre ausgehändigt. In der vorliegenden Auswertung wurde dies in zwei Häusern lediglich deshalb verneint, weil die Broschüren zur Zeit der Erhebung in Überarbeitung und Neuauflage befindlich waren.

In sieben von acht Krankenhäusern wird der Patient auf die Beschilderung im Haus hingewiesen, um ihm die räumliche Orientierung auf seinem Weg zur Station oder auf seinen Wegen zu verschiedenen Untersuchungen zu erleichtern. Lediglich ein Krankenhaus konnte dies zum Zeitpunkt der Erhebung nicht gewährleisten, da es sich in Renovierung befand und die Beschilderung nicht mehr in jedem Fall korrekt war.

Drei Krankenhäuser weisen den Patienten darauf hin, dass er bei sprachlichen Problemen Unterstützung bei der Übersetzung seiner Anliegen erhält.

Keines der Krankenhäuser weist den Patienten darauf hin, dass sein Aufenthalt von Aufnahme bis Entlassung koordiniert geschieht, so dass der Patient nicht über die Einzelheiten seines Aufenthaltes (z.B. Untersuchungen, Zeitpunkte der Untersuchungen) vorab informiert ist und er nicht weiß, dass er keine unnötigen

Wartezeiten in Kauf nehmen muss. Allerdings weist ein Krankenhaus (privat) darauf hin, dass Anstrengungen zur Verringerung von Wartezeiten unternommen werden. Ebenso wenig weisen die Krankenhäuser darauf hin, dass der Patient damit rechnen darf, auf Mitarbeiter zu treffen, die stets aufmerksam sind und höfliche Umgangsformen beherrschen. Kein Krankenhaus weist darauf hin, dass er seine neue Umgebung, d.h. das Zimmer und die Station erklärt bekommt, sieht man von der ausschnitthaften Erläuterung der Klingel am Bett ab. Der Patient erfährt nicht, dass ein Krankenhausleitbild existiert und er es auf Wunsch ausgehändigt bekommt, dass er beim Zugang zu Behandlung und Pflege gleich behandelt wird mit anderen Patienten, dass er Patientenrechte hat und die ihn behandelnden und pflegenden Mitarbeiter hierin geschult sind, dass vor Betreten seines Zimmers angeklopft wird und sich alle ihn behandelnden und pflegenden Mitarbeiter bei ihm persönlich vorstellen.

Tabelle 19 Auswertung Experteninterviews
– Kategorie Orientierung –

Erzählinhalte	Anzahl der Bejahungen je Expertenrunde links GL/ rechts StL
Wegbeschreibung/Beschilderung im Haus	7/7
Aufklärung über Formalitäten bei Aufnahme (Anmeldung, Krankenhausvertrag, Mitzubringendes)	8/8
höfliche, aufmerksame Umfangsformen aller Mitarbeiter	0/0
optimale Koordinierung von Aufnahme bis Entlassung (Wartezeiten, Darlegung der Planung des Aufenthaltes)	1/1
Erklärung des Zimmers **und** der Station	0/0
Aushändigung der Patientenbroschüre	6/6
Leitbild-Aushändigung	0/0
Gleichbehandlung beim Zugang zu Behandlung und Pflege	0/0
Patientenrechte und hierin geschulte Mitarbeiter	0/0
Anklopfen vor Betreten des Zimmers	0/0
Vorstellen der behandelnden/pflegenden Mitarbeiter und Verantwortlichen (Name/ggf. Tätigkeitsbezeichnung)	0/0
Tragen von Namensschildern aller behandelnden/pflegenden Mitarbeiter	8/2
Hilfe für fremdsprachige Patienten durch Übersetzer	3/3

Diese Auswertung bezieht sich auf acht Teilnehmer je Expertenrunde (n=8)

Die ergänzenden Angaben der Experten besagen allerdings, dass einige Maßnahmen trotz fehlenden Hinweises erfüllt werden. Hierzu zählen in allen Krankenhäusern Mitarbeiter mit höflichen Umgangsformen, die Gleichbehandlung aller Patienten, das Anklopfen an die Zimmertür und das persönliche Sichvorstellen der Mitarbeiter beim Patienten. Zudem bieten alle Krankenhäuser auf Nachfrage des Patienten Hilfe bei sprachlichen Problemen mittels Übersetzungen durch Krankenhausmitarbeiter an. Ein Krankenhaus (städtisch) bietet gar Hilfen für taub-stumme Patienten an. Alle Krankenhäuser bieten die Erläuterung des Zimmers und in drei Fällen auch der Station.

Zum Tragen von Namensschildern sind die Mitarbeiter laut Expertenmeinung in allen Krankenhäusern angehalten, wenngleich die StL einräumen, dass dies nicht einheitlich und verlässlich praktiziert wird. Lediglich zwei StL (dem oben angeführten, in der Patientenbroschüre darauf hinweisenden universitären Krankenhaus und einem weiteren privaten) berichten, dass das Tragen von Namensschildern innerbetrieblich verpflichtend geregelt ist (per Dienstanweisung).

4.3.2.1.3 Individualität

Folgende Tabelle zeigt die Ergebnisse der Erzählungen und Antworten je Krankenhaus im Hinblick auf die Kategorie „Individualität". Siehe Tabelle 20, Seite 130.

In allen Krankenhäusern wird der Patient darauf hingewiesen, dass seine individuellen Wünsche hinsichtlich der Speisenzubereitung berücksichtigt werden. Es wird ebenfalls auf die Unterstützung von Servicemitarbeitern hingewiesen (ehrenamtliche „grüne" oder „blaue" Damen und Herren oder professionelles Personal), die die individuellen Wünsche des Patienten erfüllen (Besorgungen u.a. auch beim Patienten zuhause).

Der Patient wird nicht darauf hingewiesen, dass er Wünsche hinsichtlich besonderer Anlässe äußern kann, z.B. bei seinem Geburtstag, dass er private Kleidung und Symbole tragen darf, er bei begründetem Bedarf auf Nachfrage eine Zimmerverlegung erhält, er auf für ihn störende Abläufe (z.B. zu frühes Wecken für die erste Visite) verzichten, d.h. Rücksichtnahme bei den Weckzeiten aber auch flexible Besuchszeiten, erwarten darf. Zudem findet kein Hinweis statt, dass für behinderte Patienten besonderer Service zur Verfügung steht, z.B. Rampen für Rollstuhlfahrer, Lifte an Badewannen.

Die ergänzenden Angaben der Experten besagen allerdings, dass einige Maßnahmen trotz fehlenden Hinweises erfüllt werden. Hierzu zählen bei Nachfrage des Patienten das Tragen privater Kleidung und Symbole, eine Zimmerverlegung auf Wunsch des Patienten (bei zu erwartenden Konflikten) und eine flexible Anpassung der Ablauforganisation sowie Hilfen für behinderte Patienten.

Tabelle 20 Auswertung Experteninterviews
– Kategorie Individualität –

Erzählinhalte	Anzahl der Bejahungen je Expertenrunde links GL/ rechts StL
Speisenwünsche	8/8
Service für besondere Anlässe	0/0
Servicemitarbeiter für individuelle Wünsche (professionell und ehrenamtlich)	8/8
private Kleidung und Symbole	0/0
Zimmerverlegung auf Wunsch des Patienten	0/0
Service für Behinderte	0/0
flexible Ablauforganisation (z.b. individuelle Weckzeiten, flexible Besuchszeiten)	0/0

Diese Auswertung bezieht sich auf acht Teilnehmer je Expertenrunde (n=8)

4.3.2.1.4 Sicherheit

Folgende Tabelle zeigt die Ergebnisse der Erzählungen und Antworten je Krankenhaus im Hinblick auf die Kategorie „Sicherheit". Siehe Tabelle 21, Seite 131.

In der Kategorie „Sicherheit" weist keines der Krankenhäuser seine Patienten auf die hierin vorgeschlagenen Maßnahmen hin. Es erfolgt kein Hinweis auf statistische Erfahrungswerte im Gebiet der individuellen Behandlung und Pflege, und keine Zusicherung, dass die empfohlene Behandlung nur nach aktuellen wissenschaftlichen Erkenntnissen erfolgt, was sowohl gesicherte Diagnose- und Therapieverfahren wie auch die kontinuierliche berufliche Fortbildung der ärztlichen und pflegenden Mitarbeiter beinhaltet. Der Patient wird nicht auf die Maßnahmen der allgemeinen Patientensicherheit auf Basis gesetzlicher Standards hingewiesen, zu denen z.B. Brandschutz, Arzneimittelsicherheit, Hygienevorschriften und Wegesicherheit (Stolperfallen) zählen und er wird ebenso wenig auf Maßnahmen zur individuellen Patientensicherheit hingewiesen, die über konkrete Vorschriften hinaus gehen, z.B. ein Namensschild am Bett, ein festgelegtes Übergabeprocedere an der „Schleuse" zum Operationssaal oder die individuelle Patientenkennzeichnung am Körper. Auf die Möglichkeit der Begleitung des Patienten im Haus auf seinem Weg zu verschiedenen Untersuchungen wird nicht hingewiesen, ebenso wenig wie auf die Möglichkeit, einen Handzettel mit der Wegbeschreibung zu erhalten.

Einige der in der Kategorie Sicherheit vorgeschlagenen Maßnahmen werden als unnötig erachtet, z.B. die individuelle Patientenkennzeichnung, und sind daher nicht vorhanden, oder sie werden als selbstverständlich und daher nicht gesondert erwähnenswert gewertet, z.b. die Behandlung nach aktuellen, wissenschaftlich gesicherten Erkenntnissen oder die Berücksichtigung von Maßnahmen zur allgemeinen Patientensicherheit.

Die ergänzenden Angaben der Experten besagen, dass einige Maßnahmen trotz fehlenden Hinweises erfüllt werden. Alle Krankenhäuser geben an, dass selbstverständlich auf Basis der aktuellen wiss. Erkenntnisse gehandelt wird, dass Maßnahmen der allgemeinen Patientensicherheit sowie der individuellen Sicherheit ergriffen werden.

Tabelle 21 Auswertung Experteninterviews
– Kategorie Sicherheit –

Erzählinhalte	Anzahl der Bejahungen je Expertenrunde links GL/ rechts StL
statistische Erfahrungswerte im Gebiet der individuellen Behandlung/Pflege	0/0
Zusicherung, dass Behandlung/Pflege nur nach aktuellen wiss. Erkenntnissen erfolgt (beinhaltet gesicherte Diagnose- und Therapieverfahren einschließlich beruflicher Fortbildungen der ärztlichen und pflegenden Mitarbeiter)	0/0
Maßnahmen zur allgemeinen Patientensicherheit unter Berücksichtigung gesetzl. Standards (z.B. Brandschutz, Sicherheitsanforderungen für Arzneimittel, Medizinprodukte, Medizingeräte und Hygiene, Wegesicherheit)	0/0
Maßnahmen zur individuellen Patientensicherheit (z.B. Namensschild am Bett)	0/0
Begleitung von Patienten im Haus auf Wunsch (ohne Einschränkung, z.B. personelle Engpässe)	0/0
Handzettel für Patienten ohne Begleitung	0/0

Diese Auswertung bezieht sich auf acht Teilnehmer je Expertenrunde (n=8)

Die Begleitung des Patienten im Haus findet jedoch überwiegend auf solche Patienten Anwendung, die aus körperlichen Gründen auf Hilfe zwingend angewiesen sind, also sitzende und liegende Patienten. Begleitung auf Nachfrage des (nicht liegenden oder sitzenden) Patienten wird in nur drei Krankenhäusern (ein konfessionelles und beide privaten) geleistet. Hier gilt allerdings die Einschränkung, dass entsprechende Kapazitäten beim Personal frei sein müssen. In einem vierten, einem der städtischen Krankenhäuser, wurde die Begleitung für jeden nachfragenden Patienten von der GL bejaht, was die StL mit Hinweis auf personelle Engpässe jedoch nicht bestätigen wollte. Hier wurde alternativ die Aushändigung eines Handzettels mit Wegbeschreibung auf Wunsch des Patienten angegeben.

4.3.2.1.5 Behandlung/Pflege

Folgende Tabelle zeigt die Ergebnisse der Erzählungen und Antworten je Krankenhaus im Hinblick auf die Kategorie „Behandlung/Pflege".

Tabelle 22 Auswertung Experteninterviews
– Kategorie Behandlung/Pflege –

Erzählinhalte	Anzahl der Bejahungen je Expertenrunde links GL/ rechts StL
Benachrichtigung des Hausarztes auf Wunsch	0/0
Verständlichkeit und Verwendung von Laienterminologie	0/0
Information über Alternativen zur vorgeschlagenen Behandlung	1/1
umgehende Beantwortung von Fragen	0/0
Umgang mit mitgebrachten Medikamenten	8/8
Integration der Patientenbedürfnisse bei Aufnahme (Anamnese)	8/8
Information über Diagnose/Prognose/Risiken und Behandlungs- und Pflegevorhaben (keine unterschriftenrelevante Ereignisse)	0/0
kontinuierliche Information über und Integration des Patienten in alle Phasen des Behandlungs- und Pflegeverlaufes	0/0
Übergabe der Betreuung bei Schichtwechsel am Bett	0/0
bedarfsgerechte Schmerzbehandlung	8/8
Aufklärung über Krankheitsbilder neben persönlicher Aufklärung	8/8
Einblick in die Patientenakte auf Wunsch	0/0
Möglichkeit der Teilnahme an Forschung (sofern vorhanden)	5/5

Diese Auswertung bezieht sich auf acht Teilnehmer je Expertenrunde (n=8)

Alle Krankenhäuser weisen den Patienten darauf hin, dass eine Erläuterung zum Umgang mit mitgebrachten Medikamenten, die Integration seiner Bedürfnisse auf dem Wege der ärztlichen und pflegerischen Anamnese, eine bedarfsgerechte Schmerzbehandlung und eine über das persönliche Gespräch hinausgehende Aufklärung über Krankheitsbilder durch zusätzliche Medien (z.B. TV, Broschüren, Informationsveranstaltungen) erfolgen. Ebenso weisen alle Krankenhäuser, die forschend tätig sind (hier fünf von acht), den Patienten darauf hin, dass eine Teilnahme mit dem expliziten Einverständnis des Patienten möglich ist.

Lediglich ein Krankenhaus (privat) weist den Patienten auf alternative (chinesische) Heilmethoden hin. Auf die übrigen, der Kategorie Behandlung/Pflege zugeordneten Maßnahmen, wird der Patient nicht hingewiesen.

Dennoch findet die Benachrichtigung des Hausarztes auf Nachfrage des Patienten statt, werden die Verwendung von Laienterminologie zur Sicherung der Verständlichkeit und die umgehende Beantwortung von Fragen sowie die ausführliche Information des Patienten über Diagnose/Prognose/Risiken und Behandlungs- und Pflegevorhaben (keine unterschriftenrelevante Ereignisse) als Selbstverständlichkeit von allen Experten bejaht.

Die kontinuierliche Integration des Patienten in alle Phasen des ärztlichen Behandlungs- und Pflegeverlaufes wird von der Hälfte der GL als selbstverständlich angegeben, jedoch von nur zwei StL (konfessionelle Krankenhäuser) bestätigt. Hierbei kann es sich um Entscheidungen bezüglich der Behandlung, eine Änderung der Therapie, oder auch eine Verlegung innerhalb des Krankenhauses oder in eine andere Einrichtung handeln. Eine Übergabe bei Schichtwechsel am Bett, die sich, sofern praktiziert, auf die Pflege beschränkt, findet in drei Krankenhäusern statt. Im Hinblick auf die Pflege kann sie die kontinuierliche Integration des Patienten unterstützen. Schließlich erhält der Patient auf Nachfrage in nur sechs von acht Krankenhäusern Einblick in seine Patientenakte. Diejenigen, die dieser Nachfrage nicht Folge leisten, zählen zur Trägerkategorie der städtischen Krankenhäuser.

4.3.2.1.6 Selbstbestimmung

Folgende Tabelle zeigt die Ergebnisse der Erzählungen und Antworten je Krankenhaus im Hinblick auf die Kategorie „Selbstbestimmung". Siehe Tabelle 23, Seite 134.

Alle Krankenhäuser weisen darauf hin, dass die schriftliche Zustimmung des Patienten für Behandlung und Pflege allgemein und für jegliche operativen Eingriffe und Narkoseverfahren notwendig ist sowie der Patient alle notwendigen Formalitäten erläutert bekommt.

Der Patient wird nicht hingewiesen auf die Möglichkeit, dass er Informationen, eine Behandlung oder Pflege bewusst annehmen oder ablehnen kann und über die jeweiligen Folgen aufgeklärt wird mit dem Ziel, seine Eigenverantwortlichkeit zu stärken. Er wird ebenfalls nicht darauf hingewiesen, dass er vor einem Eingriff frühzeitig und hierbei von den konkret involvierten Ärzten aufgeklärt wird und er bei Bedarf einen Konsiliararzt seines Vertrauens hinzuziehen darf.

Die Experten lediglich zweier von acht Krankenhäusern geben an, die Hinzuziehung eines vom Patienten frei gewählten Konsiliararztes zu akzeptieren, um den sich der Patient ohne Hilfestellung durch das Krankenhaus allerdings selbst bemühen muss. Es handelt sich dabei um die privaten Krankenhäuser.

Tabelle 23 Auswertung Experteninterviews
– Kategorie Selbstbestimmung –

Erzählinhalte	Anzahl der Bejahungen je Expertenrunde links GL/ rechts StL
schriftliche Zustimmung des Patienten zur Behandlung/Pflege im gewählten Krankenhaus (Behandlungsvertrag)	8/8
schriftliche Zustimmung bei Operationen und Narkoseverfahren	8/8
Erläuterung aller Formalitäten	8/8
Aufklärung über Entscheidungsfreiheit der Annahme oder Ablehnung von Information/Behandlung/Pflege und die Folgen (Stärkung der Eigenverantwortlichkeit des Patienten)	0/0
Aufklärungsgespräche werden frühzeitig und unter Einbezug aller an dem Eingriff beteiligten Ärzte durchgeführt	0/0
Konsiliararzt auf Wunsch	0/0

Diese Auswertung bezieht sich auf acht Teilnehmer je Expertenrunde (n=8)

4.3.2.1.7 Selbstbestimmung in besonderen Situationen

Folgende Tabelle zeigt die Ergebnisse der Erzählungen und Antworten je Krankenhaus im Hinblick auf die Kategorie „Selbstbestimmung in besonderen Situationen". Siehe Tabelle 24, Seite 135.

Für alle der Kategorie „Selbstbestimmung in besonderen Situationen" zugeordneten Maßnahmen findet sich in keinem Krankenhaus ein Hinweis. Der Patient wird nicht darauf hingewiesen, dass er eine Verwahrung mitgebrachter Verfügungen, auf Wunsch Informationen und Hilfestellungen zur Erstellung einer Patientenverfügung oder Vollmacht incl. Bereitstellung von Formularen erhält. Es erfolgt auch kein Hinweis, dass bei Bedarf die Einleitung geeigneter Schritte zur Bestimmung eines Bevollmächtigten sichergestellt ist.

Die ergänzenden Angaben der Experten besagen, dass einige Maßnahmen trotz fehlenden Hinweises erfüllt werden. Hierzu zählt die Verwahrung mitgebrachter Verfügungen in allen Krankenhäusern, die in der Patientenakte abgelegt und somit jedem behandelnden ärztlichen und pflegenden Mitarbeiter zur Kenntnis gereicht werden. Über den allgemeinen Inhalt einer Verfügung geben zwei von acht Krankenhäusern an zu informieren, ein konfessionelles und ein privates, als Reaktion auf die Nachfrage des Patienten. In denselben Krankenhäusern werden ebenfalls Formulare bereitgestellt. Eine StL eines weiteren Krankenhauses, eines der städtischen Krankenhäuser, bejaht diese beiden Maßnahmen ebenfalls, nicht hingegen die entsprechende GL. Alle Krankenhäuser geben an, dem Patienten auf Wunsch bei der Verfassung einer Verfügung (laienhaft) zu helfen. Keines der Krankenhäuser konnte sich zur Maßnahme der Einleitung zur Bestimmung eines Bevollmächtigten jeglicher Art, ob amtlich oder nicht, z.b. bei plötzlich eintretender Bewusstlosigkeit des Patienten, abschließend äußern. Dies wurde mit dem bisherigen Nicht-Eintritt einer entsprechenden Situation begründet.

Tabelle 24 Auswertung Experteninterviews
– Kategorie Selbstbestimmung in besonderen Situationen –

Erzählinhalte	Anzahl der Bejahungen je Expertenrunde links GL/ rechts StL
Verwahrung mitgebrachter Verfügungen	0/0
ausführliche Erläuterung von Inhalt und Verfahrensweise zur Erstellung einer Patientenverfügung oder Vollmacht	0/0
Formularsbereitstellung	0/0
Unterstützung bei der Verfassung/Bereitstellung eines rechtlichen, ärztlichen oder sonstigen Beistands	0/0
Einleitung der Schritte zur Bestimmung eines (ggf. amtlichen) Bevollmächtigten	0/0

Diese Auswertung bezieht sich auf acht Teilnehmer je Expertenrunde (n=8)

4.3.2.1.8 Privatsphäre/Vertraulichkeit

Folgende Tabelle zeigt die Ergebnisse der Erzählungen und Antworten je Krankenhaus im Hinblick auf die Kategorie „Privatsphäre/Vertraulichkeit". Siehe, Tabelle 25, Seite 136.

In der Kategorie „Privatsphäre/Vertraulichkeit" wird der Patient in allen Krankenhäusern lediglich auf eine einzige Maßnahme hingewiesen: die Einhaltung der Datenschutzbestimmungen, allerdings ohne Erläuterung, was dies im Einzelnen bedeutet.

Der Patient wird auf alle übrigen, dieser Kategorie zugeordneten Maßnahmen nicht hingewiesen. Er erfährt nicht, dass er Kontakt nur zu Personen zulassen muss, die in die Behandlung und Pflege involviert und erwünscht sind, Gespräche und Untersuchungen in angemessener Privatsphäre stattfinden oder zumindest ein Sichtschutz Verwendung findet und auf Wunsch die Untersuchung und Pflege durch oder unter Anwesenheit desselben Geschlechts erfolgen kann. Er wird nicht darauf hingewiesen, dass er nicht länger als ungedingt erforderlich unbekleidet sein muss und seine Patientenakte vertraulich behandelt wird.

Die ergänzenden Angaben der Experten besagen, dass einige Maßnahmen trotz fehlenden Hinweises erfüllt werden. In allen Krankenhäusern zählen hierzu auf Nachfrage des Patienten die Einschränkung des Kontaktes auf Personen, die in die Behandlung und Pflege involviert und erwünscht sind, dies können Angehörige ebenso sein wie Krankenhausmitarbeiter. Des Weiteren kann der Patient die Anwesenheit des gleichen Geschlechtes bei Untersuchungen und Pflege (sofern personell vorhanden) wünschen. Eine Entkleidung nur für die notwendige Zeit der Untersuchung und die Vertraulichkeit der Patientenakte gelten als selbstverständlich.

Drei von acht Krankenhäusern geben an, dass Untersuchungen routinemäßig unter Verwendung eines Sichtschutzes stattfinden, es handelt sich dabei um ein konfessionelles, ein städtisches und ein privates Krankenhaus. Die übrigen geben an, auf Nachfrage des Patienten für die Diskretion von Untersuchungen und Gesprächen eine Lösung zu finden, z.B. durch das Aufsuchen eines separaten Besprechungsraumes, sofern ein solcher Raum zur Verfügung steht und der Patient nicht bettlägerig ist, oder durch das Hinausbitten der anderen Patienten im Zimmer, sofern diese nicht bettlägerig sind.

Tabelle 25   Auswertung Experteninterviews
– Kategorie Privatsphäre/Vertraulichkeit –

Erzählinhalte	Anzahl der Bejahungen je Expertenrunde links GL/ rechts StL
Kontakt nur zu Personen, die in die Behandlung und Pflege involviert und erwünscht sind	0/0
Gespräche und Untersuchungen in angemessener Privatsphäre	0/0
Gespräche und Untersuchungen unter Verwendung eines Sichtschutzes	0/0
Untersuchungen/Pflege durch oder unter Anwesenheit des gleichen Geschlechts auf Wunsch	0/0
Entkleidung nicht länger als erforderlich	0/0
Beachtung der Datenschutzbestimmungen	8/8
Vertraulichkeit der Patientenakte	0/0

Diese Auswertung bezieht sich auf acht Teilnehmer je Expertenrunde (n=8)

4.3.2.1.9   Emotionale Unterstützung

Folgende Tabelle zeigt die Ergebnisse der Erzählungen und Antworten je Krankenhaus im Hinblick auf die Kategorie „Emotionale Unterstützung". Siehe Tabelle 26, Seite 137.

Tabelle 26 Auswertung Experteninterviews
– Kategorie Emotionale Unterstützung –

Erzählinhalte	Anzahl der Bejahungen je Expertenrunde links GL/ rechts StL
konfessionelle christliche Betreuer	8/8
Vertreter sonstiger Konfessionen	1/1
Gebetsräume	7/7
besonderer Service (z.B. Gebet, Kommunion, Krankensalbung, auch auf dem Zimmer)	2/2
nicht-konfessionelle Betreuer	0/0
Integration von Angehörigen auf Wunsch des Patienten	8/8
Unterbringung Angehöriger	6/6
Verpflegung Angehöriger	2/2
Kontakte zu Selbsthilfegruppen	0/0

Diese Auswertung bezieht sich auf acht Teilnehmer je Expertenrunde (n=8)

In der Kategorie „Emotionale Unterstützung" wird der Patient in allen Krankenhäusern darauf hingewiesen, dass (christliche) konfessionelle Betreuer zur Verfügung stehen, ebenso wie entsprechende Gebetsräume, mit Ausnahme des im Umbau befindlichen Krankenhauses. Eines dieser Krankenhäuser (universitär) stellt einen neutralen Gebetsraum zur Verfügung. Auch auf die Integration Angehöriger wird ausnahmslos hingewiesen. Der Patient erfährt in sechs Krankenhäusern von den Möglichkeiten der Unterbringung seiner Angehörigen. Dabei kann es sich um Unterbringungsmöglichkeiten in krankenhauseigenen Gebäuden handeln ebenso wie um Hinweise, wo in der näheren Umgebung ein Hotel zu finden ist. Auf die Möglichkeiten der Verpflegung der Angehörigen wird der Patient lediglich in zwei Fällen hingewiesen. Hier wird auf die krankenhausanhängige Gastronomie (z.B. Cafeteria) hingewiesen, nicht jedoch auf ein (privat zu bezahlendes) Gästetablett, das bettlägerigen Patienten erleichtern würde, gemeinsam mit einem Angehörigen zu essen. In zwei von acht Krankenhäusern (konfessionell) wird der Patient weiter darauf hingewiesen, dass er einen besonderen Service, z.B. begleitetes Gebet auf dem Zimmer, nutzen kann.

In einem von acht Krankenhäusern wird der Patient darauf hingewiesen, dass auf Wunsch der Kontakt zu einem Vertreter seiner Konfession (sofern nicht christlich) hergestellt werden kann. Hierbei handelt es sich um ein Universitätskrankenhaus.

Der Patient wird auf alle übrigen, dieser Kategorie zugeordneten Maßnahmen nicht hingewiesen. Er erfährt nicht, dass auf Nachfrage ein nicht-konfessioneller

Betreuer (z.B. Psychologe) zur Verfügung steht und dass Kontakte zu Selbsthilfegruppen vorhanden sind oder hergestellt werden können.
Die ergänzenden Angaben der Experten besagen allerdings, dass einige Maßnahmen trotz fehlenden Hinweises erfüllt werden. Auf Nachfrage des Patienten bieten alle Krankenhäuser besonderen Service im Zimmer, z.b. das Gebet auf dem Zimmer, emotionale Unterstützung vor und nach Operationen. Alle Krankenhäuer erteilen Ratschläge zur Unterbringung und Verpflegung von Angehörigen. Mit der Ausnahme eines privaten Krankenhauses helfen alle übrigen bei der vom Patienten nachgefragten Kontaktaufnahme zu Selbsthilfegruppen, was allerdings in der Regel nur auf Stationen zutrifft, die sich längerfristigen Erkrankungen (z.b. Krebs) widmen. Vier Krankenhäuser bieten dem Patienten auf Nachfrage emotionale Unterstützung von nicht-konfessionellen Personen an (ohne medizinische Indikation), diese sind ein konfessionelles, die beiden Universitätskrankenhäuser und ein städtisches.

4.3.2.1.10 Konflikt/Kritik/Beschwerde

Folgende Tabelle zeigt die Ergebnisse der Erzählungen und Antworten je Krankenhaus im Hinblick auf die Kategorie „Konflikt/Kritik/Beschwerde".

Tabelle 27   Auswertung Experteninterviews
– Kategorie Konflikt/Kritik/Beschwerde –

Erzählinhalte	Anzahl der Bejahungen je Expertenrunde links GL/ rechts StL
Erwünschtheit von Anregungen und Kritik	4/4
Freiheit von Repressalien	0/0
Patientenfürsprecher, Ansprechpartner plus Kontaktdaten, -zeiten	6/6
Patientenbeschwerdestelle, Ansprechpartner plus Kontaktdaten, -zeiten	6/6
Anlaufstelle für Patientenhaftungsansprüche	1/1

Diese Auswertung bezieht sich auf acht Teilnehmer je Expertenrunde (n=8)

In der Kategorie „Konflikt/Kritik/Beschwerde" wird der Patient in sechs von acht Krankenhäusern darauf hingewiesen, dass es eine Patientenbeschwerdestelle und einen Patientenfürsprecher gibt und er erfährt den Namen, die Erreichbarkeit und die Kontaktdaten (Telefonnummer).

In vier von acht Krankenhäusern wird der Patient darauf hingewiesen, dass seine Anregungen und Kritik erwünscht sind. Es handelt sich dabei um ein Universitäts- und privates Krankenhaus und um die städtischen Krankenhäuser.

Eines von acht Krankenhäusern, ein städtisches, weist auf eine Anlaufstelle für Patientenhaftungsansprüche hin.

Keines der Krankenhäuser weist den Patienten darauf hin, dass er im Falle seiner Kritikäußerung keinerlei Repressalien zu fürchten hat.

Die ergänzenden Angaben der Experten besagen, dass die Mehrzahl dieser Maßnahmen trotz fehlenden Hinweises erfüllt wird. In allen Krankenhäusern wird angegeben, dass Anregungen und Kritik jederzeit willkommen sind, dass jeder Patient die Möglichkeit der formlosen Beschwerde bei einem ärztlichen, einem pflegenden Mitarbeiter oder der Stationsleitung erhält und dabei selbstverständlich frei von Repressalien bleibt.

4.3.2.1.11 Entlassung/Kontinuität der Betreuung

Folgende Tabelle zeigt die Ergebnisse der Erzählungen und Antworten je Krankenhaus im Hinblick auf die Kategorie „Entlassung/Kontinuität der Betreuung". Siehe Tabelle 28, Seite 140.

In der Kategorie „Entlassung/Kontinuität der Betreuung" wird der Patient in allen Krankenhäusern darauf hingewiesen, dass er eine rechtzeitige Ankündigung seiner Entlassung, entweder bereits bei Aufnahme oder mindestens einen Tag vor Entlassung, erhält. Lediglich ein Experte, die StL eines der städtischen Krankenhäuser, verneinte dies. Der Patient wird in allen Krankenhäusern darauf hingewiesen, dass bei seiner Entlassung ein Entlassungsgespräch stattfindet. Ferner wird der Patient auf einen Beurteilungsbogen hingewiesen, in dem er seine Zufriedenheit mit den Leistungen des Krankenhauses beurteilen kann.

In sechs Krankenhäusern wird der Patient auf den Sozialdienst, den er bei Bedarf kontaktieren kann, hingewiesen. Er wird in ebenfalls sechs Krankenhäusern darauf hingewiesen, dass er am Tag seiner Entlassung seinen Entlassungsbrief (Arztbrief) persönlich ausgehändigt bekommt, den er seinem einweisenden Arzt übergeben sollte. Soweit die übereinstimmenden Angaben der interviewten GL und StL. Die zwei übrigen Krankenhäuser erlauben keine eindeutige Aussage. Denn in einem der konfessionellen Krankenhäuser gibt die GL an, der Brief werde an den einweisenden Arzt versendet, während die StL dies verneint. In einem der städtischen Krankenhäuser gibt die StL an, der Brief werde an den einweisenden Arzt versendet, und die GL verneint.

In fünf Krankenhäusern wird der Patient auf Unterstützung bei der Organisation seines Heimtransportes hingewiesen. Der in seiner Bewegungsfreiheit eingeschränkte Patient wird per Krankenwagen transportiert, für den nicht eingeschränkten Patienten wird ein Taxi gerufen.

In zwei Krankenhäusern, den Universitätskrankenhäusern, erfolgt ein Hinweis auf individuelle Patientenschulungen, z.b. zur Selbstversorgung einer Wunde zuhause, zum Injizieren von Insulin oder zum Erlernen einer gesunden Ernährungsweise.

Tabelle 28 Auswertung Experteninterviews
– Kategorie Entlassung/Kontinuität der Betreuung –

Erzählinhalte	Anzahl der Bejahungen je Expertenrunde links GL/ rechts StL
rechtzeitige Ankündigung der Entlassung/Erinnerung	8/7
Erklärung und Begründung für Verlegung, Einwilligung	0/0
Beratung zu gesundheitlichen Erfordernissen nach Entlassung (Patientenschulung)	2/2
Integration der Angehörigen auf Wunsch	0/0
Sozialdienst	6/6
Entlassungsgespräch	8/8
Entlassungsbrief (Arztbrief) an Patienten ausgehändigt	6/6
Erläuterung des Entlassungsbriefes auf Wunsch	0/0
Hilfen zur Medikamenteneinnahme (schriftlich) auf Wunsch	0/0
Beurteilungsbogen	8/8
Unterstützung beim Transport nachhause (z.B. per Taxi)	5/5

Diese Auswertung bezieht sich auf acht Teilnehmer je Expertenrunde (n=8)

Der Patient wird hingegen nicht darauf hingewiesen, dass er, sofern er nicht nach Hause, sondern in eine andere Einrichtung entlassen wird, eine Erklärung und Begründung hierfür erhält (und seine Einwilligung notwendig ist), dass Angehörige auf Wunsch in seine Entlassung integriert werden, dass der am Tag seiner Entlassung ausgehändigte Arztbrief auf Wunsch in verständlicher Weise erläutert wird und er schriftliche Hilfen zur Medikamenteneinnahme für zuhause erhält, für den Fall, dass nicht zeitnah zur Entlassung der einweisende Arzt aufgesucht werden kann, z.B. weil die Entlassung vor einem Wochenende stattfindet.

Die ergänzenden Angaben der Experten besagen, dass die Mehrzahl dieser Maßnahmen trotz fehlenden Hinweises erfüllt wird.

Alle Krankenhäuser geben an, im Falle einer Verlegung über dritte behandlungsrelevante Institutionen den Patienten zu informieren. Ebenso geben alle

Krankenhäuser an, bei scheinbarem Bedarf des Patienten oder bei Nachfrage des Patienten dessen Angehörige zu integrieren und den Patienten zu schulen. Alle Krankenhäuer kooperieren mit einem Sozialdienst. Der Entlassungsbrief (Arztbrief) wird, sofern er an den Patienten direkt ausgehändigt wird (in sechs von acht Krankenhäusern), auf Nachfrage des Patienten in allen Krankenhäusern in Laienterminologie erläutert. Gleiches gilt für die schriftliche Hilfestellung zur Medikamenteneinnahme für zuhause. Ebenso zeigt man sich generell hilfsbereit, wenn es um die Organisation des Heimtransportes des Patienten geht.

4.3.2.1.12 Rechnungslegung/Finanzberatung

Folgende Tabelle zeigt die Ergebnisse der Erzählungen und Antworten je Krankenhaus im Hinblick auf die Kategorie „Rechnungslegung/Finanzberatung".

Tabelle 29 Auswertung Experteninterviews
– Kategorie Rechnungslegung/Finanzberatung –

Erzählinhalte	Anzahl der Bejahungen je Expertenrunde links GL/ rechts StL
Kostenauskunft oder Kostenvoranschlag	1/1
rechtzeitige Benachrichtigung bei Änderung/Ablauf der Kostenerstattung	0/0
detaillierte Erläuterungen zur Rechnungslegung	0/0
Beratung zu Finanzierungsmöglichkeiten	0/0

Diese Auswertung bezieht sich auf acht Teilnehmer je Expertenrunde (n=8)

In der Kategorie „Rechnungslegung/Finanzberatung" wird der Patient in einem Universitätskrankenhaus darauf hingewiesen, dass er auf Wunsch vorab Kostenauskunft oder einen Kostenvoranschlag erhält.

In keinem Krankenhaus wird der Patient darauf hingewiesen, dass er rechtzeitig benachrichtigt wird, sollte sich eine Änderung oder Beendigung seiner Kostenerstattung durch die Krankenkasse ergeben. Der Patient wird nicht darauf hingewiesen, dass er auf Wunsch eine detaillierte Erläuterung zur Rechnungslegung erhält unabhängig vom Finanzierungsmodus und dass er im Falle eines Eigenanteils bzw. der Selbstzahlung eine Information über Finanzierungsmodelle (z.B. Ratenzahlung) erhalten kann.

Die ergänzenden Angaben der Experten besagen, dass alle Krankenhäuser auf Nachfrage des Patienten Kostenauskunft erteilen (begrenzt auf die Nennung von Fallpauschalen und Preise für Wahlleistungen) oder einen zumindest groben Kostenvoranschlag aushändigen sowie den Patienten bei Schwierigkeiten der

Kostenerstattung durch die Kasse informieren und unterstützen. Alle Krankenhäuser geben an, dass der Patient auf Wunsch die Buchhaltung telefonisch erreichen kann, um sich dort eine Kopie der Rechnung aushändigen und sie sich erläutern zu lassen.

4.3.2.1.13 Zusammenfassung der Ergebnisse zu den Maßnahmen organisationaler Zuwendung – Teilabschnitt Patientenrechte – aus den Experteninterviews

Mithilfe von Experteninterviews sollte beleuchtet werden, ob der Patient auf die für den Interview-Leitfaden entwickelten Maßnahmen organisationaler Zuwendung, die als „Patientenrechte" in zwölf Kategorien zusammengefasst wurden, vom Krankenhaus bzw. seinen Mitarbeitern aktiv hingewiesen wird. Ergänzend fanden Anmerkungen der Experten Eingang in die Interpretation, wenngleich sie nicht Gegenstand der vorliegenden Erhebung waren. Die Aussagen der Vertreter der Geschäftsleitung (GL) und der Stationsleitung (StL) stimmten durchgängig, bis auf sehr vereinzelte und für die Forschung irrelevante Ausnahmen, überein.

Zur Kategorie „Umfeld/Serviceattribute" gaben bereits die Patientenbroschüren sehr ausführlich Auskunft, so dass die Experten darüber hinaus keine weiteren Maßnahmen nennen konnten.

In der Kategorie „Orientierung" beschränken sich die Hinweise überwiegend auf Beschilderungen und Wegweiser im Haus und auf die Nennung und Erläuterung von Formalitäten, was bereits mittels der Patientenbroschüre, die in allen Krankenhäusern jedem Patienten ausgehändigt wird, kommuniziert wird (sofern aktuell vorhanden). Auf eine ganze Reihe weiterer wichtiger Hilfen, die für die Orientierung des Patienten potentiell bedeutend sind, wird von der Mehrzahl nicht hingewiesen. Dies betrifft die Erläuterung der örtlichen Gegebenheiten der Station des Patienten ebenso wie eine Erläuterung zur Planung seines Aufenthaltes, um dem Patienten einen ersten Überblick zu verschaffen. Weiter fällt auf, dass die Kommunikation von Werten, die das Krankenhaus vertritt und die jedem Handeln der Mitarbeiter notwendiger Weise zugrunde liegen, durchgängig unterbleibt (sieht man von Ausschnitten aus dem Leitbild in einer einzigen Patientenbroschüre ab). So wird z.B. auf die Verlässlichkeit höflicher und aufmerksamer Umgangsformen, einer gleichberechtigten Behandlung und Pflege für jeden Patienten und der Gewährung von Patientenrechten und hierin geschulter Mitarbeiter nicht hingewiesen, da sie von den Experten als Selbstverständlichkeit angesehen werden. Lediglich ein Krankenhaus weist darauf hin, dass alle Mitarbeiter Namensschilder tragen, während zwei StL angeben, dass dies durch eine interne Dienstanweisung vorgeschrieben ist. Für die übrigen Krankenhäuser sind die Angaben widersprüchlich.

In der Kategorie „Individualität" wird der Patient durchgängig auf die Möglichkeit, Speisewünsche zu äußern und auf die Unterstützung von meist ehrenamtlich tätigen Personen, die z.B. Besorgungen machen, hingewiesen. Diese Hinweise erfolgen durch die ausgehändigten Patientenbroschüren. Die Krankenhäuser verzichten durchgängig darauf, ihre darüber hinausgehende, praktizierte Flexibilität bei der Erfüllung individueller Patientenwünsche zu kommunizieren. Individuell abgestimmte Weckzeiten, erweiterte Besuchszeiten für Angehörige, das Nutzen privater Kleidung oder eine Zimmerverlegung zur Konfliktvermeidung auf Wunsch des Patienten werden umgesetzt, bei Nachfrage des Patienten.

Die Erzählaufforderung zur Kategorie „Sicherheit" zeigte, dass der Patient auf nichts, was sein Bedürfnis nach Sicherheit potentiell fördern könnte, hingewiesen wird, weil die für diese Kategorie entwickelten Maßnahmen von den Experten als allgemein (auch beim Laien) bekannte Selbstverständlichkeit angesehen werden. Hierzu zählen die Nennung guter statistischer Erfahrungswerte auf dem Gebiet der individuell notwendigen Behandlung und Pflege, der Hinweis auf die Absicherung aller Handlungen durch die Zugrundelegung wissenschaftlich gesicherter Erkenntnisse und gesetzlicher Standards, die Wahrung der allgemeinen Sicherheit, z.B. im Hinblick auf den Brandschutz, die Arzneimittelsicherheit, Hygienevorschriften und die Wegesicherheit sowie erneut der individuellen Sicherheit, z.B. ein bestimmtes internes Übergabeprocedere an der „Schleuse" zum OP oder bei der Verteilung von Medikamenten. Des Weiteren erfolgen keinerlei Hinweise auf die Hilfestellung durch Wegebegleitung im Haus für alle Patienten oder die Aushändigung von Handzetteln zur besseren räumlichen Orientierung des Patienten und Vermeidung von Irrläufen. Um letzteres wird sich zwar auf Nachfrage des Patienten vereinzelt bemüht, jedoch aufgrund personeller Engpässe von der Mehrzahl als problematisch angesehen.

In der Kategorie „Behandlung/Pflege" wird im Wege der ärztlichen und pflegerischen Anamnese durchgängig auf die Integration der Patientenbedürfnisse und Voraussetzungen des Patienten, auf eine bedarfsgerechte Schmerzbehandlung, den Umgang mit mitgebrachten Medikamenten und ergänzende Medien der Aufklärung (meist mittels des TV) hingewiesen. Auch der Hinweis auf die Teilnahmemöglichkeit des Patienten an der Forschung wird durchgängig kommuniziert (sofern vorhanden). Dies übertrifft die Hinweise der Patientenbroschüren bei weitem, wenngleich sich trotzdem zeigt, dass weitere, potentiell sehr wichtige Informationen unterbleiben. Hier wird die Begrenztheit der Berücksichtigung von Patientenbedürfnissen auf die reinen Notwendigkeiten der Behandlung und Pflege erkennbar, denn erst auf Nachfrage erhält der Patient von der Mehrzahl Erläuterungen zum individuellen Krankheitsbild, zum Behandlungs- und Pflegevorhaben vor Beginn der Behandlung und in deren weiterem Verlauf. Ebenso verhält es sich mit Hilfen z.B. für die Benachrichtigung des Hausarztes, Erläuterungen in verständlicher Sprache und die umgehende Beantwortung von Fragen. Das Patientenrecht auf Einblick in die Patientenakte wird bei Nachfrage von der Mehrzahl zwar gewährt, hier ist jedoch zu bemerken, dass der Patient im Einzelfall (in beiden städtischen) sogar mit Verweigerung rechnen muss. Mit dem Bedürfnis, über alternative Methoden etwas zu erfahren, bleibt der Patient

dürfnis, über alternative Methoden etwas zu erfahren, bleibt der Patient überwiegend allein (mit Ausnahme eines der privaten Krankenhäuser).

Im Hinblick auf seine „Selbstbestimmung" wird der Patient auf wesentliche, unterschriftenrelevante Ereignisse hingewiesen, allerdings nicht auf solche, die die Selbstbestimmung des Patienten zwar weiter unterstreichen, jedoch nicht unterschriftenrelevant sind. Er erfährt, dass er durchgängig um sein schriftliches Einverständnis zu wesentlichen Aspekten seines Krankenhausaufenthaltes gebeten wird, beginnend mit dem Behandlungsvertrag bis hin zu Einwilligungen in operative und Narkoseeingriffe. Ebenso erfolgt ein Hinweis auf Erläuterungen aller Formalitäten zum besseren Verständnis. Auf weitere Maßnahmen, die nicht unterschriftenrelevant sind, wird nicht hingewiesen und deren tatsächliche Ausübung durch den Patienten sogar eher kritisch beurteilt. Hierzu zählen z.B. der Hinweis auf die Möglichkeit der Annahme oder gar Ablehnung von Informationen oder der vorgeschlagenen Behandlung und Pflege sowie das Einholen einer unabhängigen ärztlichen Zweitmeinung durch den Patienten.

In der Kategorie „Selbstbestimmung des Patienten in besonderen Situationen" zeigt sich, dass die Ausübung des Selbstbestimmungsrechtes mittels einer Patientenverfügung zwar nicht grundsätzlich abgelehnt wird, allerdings kann nicht davon ausgegangen werden, dass eine qualifizierte Hilfestellung erfolgt. In logischer Konsequenz erfolgt zu dieser Thematik kein Hinweis an den Patienten.

Die Beachtung der Privatsphäre und Vertraulichkeit beschränkt sich auf den für den Laien abstrakten Hinweis auf die Beachtung des Datenschutzgesetzes und geht damit nicht über den Informationsgehalt der Patientenbroschüre hinaus. Auf eine Reihe weiterer Maßnahmen, die die Privatsphäre des Patienten im praktischen Alltag seines Aufenthaltes potentiell respektieren helfen, wird nicht hingewiesen, da sie überwiegend, mit Begründung einer unter Zeitdruck stehenden Mitarbeiterschaft, nicht praktiziert werden. Hierzu zählen alle Maßnahmen, die eine diskrete Gesprächs- und Untersuchungsatmosphäre für alle Patienten zu jeder Zeit zwingend gewährleisten.

Die emotionale Unterstützung des Patienten stützt sich bei der Mehrzahl auf den Hinweis auf konfessionelle (christliche) Betreuung und auf die Integration der Angehörigen des Patienten. Hier zeigt sich abermals keine Bereicherung an Informationen in Abhebung zur Patientenbroschüre. Weder die Verpflegung der Angehörigen, z.B. durch ein Gästetablett, noch Alternativen zur christlichen Betreuung, z.B. durch nicht-konfessionelle oder Betreuer anderer Konfessionen oder Selbsthilfegruppen sind bei der Mehrzahl ein Thema.

Ähnlich verhält es sich mit der nächsten Kategorie. Konflikten, Kritik oder einer Beschwerde wird überwiegend mit dem Hinweis auf eine Patientenbeschwerdestelle und einen Patientenfürsprecher begegnet, über den Weg der Patientenbroschüre. Nur die Hälfte der Krankenhäuser ermuntert den Patienten generell, Kritik zu äußern, direkt auf der eigenen Station bei einem Mitarbeiter seines Vertrauens. Allerdings wird darauf verzichtet, den Patienten auf eine wesentliche Bedingung, nämlich die gesicherte Freiheit von Repressalien ausdrücklich hinzuweisen, da dieses von den Experten als selbstverständlich angesehen wird.

Im Hinblick auf die Entlassung und die Gewährleistung der Kontinuität der Betreuung nach Entlassung wird der Patient von der Mehrzahl darauf hingewiesen, dass er ausreichend früh eine Ankündigung seiner Entlassung erhält und dass ein Entlassungsgespräch (jedoch ohne Hinweis auf die Aushändigung eines Entlassungsbriefes) geführt wird. Darüber hinaus erfolgt überwiegend der Hinweis, dass ein Heimtransport unterstützt wird, z.b. durch den Ruf eines Taxis, und ein Sozialdienst bei Bedarf die weitere Betreuung zuhause übernimmt. Es fehlen allerdings die für den Patienten ebenso wertvollen Hinweise auf alltägliche Details, z.b. die Erläuterung des Entlassungsbriefes zu besserer Verständlichkeit oder die Bereitschaft, dem Patienten schriftliche Notizen zur Einnahme von Medikamenten für zuhause auszuhändigen. Erst bei Nachfrage des Patienten erfährt dieser, dass er Hilfe in solchen Fragen erhält.

Schließlich wird der Patient im Hinblick auf die Kosten seines Krankenhausaufenthaltes weder vorab (in Form eines Kostenvoranschlages) noch zu einem späteren Zeitpunkt auf die Möglichkeit einer Auskunft, Erläuterung und Beratung hingewiesen. Nach Einschätzung der Experten wird dies nicht nachgefragt. Sie gaben jedoch an, im Falle einer Nachfrage die Pflegesätze zu nennen und den Patienten an die Buchhaltung im Haus zu verweisen.

Die Ergebnisse der Experteninterviews zeigen, dass alle Krankenhäuser die Patientenbroschüre als zentrales Medium der Kommunikation ihrer Maßnahmen organisationaler Zuwendung einsetzen.

Die zum Zeitpunkt der Dokumentenanalyse getroffene Annahme, dass die Patientenbroschüre nicht erschöpfend Auskunft erteilt über alle kommunizierten Maßnahmen organisationaler Zuwendung, trifft weitgehend nicht zu.

Die Kategorien, die bereits in der Dokumentenanalyse als bedenklich erschienen, weil sie mit wenig oder keinem Inhalt gefüllt werden konnten, wurden auch in den Experteninterviews nicht ergänzt. Diese Kategorien waren „Orientierung", „Individualität" und „Privatsphäre", sowie „Sicherheit" und „Selbstbestimmung". Lediglich die Kategorie „Behandlung und Pflege" zeigte einige Ergänzungen im Hinblick auf Hinweise zur Integration der Patientenbedürfnisse im Rahmen des (ärztlichen und pflegerischen) Anamnesegespräches, im Hinblick auf den Umgang mit mitgebrachten Medikamenten, eine bedarfsgerechte Schmerzbehandlung, die Aufklärung über Krankheitsbilder und die Teilnahme an der Forschung.

Obwohl nicht Inhalt der Erzählaufforderungen stellte sich heraus, dass der Patient auf einige Maßnahmen zwar nicht hingewiesen wird, er jedoch bei Bedarf (subjektiv eingeschätzt durch den Mitarbeiter) oder bei Nachfragen durch den Patienten und entsprechenden personellen Kapazitäten des Krankenhauses, im

Einzelfall in ihren Genuss kommen kann. Die Experten nannten für dieses Vorgehen drei Gründe:

1) Einige Maßnahmen werden für allgemein bekannt angesehen, auch beim medizinischen Laien, oder es besteht die Annahme, der Patient interessiere sich nicht dafür. Diese sind z.b. Maßnahmen zur allgemeinen Patientensicherheit, d.h. die Gewährleistung von Arzneimittelsicherheit oder die Anwendung des aktuellen medizinischen Standards.

2) Die Umsetzung einiger Maßnahmen wird als Selbstverständlichkeit im sozialen Miteinander angesehen, wird bei allen Mitarbeitern also stillschweigend vorausgesetzt, z.b. respektvolle Umgangsformen und Rücksichtnahme auf die Individualität und Privatsphäre des Patienten.

3) Es wird häufig als ausreichend angesehen, bei subjektiv vom Mitarbeiter wahrgenommenem Bedarf eines Patienten oder Nachfrage des Patienten mit entsprechenden Maßnahmen zu reagieren. Der Aufwand wird als zu hoch eingeschätzt, alle Maßnahmen jedem Patienten, auch demjenigen, der vermeintlich keinen Bedarf hat, zu kommunizieren.

Dies verdeutlicht, dass der Patient Mut und Eigeninitiative aufbringen muss, um zumindest seine gesetzlichen Rechte einzufordern. Nicht das Krankenhaus wird aktiv, indem es den Patienten hinweist, sondern es obliegt i.d.R. dem Patienten selbst, von sich aus aktiv zu werden. Ausnahme hierzu bilden solche Patienten, die durch subjektive Einschätzung des Mitarbeiters einen Hinweis auf eine der Maßnahmen organisationaler Zuwendung bzw. eine direkte Gewährung ohne vorherigen Hinweis benötigen. In jedem Fall jedoch müssen entsprechende personelle bzw. zeitliche Ressourcen vorhanden sein. An dieser Stelle wird deutlich, dass selbst bei Bedarf des Patienten der Hinweis auf oder die Gewährung einer Maßnahme relativiert wird. Für die vorliegenden Forschungsergebnisse ist dies allerdings unerheblich.

4.3.2.2 Patientenpflichten

Auf die Auswertung der Maßnahmen aus den Kategorien der Patientenrechte folgt die Auswertung der Maßnahmen aus den Kategorien der Patientenpflichten. Als „Patientenpflichten" werden nachfolgend sämtliche Maßnahmen bezeichnet, auf die das Krankenhaus den Patienten explizit hinweist und deren Leistung durch den Patienten als dessen Pflicht ansieht.

4.3.2.2.1 Informationsverhalten

Folgende Tabelle zeigt die Ergebnisse der Erzählungen und Antworten je Krankenhaus im Hinblick auf die Kategorie „Informationsverhalten" (des Patienten). Siehe Tabelle 30, Seite 147.

Der Patient wird in allen Krankenhäusern darauf hingewiesen, dass er eine Pflicht zur Mitteilung gesundheitlicher und sozialer Gegebenheiten hinsichtlich der Vergangenheit und der Gegenwart hat, um eine erfolgreiche Behandlung und Pflege zu gewährleisten. Dies gilt ebenfalls für Veränderungen seines Gesundheitszustandes während des Krankenhausaufenthaltes in allen Krankenhäusern.

Tabelle 30   Auswertung Experteninterviews
             – Kategorie Informationsverhalten –

Erzählinhalte	Anzahl der Bejahungen je Expertenrunde links GL/rechts StL
Pflicht zur Mitteilung gesundheitlicher und sozialer Gegebenheiten	8/8
Pflicht zur Mitteilung von Veränderungen des Gesundheitszustandes	8/8

Diese Auswertung bezieht sich auf acht Teilnehmer je Expertenrunde (n=8)

4.3.2.2.2 Mitwirkung/Compliance

Folgende Tabelle zeigt die Ergebnisse der Erzählungen und Antworten je Krankenhaus im Hinblick auf die Kategorie „Mitwirkung/"Compliance"" (des Patienten).

Tabelle 31   Auswertung Experteninterviews
             – Kategorie Mitwirkung/Compliance –

Erzählinhalte	Anzahl der Bejahungen je Expertenrunde links GL/ rechts StL
aktive Mitwirkung zum Verständnis von Behandlung und Pflege (Fragen stellen)	2/2
Unterstützung der gemeinsam vereinbarten Behandlung und Pflege	3/3
ausdrückliche Äußerung über Einverständnis oder Ablehnung mit gemeinsam vereinbarter Behandlung und Pflege nach ausführlicher Information	1/1
Selbstverantwortung (nur bei Ablehnung der Behandlung)	8/8

Diese Auswertung bezieht sich auf acht Teilnehmer je Expertenrunde (n=8)

Der Patient wird in allen Krankenhäusern darauf hingewiesen, dass er Selbstverantwortung für die Konsequenzen bei Ablehnung einer Behandlung übernimmt. In drei von acht Krankenhäusern wird der Patient darauf hingewiesen, dass er eine Pflicht zur Unterstützung der gemeinsam vereinbarten Behandlung und Pflege hat. Dies ist in einem konfessionellen, einem städtischen und einem privaten Krankenhaus anzutreffen.

In zwei von acht Krankenhäusern wird der Patient darauf hingewiesen, dass er eine Pflicht zur aktiven Mitwirkung zum Verständnis von Behandlung und Pflege (Fragen stellen) hat, in einem konfessionellen und einem Universitätskrankenhaus.

In einem von acht Krankenhäusern wird der Patient darauf hingewiesen, dass er die Pflicht zur ausdrücklichen Äußerung über sein Einverständnis oder seine Ablehnung für die gemeinsam vereinbarten Behandlung und Pflege nach ausführlicher Information hat. Diese Maßnahme bezieht sich auf Behandlung und Pflege, bei der keine zusätzliche Unterschrift des Patienten, wie dies bei bevorstehenden Operationen der Fall ist, erforderlich ist.

Die ergänzenden Angaben der Experten besagen, dass alle Krankenhäuser bei Bedarf den Patienten darauf hinweisen, dass er Fragen stellen darf und soll und seine Behandlung im eigenen Interesse aktiv unterstützen sollte.

4.3.2.2.3 Verhaltensregeln

Folgende Tabelle zeigt die Ergebnisse der Erzählungen und Antworten je Krankenhaus im Hinblick auf die Kategorie „Verhaltensregeln" (für den Patienten).

Tabelle 32   Auswertung Experteninterviews
– Kategorie Verhaltensregeln –

Erzählinhalte	Anzahl der Bejahungen je Expertenrunde links GL/ rechts StL
Verhaltensregeln, über die Broschüre hinausgehend (Hausordnung)	0/0
respektvolle Umgangsformen	0/0

Diese Auswertung bezieht sich auf acht Teilnehmer je Expertenrunde (n=8)

In keinem Krankenhaus wurden weitere Maßnahmen zur Hausordnung genannt, die nicht bereits in der Broschüre kommuniziert werden. In keinem Krankenhaus wird der Patient darauf hingewiesen, dass er die Pflicht hat, anderen Patienten und den Mitarbeitern des Krankenhauses mit respektvollen Umgangsformen zu begegnen.

4.3.2.2.4 Rechnungsbegleichung

Folgende Tabelle zeigt die Ergebnisse der Erzählungen und Antworten je Krankenhaus im Hinblick auf die Kategorie „Rechnungsbegleichung" (durch den Patienten).

Tabelle 33 Auswertung Experteninterviews
– Kategorie Rechnungsbegleichung –

Erzählinhalte	Anzahl der Bejahungen je Expertenrunde links GL/ rechts StL
zeitnahe Rechnungsbegleichung	8/8

Diese Auswertung bezieht sich auf acht Teilnehmer je Expertenrunde (n=8)

In der Kategorie Rechnungsbegleichung wird der Patient in allen Krankenhäusern darauf hingewiesen, dass er die Pflicht zur zeitnahen Rechnungsbegleichung hat. Dies betrifft nicht nur Selbstzahler und PKV-Versicherte, sondern in zunehmendem Maße auch GKV-Versicherte, da sie (wenn auch derzeit noch in geringem Umfang) von Pflichtzuzahlungen betroffen sind oder Wahlleistungen in Anspruch nehmen können.

4.3.2.2.5 Zusammenfassung der Ergebnisse zu den Maßnahmen organisationaler Zuwendung – Teilabschnitt Patientenpflichten – aus den Experteninterviews

Die für den Leitfaden entwickelten Maßnahmen organisationaler Zuwendung, die als „Patientenpflichten" in vier Kategorien zusammengefasst wurden, wurden analog zu den Patientenrechten daraufhin beleuchtet, ob der Patient aktiv auf entsprechende Maßnahmen hingewiesen wird.

In der Kategorie „Informationsverhalten" weisen alle Krankenhäuser darauf hin, dass der Patient aufgefordert ist, sowohl zum gesundheitlichen und sozialen Status sowie zum Befinden in der laufenden Behandlung Auskünfte erteilen.

In der Kategorie „Mitwirkung/Compliance" weisen alle Krankenhäuser darauf hin, dass der Patient bei mangelndem Konsens mit der Behandlung oder Pflege, bei Ablehnung also, keine weitere Unterstützung erwarten darf. Dies mündet in eine Entlassung aus dem Krankenhaus. Weniger als die Hälfte der Krankenhäuser ermuntern den Patienten zur aktiven Mitwirkung, sei es zum Verständnis, zur Zustimmung oder zum Verlauf der Behandlung und Pflege.

Die „Verhaltensregeln" wurden in der Patientenbroschüre bereits erschöpfend aufgeführt, so dass die Experten dem nichts mehr hinzuzufügen hatten. Auf persönliche Umgangsformen, wie z.b. Respekt und Höflichkeit, die der Patient seinerseits ebenfalls zu erbringen hat, wird nicht gesondert hingewiesen, stattdessen erfolgt ein abschließender Hinweis auf die zeitnahe „Rechnungsbegleichung".

Es zeigte sich, dass alle Krankenhäuser den Patienten darauf hinweisen, dass er im Sinne eines erfolgreich verlaufenden Aufenthaltes über sein Befinden berichten sollte. Des weiteren allerdings sollte der Patient so wenig Aktivität im Sinne von Interesse und Kritikfähigkeit wie möglich zeigen, denn weniger als die Hälfte der Krankenhäuser weisen den Patienten darauf hin, dass er sich aktiv einbringen darf und soll, zum besseren Verständnis dessen, was mit ihm geschieht und damit zugunsten seiner überzeugteren Compliance. Stattdessen wird er von allen Krankenhäusern deutlich darauf hingewiesen, dass ihm im Falle einer mangelhaften Compliance nicht weitergeholfen werden wird. Es ist vorstellbar, dass dieses sanktionierend auf den Patienten wirkt und er sich daher bemüht, im Sinne des Krankenhauses zu handeln, eigene Ansichten und Ängste zu unterdrücken und sich unterzuordnen.

Dieses Ergebnis im Hinblick auf die Patientenpflichten ergänzt das oben dargestellte Ergebnis der Patientenrechte. Der Patient befindet sich in einer passiven Rolle, seine Initiative und Autonomie sind Randerscheinungen.

4.3.3 Zwischenfazit zu den Experteninterviews

Die Durchführung von Experteninterviews mit je einem Vertreter aus acht Geschäftsleitungen (kaufmännische Geschäftsleitung) und je einem Vertreter aus acht Stationen (Stationsleitung) hatte zum *Ziel*, die Ergebnisse der Dokumentenanalyse im Hinblick auf das Leitbild und die Maßnahmen der organisationalen Zuwendung sowie deren jeweilige Kommunikation zu ergänzen, um die Forschungsfrage beantworten zu können.

Es zeigte sich, dass jedes Krankenhaus in den Jahren zwischen frühestens 1999 und spätestens 2005 sein Leitbild fertigstellte. Zu den inhaltlichen Aussagen über die Mission und Philosophie im Rahmen der Dokumentenanalyse kamen keine weiteren inhaltlichen Ergänzungen durch die Experten hinzu. Vor dem Hintergrund, dass das Leitbild in allen Krankenhäusern der Auswahl mit einigem zeitlichen und finanziellen Aufwand erarbeitet wurde, waren die Aussagen über die Kommunikation desselben allerdings ernüchternd. Eine aktive Kommunikation durch das Krankenhaus erfolgt bei der Hälfte der Krankenhäuser der Auswahl nicht. Dies zeigt sich daran, dass das Leitbild vorwiegend nur insofern kommuniziert wird, als es für den internen Gebrauch der Mitarbeiter (in Ordnern oder dem Intranet) und im Qualitätsbericht jedem, auch externen Interessenten (im Internet) grundsätzlich zugänglich ist, was allerdings nicht der hier vorliegenden Auffassung einer aktiven Kommunikation entspricht. Der Inhalt des Leitbildes ist den Geschäftsleitungen (GL) bekannt, allerdings nur der Hälfte der Stationsleitungen (StL). Demnach wird das Leitbild nur bei der Hälfte der Krankenhäuser aktiv (durch direkte Aushändigung oder ein Gespräch) an den StL, der stellvertretend für den Mitarbeiter interviewt wurde, kommuniziert. Darüber hinaus fehlen durchgängig Fachbereichsleitbilder, die aus dem (Unternehmens-)leitbild abgeleitet dazu geeignet sind, die konkreten fachspezifischen Fähigkeiten und Leistungsangebote der unterschiedlichen Fachbereiche und Berufsgruppen aufzugreifen und so die praktische Anwendbarkeit der Wertvorstellungen des Krankenhauses wesentlich zu unterstützen.

Weiterhin wird das Leitbild in keinem der Krankenhäuser mündlich oder durch ergänzende Anlagen zur Patientenbroschüre an den Patienten kommuniziert.

Die bei allen Krankenhäusern im Leitbild formulierte Philosophie, die zumindest theoretisch ein Bewusstsein für die Notwendigkeit der Betonung des subjektiven, psychosozialen Wohlbefindens des Patienten aufwies, wird vom Krankenhaus bzw. dem Krankenhausmanagement nicht in ausreichendem Maße an den Patienten und den Mitarbeiter kommuniziert.

Vor dem Hintergrund der literaturgestützten Annahme, dass für die erfolgreiche Initiierung neuer Wertvorstellungen eine zunächst theoretische Ausgangsbasis in Form des schriftlich formulierten Leitbildes erforderlich ist, um in einem nächsten Schritt Ableitungen für die Praxis entwickeln zu können, leitet sich aus diesem Ergebnis die Frage ab, wie sich die unzureichende Kommunikation des Leitbildes auf die vorzufindenden Maßnahmen organisationaler Zuwendung auswirkt. Es blieb zu bedenken, dass es trotz des Mangels an aktiver Kommunikation des Leitbildes in Richtung Patient und Mitarbeiter dennoch möglich sein konnte, dass Maßnahmen organisationaler Zuwendung auf Basis der gefundenen Philosophien vorhanden sind. Die literaturgestützte Recherche und Kategorisierung denkbarer Maßnahmen mündete in zwölf Kategorien zu den so genannten Patientenrechten (Umfeld/Serviceattribute, Orientierung, Individualität, Sicherheit, Behandlung/Pflege, Selbstbestimmung und Selbstbestimmung in besonderen Situationen, Privatsphäre/Vertraulichkeit, emotionale Unterstützung, Konflikte/Kritik/Beschwerde, Entlassung/Kontinuität der Betreuung, Rechnungslegung/Finanzberatung) und vier Kategorien zu den so genannten Patientenpflichten (Informationsverhalten, Mitwirkung/Compliance, Verhaltensregeln, Rechnungsbegleichung).

Die Experteninterviews brachten wider Erwarten nur sehr vereinzelt ergänzende Hinweise im Sinne der vorliegenden Forschung. Es zeigte sich, dass die bereits aus den Patientenbroschüren hervorgegangenen Hinweise zu Maßnahmen organisationaler Zuwendung fast vollständig waren.

Es wurde allerdings deutlich, dass es den Experten sehr wichtig war, Erzählungen anzubringen, die inhaltlich über die konkrete Erzählaufforderung hinausgingen. Demnach ist es durchaus möglich, dass vereinzelte Maßnahmen umgesetzt werden, ohne dass vorher ein Hinweis an den Patienten erfolgt sein muss. Das Krankenhaus unterstellt dabei eine unausgesprochene Übereinstimmung in den Wertvorstellungen zwischen Krankenhaus und Mitarbeiter und die entsprechende Übersetzung der postulierten Wertvorstellungen in geeignete Maßnahmen organisationaler Zuwendung durch den Mitarbeiter in der jeweiligen Situation. Es wird (ungeprüft) davon ausgegangen, dass der Mitarbeiter subjektiv-situativ angemessen reagiert, ohne dass das Krankenhaus dies in irgendeiner Weise sicherstellt, d.h. einheitlich und verbindlich initiiert oder gar kontrolliert. Dem Handeln des Mitarbeiters liegen also keine einheitlichen und durch das Krankenhaus festgelegten Maßgaben der Handlungsorientierung zugrunde, sondern es wird überwiegend darauf vertraut, dass der Mitarbeiter von Natur aus und aufgrund seiner Ausbildung ein gesundes Empfinden für eine „richtige" Reaktion im Einzelfall mitbringt. Sei es, um eine Maßnahme umzusetzen, die er subjektiv in einer bestimmten Situation für angebracht hält, oder sei es, um einer Nachfrage durch einen Patienten nachzukommen. Dabei stellte sich heraus, dass im professionalisierten Alltag im Krankenhaus die große Bandbreite möglicher Maßnahmen, wie sie literaturgestützt denkbar und erwartbar ist, nicht in ausreichendem Umfang als für den Patienten wichtig und erfahrenswert erkannt wird. Das heißt, die Kommunikation aller bereitgestellten Maßnahmen organisationaler Zuwendung wird als überflüssig angesehen und erfolgt nicht, weil diese von vornherein als allgemein bekannt, selbstverständlich oder für den Patienten als uninteressant angesehen werden. Andere wiederum werden der subjektiv-situativen Einschätzung des Mitarbeiters überlassen. Der situative Charakter bringt es ferner mit sich, dass der fragende Patient nur dann mit Unterstützung rechnen kann, wenn entsprechende personelle Kapazitäten frei sind. Das bedeutet, der Patient kann selbst dann, wenn er mit Mut und Initiative ausgestattet ist, um einen Wunsch oder ein Bedürfnis anzumelden und seine Nachfrage nicht grundsätzlich unerwünscht ist, nicht damit rechnen, dass seine Wünsche erfüllt werden. Es fehlen weitgehend organisationseinheitliche Maßgaben, die eine Uneinheitlichkeit der Behandlung aller Patienten im Hinblick auf deren psychosoziales Wohlbefinden ausschließen.

Es zeigte sich, dass die ausgewählten Krankenhäuser im Vergleich untereinander in den vorgenannten Erläuterungen stark übereinstimmten. Eine differenzierte Auswertung nach der Größe oder der Trägerkategorie der ausgewählten Krankenhäuser war daher nicht sinnvoll, eine Typenbildung nicht möglich.

Der Gesamteindruck aus den Ergebnissen der Dokumentenanalyse wurde somit durch die Ergebnisse der Experteninterviews bestätigt. Die Rolle des Patienten als Mensch, der mit Rechten ausgestattet ist und hieraus resultierend Bestrebungen des Krankenhauses zur Förderung seines psychosozialen Wohlbefindens erwarten darf, kommt ein weiteres mal nicht zum Ausdruck. Es wird eine bereits in der Dokumentenanalyse erkennbare, gemeinsam geteilte Haltung der Krankenhäuser deutlich, die dem Patienten eine eher passive Rolle zuweist. Die unzureichende Kommunikation des Leitbildes korrespondiert mit der deutlich gewordenen, unzureichenden Operationalisierung der Wertvorstellungen in Form entsprechend limitierter Maßnahmen organisationaler Zuwendung und deren eingeschränkter Kommunikation. Das bedeutet, wenn die Wertvorstellungen des Leitbildes überwiegend nicht aktiv kommuniziert werden und die vorgefundenen Maßnahmen organisationaler Zuwendung lückenhaft im Sinne sowohl der vorgefundenen Philosophien sowie der vorliegenden Forschung sind, leiten sich letztere nicht von den Philosophien ab, sind also nicht das Ergebnis einer konsequenten Operationalisierung.

Die auf gesetzlich festgelegten, menschlichen Grundrechten basierenden oder daraus abgeleiteten Werte des Krankenhauses werden als vom Mitarbeiter selbstverständlich geteilte Werte angesehen. Die Notwendigkeit, diese Werte in der Organisation explizit zu kommunizieren und operationalisieren wird daher nicht erkannt. Die im Leitbild fixierten Werte werden nicht von jedem Krankenhaus aktiv kommuniziert und ihre Operationalisierung erfolgt nicht im erforderlichen Maße. Die Organisation Krankenhaus nimmt damit in Kauf, dass Patienten und Mitarbeiter uninformiert sind und Patienten aufgrund subjektiv-situativer Entscheidungen des Mitarbeiters ungleich behandelt werden. Aus den Ergebnissen der Experteninterviews lässt sich schließen, dass die in den untersuchten Leitbildern beschriebenen Wertvorstellungen beim Management keinen ausreichend hohen Stellenwert einnehmen, um aktiv kommuniziert und konsequent operationalisiert zu werden.

5 Fazit der Untersuchung

In diesem Kapitel erfolgt die abschließende Betrachtung der vorliegenden Untersuchung. Es folgen die Beantwortung der Forschungsfrage sowie ein Ausblick.

5.1 Die Beantwortung der Forschungsfrage

Ziel der vorliegenden Arbeit war es, auf Basis empirischer Daten herauszufinden, ob ein Wertwandel im Hinblick auf das Patientenbild, im Sinne eines hierfür definierten „philanthropen" Patientenbildes, d.h. eines auf Patientenrechten und einem partnerschaftlich-freundschaftlichen Grundverständnis basierenden Patientenbildes, im heutigen Krankenhaus erkennbar ist.

Dieses Forschungsinteresse wurde in folgender Forschungsfrage konkretisiert:

Lassen sich im Krankenhaus auf organisationaler Ebene Konsequenzen für die Initiierung eines philanthropen Patientenbildes mit Blick auf das psychosoziale Wohlbefinden des Patienten erkennen?

Zur Beantwortung der Forschungsfrage wurden die Kernaussagen des Organisationskultur-Ansatzes als theoretische Grundlage zu Hilfe genommen. Sie lenkten die Aufmerksamkeit auf folgende Aspekte: Das normative Management einer Organisation kann ein erwünschtes, philanthropes Patientenbild als neuen Wert initiieren, hierbei kommt ihm eine zentrale Rolle zu. Damit die Internalisierung eines neuen Patientenbildes bzw. entsprechender Werte beim Mitarbeiter zumindest theoretisch möglich ist, ist der Anspruch an die Qualität (d.h. Eignung) entsprechender, initiierender Aktivitäten, die das Management hierfür einsetzt, sehr hoch. Das bedeutet, diese Aktivitäten müssen dazu geeignet sein, sich auf einem Zeitkontinuum im Krankenhausalltag zu bewähren, um schließlich vom Mitarbeiter internalisiert zu werden.

Hieran orientierte sich die Recherche praxisorientierter Literatur. Es zeigte sich, dass die Initiierung des philanthropen Patientenbildes drei wesentliche Aktivitäten, die als „Konsequenzen" bezeichnet wurden, erforderlich macht. Die erste Konsequenz ist die schriftliche Fixierung spezifischer Wertvorstellungen, d.h. die Erstellung eines handlungsorientierenden „Leitbildes". Die zweite Konsequenz ist die Entwicklung hieraus abgeleiteter Maßnahmen „organisationaler Zuwendung", die eine handlungsleitende Operationalisierung der Wertvorstellungen darstellen. Die dritte Konsequenz ist die Kommunikation des „Leitbildes" und der „Maßnahmen organisationaler Zuwendung" in Richtung Patient und Mitarbeiter. Sämtliche Betrachtungen wurden auf die im Forschungsinteresse liegenden Aussagen eingeschränkt, die dazu geeignet sind, das psychosoziale Wohlbefinden des Patienten im Hinblick auf das philanthrope Patientenbild potentiell zu fördern.

Zur Beantwortung der Forschungsfrage wurden empirische Daten erhoben. Im Rahmen einer Querschnitterhebung wurden hierfür acht Krankenhäuser untersucht. Die Untersuchung umfasste eine Dokumentenanalyse, die sich vor allem auf das zentrale Kommunikationsmedium „Patientenbroschüre" stützte, sowie leitfadengestützte Experteninterviews mit einem Vertreter der (kaufmännischen) Geschäftsleitung (GL) und einer Stationsleitung (StL) je Krankenhaus.

Die Untersuchung zeigte, dass jedes Krankenhaus in den vergangenen Jahren ein Leitbild erstellte, daher frühestens seit 1999 und spätestens seit dem Jahr 2005 über ein solches verfügt und hierin Aussagen zu seiner „Mission", d.h. der Einschätzung seiner Existenzberechtigung in der Gesellschaft, und zu seiner „Philosophie", d.h. seinen zentralen Wertvorstellungen, trifft. Hierbei stellte sich heraus, dass die Mehrzahl der Krankenhäuser ihre Mission in der bestmöglichen technisch-diagnostischen Leistung sah und der Patient als Subjekt zunächst keine Erwähnung fand. Die Betonung weiterer, für den Patienten psychosozial relevanter Aspekte des Krankenhausaufenthaltes, trat erst bei den Darstellungen zur Philosophie auf. Hier zeigte sich anhand der Wortwahl, dass alle Krankenhäuser dem Patienten einen Subjekt-Status, das Bedürfnis nach psychosozialem Wohlbefinden und das Recht auf eine würdevolle Atmosphäre zusprachen. Die am häufigsten vorgefundenen Aussagen waren demnach der Vorsatz, die „Würde des Menschen", seine „Gleichbehandlung und Gleichwertigkeit" sowie seine „Eigenständigkeit, Selbstbestimmung und Selbständigkeit" und seine „Individualität" zu achten, ihm „Respekt, Achtung und Freundlichkeit" entgegenzubringen, die Gabe von „Information" zu garantieren und die Erfordernisse von „Patientenzufriedenheit und –bedürfnissen" und der „Ganzheitlichkeit" des Patienten zu berücksichtigen.

Die subjekt-betonte Betrachtung des Patienten, die im Rahmen der Philosophien erkennbar wurde, ließ sich allerdings in den darauf folgend untersuchten Maßnahmen organisationaler Zuwendung insgesamt nicht wieder finden. Zwar erweckten vereinzelte Maßnahmen ansatzweise den Eindruck, einen Bezug zu den gefundenen Philosophien zu haben, z.B. die Errichtung einer Beschwerdestelle und Hinweise auf Möglichkeiten der emotionalen Unterstützung, allerdings konnten zu einer Reihe - im Sinne des philanthropen Patientenbildes - sehr wesentlicher Kategorien bedenklich wenige bis gar keine Maßnahmen gefunden werden, z.B. zur „Orientierung" des Patienten, dem Respekt gegenüber seiner „Individualität" und „Intimsphäre", zu seiner „Sicherheit", „Behandlung und Pflege" sowie zur „Selbstbestimmung" des Patienten. Die gefundenen Maßnahmen der „organisationalen Zuwendung" waren als Hinweise auf den bereitgestellten Service, die betrieblichen Gegebenheiten und Notwendigkeiten sowie patientenbezogene (Verhaltens-)Regeln zu verstehen und ließen darüber hinausgehende Maßnahmen, die die Philosophie deutlicher und umfassender widerspiegeln würden, durchgängig vermissen.

Die zunächst subjekt-orientierten, auf zentrale Werte der Menschlichkeit und zum Teil auf gesetzlich verankerten Grundrechten basierenden Philosophien fanden kein adäquates, in der Praxis auf Alltagstauglichkeit prüfbares Abbild, das sich in Form von Maßnahmen organisationaler Zuwendung, d.h. expliziten Hinweisen für den Patienten und den Mitarbeiter, äußern sollte. Die vorgefundenen Maßnahmen „organisationaler Zuwendung" zeigten überwiegend keinen nachvollziehbaren, konsequenten Bezug zu den Philosophien in den Leitbildern.

Die Inhalte der Leitbilder wurden überwiegend nicht kommuniziert und die kommunizierten Maßnahmen organisationaler Zuwendung waren mangelhaft. Unter Berücksichtigung aller Erkenntnisse lässt sich sagen, dass übereinstimmend objekt-orientiert an den Patienten herangetreten wird. Die in Deutschland vorhandene rechtliche Ausstattung des Patienten sowie ein Bewusstsein über sein Bedürfnis nach psychosozialem Wohlbefinden schlägt sich nicht nieder. Es ist insgesamt kein Verhältnis zum Patienten als Mensch mit psychosozialen Seiten und als Partner zu erkennen, der Subjekt und autonom ist, nach eigenen Maßstäben akzeptieren oder verweigern kann. Das Krankenhaus steht durchgängig im Mittelpunkt der Darstellungen und gibt die Grundlage dessen vor, was den Patienten erwartet und wonach er sich zu richten hat.

Die ausgewählten Krankenhäuser stimmten im Vergleich untereinander sowohl in den inhaltlichen Aussagen als auch in der Kommunikation ihrer Wertvorstellungen sowie ihrer Maßnahmen organisationaler Zuwendung stark überein, so dass eine vergleichende Betrachtung der Krankenhäuser, z.B. nach ihrer Größe, wie auch zwischen den Trägerkategorien (universitär, städtisch, konfessionell, privat), d.h. eine Typenbildung, nicht möglich ist. Die konfessionellen Krankenhäuser hoben sich zwar aufgrund der Übereinstimmung der zentralen subjektbetonten Aussagen in ihrer Mission und Philosophie von den übrigen ab (die übrigen Krankenhäuser gaben sich in ihren Missionen objekt-orientiert), was sich allerdings nicht weiter auswirkte.

Im Rahmen der Experteninterviews wurde das Bedürfnis der Experten deutlich, den Gesamteindruck von einem objekt-orientierten Miteinander zu relativieren. Demnach ist es zumindest subjektiv-situativ möglich, dass vereinzelte Maßnahmen zur Förderung des psychosozialen Wohlbefindens des Patienten umgesetzt werden, ohne dass vorher ein Hinweis an den Patienten erfolgt sein muss. Das Krankenhaus unterstellt dabei grundsätzlich eine unausgesprochene Übereinstimmung in den (schriftlich fixierten, jedoch nicht kommunizierten) Wertvorstellungen zwischen Krankenhaus und Mitarbeiter, da zentrale Wertvorstellungen als gesellschaftliches Gemeingut und daher bei jedem als voraussetzbar angesehen werden. Die entsprechende Übersetzung dieser Wertvorstellungen in geeignete Maßnahmen organisationaler Zuwendung durch den Mitarbeiter in der jeweiligen Situation wird als Ergebnis einer guten medizinischen/beruflichen Ausbildung vorausgesetzt. Demnach wird darauf vertraut, dass der Mitarbeiter ein ausreichend gesundes Empfinden mitbringt, um eine subjektiv-situativ „richtige" Reaktion, die mit den (undefinierten und unausgesprochenen) Erwartungen des Krankenhauses übereinstimmt, liefern zu können. Mit der Individualität und Besonderheit jeder Situation wird von den Experten begründet, dass sowohl die vereinzelten, subjektiv-situativ umgesetzten Maßnahmen als auch die große Bandbreite möglicher Maßnahmen, wie sie literaturgestützt denkbar und erwartbar ist, nicht als für jeden Patienten wissenswert und wichtig erachtet wird. Diese Auffassung verhindert die an alle Patienten gerichtete Kommunikation. Sie wird als überflüssig angesehen und erfolgt nicht, weil die Maßnahmen von vornherein entweder als allgemein bekannt, für jeden Menschen selbstverständlich oder als nicht für jeden Patienten interessant angesehen werden. Ferner werden sie aufgrund eines rationalisierten Alltages mit beschränkten Ressourcen als nicht einheitlich leistbar angesehen.

Das bedeutet, eine organisationsübergreifend einheitliche, klar kommunizierte und verbindliche Darlegung eines philanthropen Patientenbildes in Richtung Patient und in Richtung Mitarbeiter, in Form von entsprechenden Maßgaben zur Handlungsorientierung und davon abgeleitet zur Handlungsleitung, existiert nicht. Die in der vorliegenden Forschung zur Bedingung gemachte Sicherstellung der drei vom Krankenhaus zu ziehenden „Konsequenzen" mit dem Ziel der einheitlichen Behandlung aller Patienten als selbst entscheidende Partner des Krankenhauses - gemäß dem philanthropen Patientenbild - kann damit nicht gewährleistet werden. Vor diesem Hintergrund liegt die Schlussfolgerung nahe, dass die vorgefundenen, im Leitbild fixierten Werte keinen ausreichend hohen Stellenwert einnehmen, um operationalisiert und kommuniziert zu werden.

Die Frage danach, ob sich das Vorgefundene zumindest als Beginn eines vom normativen Management beabsichtigten Wertwandels, d.h. als Beginn einer Entwicklung auf einem Zeitkontinuum interpretieren lässt, muss verneint werden. Denn obwohl die Fertigstellung des Leitbildes in jedem Krankenhaus zum Zeitpunkt der Erhebung bereits abgeschlossen war, ein Leitbild seit längerem, teilweise seit mehreren Jahren vorlag, lassen die mangelnde Operationalisierung in Maßnahmen organisationaler Zuwendung sowie die mangelnde Kommunikation von Leitbild und Maßnahmen organisationaler Zuwendung keine Bejahung dieser Frage zu. Die vorgefundenen Maßnahmen lassen sich überwiegend auf gesetzgeberische Vorgaben und ökonomische Rahmenbedingungen zurückführen.

Aus den geschilderten Erkenntnissen leitet sich die Beantwortung der Forschungsfrage wie folgt ab:

Es konnten auf organisationaler Ebene des Krankenhauses die zur Initiierung eines philanthropen Patientenbildes notwendigen Konsequenzen nicht festgestellt werden. In der Gesamtbetrachtung der Ergebnisse ist ein Wertwandel nicht feststellbar.

5.2 Ausblick

Die vorliegende Forschung zeigt über die Beantwortung der Forschungsfrage hinaus eine Lücke in derzeit vorzufindenden Überlegungen zu Patientenorientierung und Patientenzufriedenheit auf. Sie zeigt, welche Anforderungen ein zeitgemäßes Patientenbild stellt und gibt konkrete Anregungen für eine geeignete Herangehensweise bei künftigen Bestrebungen, das psychosoziale Wohlbefinden des Patienten im Krankenhaus wirksam zu fördern.

Die zugrunde gelegten „Konsequenzen" für das Krankenhaus konnten insgesamt deshalb nicht festgestellt werden, weil ein Bewusstsein für die Notwendigkeit eines Wertwandels zugunsten eines zeitgemäßen (philanthropen) Patientenbildes zur Erreichung des proklamierten Zieles, das psychosoziale Wohlbefinden des Patienten zu verbessern, nicht vorhanden ist. Folglich ist ebenfalls ein Bewusstsein für die Notwendigkeit der Operationalisierung und Kommunikation des Leitbildes in den ausgewählten Krankenhäusern nicht vorhanden, seine Bedeutung für den Patienten wird nicht erkannt. Die literaturgestützt aufgezeigten Möglichkeiten, die sich aus sozialwissenschaftlicher Sicht auf die Thematik eröffneten und sich in den vorliegenden Fällen besonders stark auf die Maßnahmen organisationaler Zuwendung auswirken würden, werden nicht reflektiert bzw. erst gar nicht erkannt. Der immense Handlungsspielraum, den die Gewährung von gesetzlichen Patientenrechten unter Anwendung der philanthropen Idee eröffnet, bleibt ungenutzt.

Den Experten zufolge geht die vorgefundene schriftliche Fixierung eines Leitbildes mit Wertvorstellungen, die ohnehin als Selbstverständlichkeit angesehen werden, auf eine entsprechende gesetzliche Verpflichtung zurück, die die Existenz eines Krankenhausleitbildes bis spätestens 2005 vorgab. Hinsichtlich der gefundenen Maßnahmen organisationaler Zuwendung entsteht der Eindruck, dass sie überwiegend, sieht man von der traditionellen christlichen Seelsorge ab, auf die formale Erfüllung gesetzlicher Vorgaben und auf die Erfüllung einer ökonomisch motivierten Serviceauffassung zurückzuführen sind.

Allerdings ist eine Reihe von Ansatzpunkten im Sinne des philanthropen Patientenbildes gefunden worden, die als positiv zu bewerten ist. So zeigte sich, dass jedes ausgewählte Krankenhaus unter Einsatz materieller und zeitlicher Ressourcen ein Leitbild erarbeitet und fertig gestellt hat, welches eine Philosophie enthält, die inhaltlich dem philanthropen Patientenbild entspricht. Es konnten einzelne Maßnahmen organisationaler Zuwendung gefunden werden, die entweder in der Patientenbroschüre oder alternativ im Gespräch an den Patienten kommuniziert werden. Ergänzend hierzu zeigten sich informelle Maßnahmen, die nach subjektiv-situativer Einschätzung des Mitarbeiters oder Nachfrage des Patienten unter der Voraussetzung ausreichender Ressourcen, geleistet werden. Schließlich ist ein zentrales Kommunikationsmedium, die Patientenbroschüre, vorhanden.

Diese derzeit bestehenden positiven Ansatzpunkte organisationaler Zuwendung zum Patienten sollten genutzt und weiter ausgebaut werden. Das bestehende Leitbild sollte als Basis für eine konsequente Operationalisierung genutzt werden, damit der Patient sowie der Mitarbeiter die Wertvorstellungen des Krankenhauses tatsächlich erleben und umsetzen kann. Hierbei sollten über die derzeit gewährten Patientenrechte hinaus die gesetzlichen Patientenrechte *explizit* dargestellt und unter Anwendung der philanthropen Idee operationalisiert werden. Auf diese Art und Weise kann der krankenhausindividuelle Handlungsspielraum optimal ausgenutzt und für den Patienten über jede Verpflichtung hinaus eine große Zahl krankenhausindividueller „Rechte", d.h. Maßnahmen organisationaler Zuwendung, entwickelt werden. Neben den einzelnen, bereits vorgefundenen Maßnahmen organisationaler Zuwendung könnten in diesen Pool ferner auch jene Maßnahmen integriert werden, die derzeit eher informell, subjektiv-situativ vom Mitarbeiter geleistet werden. Nachdem diese Leistungen auf eine grundlegende Motivation der Mitarbeiter, im Sinne des philanthropen Patientenbildes zu handeln, hinweisen, bietet sich hier ein idealer Ansatzpunkt, die Mitarbeiter von der Bedeutung der Umsetzung des philanthropen Patientenbildes zu überzeugen und ihr Engagement hierfür zu gewinnen. Die abschließende Kommunikation von Leitbild und Maßnahmen organisationaler Zuwendung sollte unter Nutzung der Patientenbroschüre geschehen, da sie bereits vorhanden ist und aus zweierlei Gründen eine ideale Plattform hierfür bietet. Die Patientenbroschüre wird jedem Patienten am Bett ausgehändigt, ferner bleibt sie nicht auf die interne Verwendung beschränkt, sondern kann auch extern als Imagebroschüre dienen, indem der Patient sie nach seinem Aufenthalt mit nach Hause nehmen und in seinem sozialen Umfeld weiterreichen kann.

Die Initiierung des philanthropen Patientenbildes erfordert neben der Initiierung eine organisationale Begleitung und Kontrolle im Sinne eines fortlaufenden Korrekturprozesses sowie die Verfügbarkeit entsprechender Ressourcen. Das Krankenhaus befindet sich jedoch in einer Phase des ökonomisch bedingten Umbruchs. Der in der Einleitung der vorliegenden Arbeit dargelegte ökonomische Hintergrund, der finanzielle Zwänge mit sich bringt, ist nicht von der Hand zu weisen. Ihm zu begegnen ist die notwendige Aufgabe der Organisationsleitung, d.h. des Krankenhausmanagements und dient dazu, das Überleben der Organisation zu gewährleisten. Allerdings sollte hierdurch nicht vorschnell der Blick auf ökonomische Faktoren verengt werden, wodurch Berührungsängste mit nicht-ökonomischen Faktoren entstehen können. Denn insgesamt betrachtet kann die Initiierung eines Wertwandels im Hinblick auf das Patientenbild nicht nur dem Patienten, sondern auch der Organisation Krankenhaus bedeutende Vorteile bringen.

Die dargestellten konkreten Schritte in Form der Konsequenzen I-III sorgen für die Legitimation des Mitarbeiterhandelns und für die Gewährleistung einer philanthrop fundierten und einheitlich partnerschaftlichen Behandlung aller Patienten. Zwar ist davon auszugehen, dass hierfür zusätzliche Kosten entstehen werden, nämlich durch die Umsetzung jener Maßnahmen organisationaler Zuwendung, die eine ausreichende Personaldecke und eine adäquate Mitarbeiterbetreuung, z.B. in Form von gezielten Schulungen, erforderlich machen. Allerdings ist auch zu erwarten, dass mittelfristig ein ökonomischer Nutzen in Form eines höheren Patientenaufkommens folgen wird. Der zufriedene Patient ist der beste Werbeträger für ein erfolgreiches Krankenhausmarketing. Es ist zu erwarten, dass das gelebte, philanthrope Patientenbild positive Auswirkungen auf die Wettbewerbsfähigkeit des Krankenhauses hat und hierdurch einen wichtigen Beitrag zur Sicherung des Überlebens der Organisation leisten kann.

Die Förderung des psychosozialen Wohlbefindens des Patienten und hierfür die Initiierung eines philanthropen Patientenbildes unterstützt darüber hinaus das Krankenhaus darin, seine besondere Stellung in der Gesellschaft ideell zu legitimieren. Das Krankenhaus unterscheidet sich von anderen Organisationen besonders dahingehend, dass der erkrankte Mensch in einer persönlichen Ausnahmesituation, nicht eine beliebige Ware oder Dienstleistung, im Mittelpunkt steht. Die Aufgabe des Krankenhauses ist es, das Grundbedürfnis des Menschen nach Erhaltung und Wiederherstellung seines wichtigsten Gutes, der Gesundheit, zu befriedigen bei gleichzeitiger Wahrung der Rechte des Einzelnen und Berücksichtigung der individuellen Besonderheiten und Voraussetzungen des Patienten. Das Krankenhaus steht zu jeder Zeit, auch als moderner und ökonomisch verantwortungsbewusster Dienstleister, vor der besonderen Aufgabe, den Patienten als Mensch und Partner in philanthrop fundierter Art und Weise zu würdigen und in diesem Sinne zeitgemäß und glaubwürdig zu agieren.

Auf Basis der vorliegenden Forschung könnten folgende Forschungsprojekte/-fragen weiterführend sein:

– Patientenzufriedenheitsforschung aus dem sozialwissenschaftlichen Blickwinkel, d.h. unter Zugrundelegung des philanthropen Patientenbildes
– Sind sich potentielle Patienten ihrer gesetzlich verankerten Rechte bei einem Krankenhausaufenthalt bewusst?
– Welche Patientenrechte gibt es im internationalen Vergleich?
– Wie lässt sich eine Normierung/Stärkung der Patientenrechte in Deutschland/im deutschen Gesundheitssystem erreichen (Vorbilder in Vergleichsländern)?
– Verhindern ökonomische Zwänge im Krankenhaus eine umfassende „organisationale Zuwendung" zum Patienten im Sinne dieser Forschung?

6 Literaturverzeichnis/Bibliographie

6.1 Bücher

Adams, Hans-Anton:
Die Stellung des Ärztlichen Direktors zwischen Gesamtverantwortung und Interessenvertretung. In: Zwierlein, Eduard (Hrsg.): Klinikmanagement: Erfolgsstrategien für die Zukunft. Urban und Schwarzenberg, München-Wien-Baltimore 1997, S. 342-354

Albert, Franz-Werner:
Betriebsleitung – eine ärztliche Aufgabe. In: Zwierlein, Eduard (Hrsg.): Klinikmanagement: Erfolgsstrategien für die Zukunft. Urban und Schwarzenberg, München-Wien-Baltimore 1997, S. 355-368

Amelung, Eberhard (Hrsg.):
Ethisches Denken in der Medizin – Ein Lehrbuch. Springer Verlag, Berlin-Heidelberg 1992

Asselmeyer, Herbert / Wagner, Erwin:
Unternehmensphilosophie und Leitbildentwicklung. In: Zwierlein, Eduard (Hrsg.): Klinikmanagement: Erfolgsstrategien für die Zukunft. Urban & Schwarzenberg, München-Wien-Baltimore 1997, S. 150-164

Aust, Birgit:
Zufriedene Patienten? Eine kritische Diskussion von Zufriedenheitsuntersuchungen in der gesundheitlichen Versorgung. Veröffentlichungsreihe der Forschungsgruppe Gesundheitsrisiken und Präventionspolitik. Wissenschaftszentrum Berlin für Sozialforschung 1994

Badura, Bernhard et al (Hrsg.):
Bürgerorientierung des Gesundheitswesens: Selbstbestimmung, Schutz, Beteiligung. Nomos Verlagsgesellschaft, Baden-Baden 1999

Badura, Bernhard (Hrsg.):
Gesundheitsmanagement in Krankenhäusern und Pflegeeinrichtungen. Springer Verlag, Berlin 2004

Badura, Bernhard et al (Hrsg.):
Fehlzeiten-Report 2004. Gesundheitsmanagement in Krankenhäusern und Pflegeeinrichtungen. Springer Verlag, Berlin 2005

Bauer, Irmgard:
Die Privatsphäre der Patienten. Huber-Verlag, Bern 1996

Bauer, Martin:

Versorgungsforschung im stationären Sektor: Evaluation verschiedener anästhesiologischer Aufklärungsverfahren hinsichtlich Patientenorientierung und Ressourcenverbrauch. Diss., Nürnberg 2003

Belzer, Volker:

Leitbilder – Potentiale und Perspektiven für moderne Organisationen. In: Ders. (Hrsg.): Sinn in Organisationen? Oder: Warum haben moderne Organisationen Leitbilder? Mering Hampp, München 1995, S. 13-54

Beck, Ulrich:

Risikogesellschaft: auf dem Weg in eine andere Moderne. 1. Aufl. Suhrkamp Verlag, Frankfurt am Main 1986

Berger Peter L./Luckmann, Thomas:

Die gesellschaftliche Konstruktion der Wirklichkeit. Eine Theorie der Wissenssoziologie. 5. Aufl. Fischer-Taschenbuch-Verlag, Frankfurt am Main 1977

Bertelsmann-Stiftung/Hans Böckler-Stiftung (Hrsg.):

Vorteil Unternehmenskultur: Leitfaden für die Praxis. Teil H 1 Unternehmensleitbild und Unternehmensverfassung. Verlag Bertelsmann-Stiftung, Gütersloh 1996

Bexfield, Hildegard:

Gesundheitsförderung und Patientenpartizipation. In: Damkowski (Hrsg.): Patienten im Gesundheitssystem: Patientenunterstützung und -beratung; Notwendigkeit, Konzepte und Erfahrungen. Maro-Verlag, Augsburg 1995, S. 217-225

Bierich, Jürgen R.:

Arzt und Kranker. Wandlungen des Menschenbildes in der Medizin. In: Rudolph, Günter (Hrsg.): Medizin und Menschenbild. Eine selbstkritische Bestandsaufnahme. Attempto-Verlag, Tübingen 1993, S. 11-21

Biervert, Bernd:

Menschenbilder in der ökonomischen Theoriebildung: Historisch-genetische Grundzüge. In: Biervert, Bernd/Held, Martin (Hrsg.): Das Menschenbild in der ökonomischen Theorie: zur Natur des Menschen. Campus-Verlag, Frankfurt am Main-New York 1991, S. 42 - 55

Bleicher, Knut:

Leitbilder: Orientierungsrahmen für eine integrative Managementphilosophie. 2. Aufl. Schäffer-Poeschel Verlag, Stuttgart 1994

Bleicher, Knut:

Normatives Management. Politik, Verfassung und Philosophie des Unternehmens. Campus Verlag, Frankfurt am Main-New York 1995

Blum, Karl:

Patientenzufriedenheit bei ambulanten Operationen: Einflussfaktoren der Patientenzufriedenheit und Qualitätsmanagement im Krankenhaus. Juventa-Verlag, Weinheim 1998

Bogner, Alexander/Menz, Wolfgang:

Das theoriegenerierende Experteninterview. Erkenntnisinteresse, Wissensformen, Interaktion. In: Bogner, Alexander et al (Hrsg.): Das Experteninterview. Theorie, Anwendungen, Methode. Leske + Budrich, Opladen 2002, S. 33-70

Bortz, Jürgen:

Lehrbuch der empirischen Forschung. Springer-Verlag, Berlin 1984

Buchborn, Eberhard:

Die Sicht der Ärzte in der stationären Versorgung. In: Haase, Ingo (Hrsg.): Patientenbedürfnisse im Gesundheitswesen: die Rolle von Patientenbedürfnissen in der Reformdiskussion des deutschen Gesundheitswesens. Asgard-Verlag, Sankt Augustin 1995, S. 49-56

Büssing, André/Glaser, Jürgen (Hrsg.):

Dienstleistungsqualität und Qualität des Arbeitslebens im Krankenhaus. Hogrefe-Verlag, Göttingen-Bern-Toronto-Seattle 2003

Conrad, Hans-Jochim:

Konzept einer umfassenden Prozessoptimierung im Krankenhaus. In: Braun, Günther E. (Hrsg.): Handbuch Krankenhausmanagement. Bausteine für eine moderne Krankenhausführung. Schäffer-Poeschel Verlag, Stuttgart 1999, S. 571-582

Conradi, Elisabeth:

Take Care – Grundlagen einer Ethik der Achtsamkeit. Campus Verlag, Frankfurt-New York 2001

Damkowski, Wulf (Hrsg.):

Patienten im Gesundheitssystem: Patientenunterstützung und –beratung; Notwendigkeit, Konzepte und Erfahrungen. Maro-Verlag, Augsburg 1995

Dangel-Vogelsang, Bärbel:

Qualitätssicherung und Pflege. Konzepte, Methoden, Institutionen. E.B.-Verlag, Hamburg 1999

Degenhardt, Jörg:

Struktur- und Führungswandel im Krankenhaus: Emotionen als Wegweiser zur Veränderung. Kohlhammer, Stuttgart-Berlin-Köln 1998

Deutz, Wolfgang:

Marketing als Erfolgsfaktor im Krankenhausmanagement. Europäischer Verlag der Wissenschaften, Frankfurt am Main 1999

Dorsch, Friedrich et al (Hrsg.):

Dorsch Psychologisches Wörterbuch. 14. überarb. Aufl. Verlag Hans Huber, Bern 2004

Dullinger, Florian:

Krankenhaus-Management im Spannungsfeld zwischen Patientenorientierung und Rationalisierung: Probleme und Gestaltungsmöglichkeiten des Business Reengineering in der Krankenhaus-Praxis. FGM-Verlag, München 1996

Eichhorn, Siegfried/Lampert, Heinz (Hrsg.):

Ziele und Aufgaben der freigemeinnützigen Krankenhäuser, Beiträge zur Gesundheitsökonomie 18. Bleicher, Gerlingen 1988

Eichhorn, Siegried/Schmidt-Rettig, Barbara (Hrsg.):

Krankenhausmanagement im Werte- und Strukturwandel: Handlungsempfehlungen für die Praxis. Kohlhammer-Verlag, Stuttgart-Berlin-Köln 1995

Eiff, Wilfried von (Hrsg.):

Unternehmenskultur im Krankenhaus. Verlag Bertelsmann-Stiftung, Gütersloh 2007

Elkeles, Thomas:

Arbeitsorganisation in der Krankenpflege. Zur Kritik der Funktionspflege. 5. Aufl. Mabuse, Frankfurt a.M. 1994

Ellenbogen, Marc S. et al:

Health Care Marketing. In: Graf Volker P. et al (Hrsg.): Ein Krankenhaus im Reformprozess. Bibliomed, Melsungen 1998, S. 63-71

Engelhardt von, Michael/Herrmann, Christa:

Humanisierung im Krankenhaus. Empirische Befunde zur Professionalisierung der Patientenversorgung. Juventa-Verlag, Weinheim 1999

Feuerstein, Günter/Kuhlmann, Ellen (Hrsg.):

Neopaternalistische Medizin. Der Mythos der Selbstbestimmung im Arzt-Patientenverhältnis. Verlag Hans Huber, Bern 1999

Fischer, Alfons:
Geschichte des deutschen Gesundheitswesens. Band 2: Von den Anfängen der hygienischen Ortsbeschreibungen bis zur Gründung des Reichsgesundheitsamtes: Das 18. und 19. Jahrhundert. Gg Olms, Hildesheim 1965

Flick, Uwe:
Qualitative Sozialforschung - Eine Einführung. 2. Auflage. Rowohlt Taschenbuch Verlag GmbH, Reinbek bei Hamburg 2004

Francke, Robert/Hart, Dieter:
Charta der Patientenrechte. 1. Aufl. Nomos Verlags-Gesellschaft, Baden-Baden 1999

Gärtner, Heribert W.:
Zwischen Management und Nächstenliebe: zur Identität des christlichen Krankenhauses, Diss. Matthias-Grünewald-Verlag, Mainz 1994

Gahl, Klaus:
Beziehung zwischen Arzt und Patient. In: Kahlke, Winfried/Reiter-Theil, Stella: Ethik in der Medizin. Enke, Stuttgart 1995

Geißler, Jens:
Organisierte Vertretung von Patienteninteressen: Patienten-Organisationen als gesundheitspolitische Akteure in Deutschland, Großbritannien und den USA. Dr. Kovac Verlag, Hamburg 2004

Geißner, Ursula/Kellnhauser, Edith:
Aspekte einer fürsorglichen Atmosphäre: a caring environment. In: Kellnhauser, Edith (Hrsg.), Thiemes Pflege: Professionalität erleben. Thieme, Stuttgart-New York 2004

Genewein, Curt/Sporken, Paul:
Menschlich pflegen: Grundzüge einer Berufsethik für Pflegeberufe. 1. Aufl. Patmos-Verlag, Düsseldorf 1975

Gerhardt, Uta:
Gesellschaft und Gesundheit. 1. Aufl. Suhrkamp, Frankfurt am Main 1991

Gerlinger, Thomas et al (Hrsg.):
Kostendruck im Krankenhaus. 1. Aufl., Jahrbuch für kritische Medizin, Bd. 33, Argument-Verl., Hamburg 2000

Giese, Constanze:
Die Patientenautonomie zwischen Paternalismus und Wirtschaftlichkeit: Das Modell des „Informed Consent" in der Diskussion. LIT-Verlag, Münster 2002

Giddens, Anthony:
Interpretative Soziologie – eine kritische Einführung. Campus-Verlag, Frankfurt am Main 1984

Gödecker-Geenen, Norbert et al (Hrsg.):
Der Patient im Krankenhaus und sein Bedarf an psychosozialer Beratung. In: Mühlbauer, Bernd H./Schallenberg, Peter (Hrsg.): Management und Humanität im Gesundheitswesen. Bd. 5. Lit Verlag, Münster-Hamburg-London 2003

Gold, Carola et al (Hrsg.):
Patienten – Versicherte – Verbraucher; Möglichkeiten und Grenzen einer angemessenen Vertretung von Patienteninteressen. 1. Aufl. Verlag b_books, Berlin 2000

Gstöttner, Jörg:
Der Schutz von Patientenrechten durch verfahrensmäßige und institutionelle Vorkehrungen sowie den Erlaß einer Charta der Patientenrechte. Diss. Peter Lang GmbH, Europäischer Verlag der Wissenschaften, Frankfurt am Main 2005

Güntert, Bernhard J./Sagmeister, Markus:
Vernetztes Denken bei der Entwicklung eines Leitbildes für die Krankenhausführung. In: Probst, Gilbert J.B./Gomez, Peter (Hrsg.): Vernetztes Denken – Unternehmen ganzheitlich führen. Gabler, Wiesbaden 1989, S. 89-107

Güntert, Bernhard J.:
Zwischen Klinikleitbild und Pflegeleitbild – systemisches Denken als Hilfe zu Leitbildentwicklung. In: Klein, Ricarda/Borsi, Gabriele M. (Hrsg.): Pflegemanagement als Gestaltungsauftrag. Lang, Frankfurt am Main 1996, S. 29-47

Hammes, Yvonne:
Wertewandel seit der Mitte des 20. Jahrhunderts in Deutschland: Auswirkungen des Wandels gesellschaftlicher und politischer Wertorientierungen auf die Demokratie. Lang, Frankfurt am Main 2002

Heim, Nikolaus:
Arzt und Patient. In: Schuller, Alexander/Heim, Nikolaus/Halusa, Günter (Hrsg.): Medizinsoziologie: ein Studienbuch. Kohlhammer, Stuttgart 1992, S. 98 - 107

Heimbach, Gisela:
Organisierte Patienteninteressen in der Bundesrepublik Deutschland. Diss. Universität, Marburg an der Lahn 1987

Helfferich, Cornelia:
Die Qualität qualitativer Daten. 1. Aufl. VS-Verlag, Wiesbaden 2004

Herder-Dorneich, Philipp/Wasem, Jürgen:
Krankenhausökonomik zwischen Wirtschaftlichkeit und Humanität. Nomos Verlagsgesellschaft, Baden-Baden 1986

Hesch, Gerhard:
Das Menschenbild neuer Organisationsformen: Mitarbeiter und Manager im Unternehmen der Zukunft. Dt. Universität Verlag, Wiesbaden 1997

Hinterhuber, Hans H.:
Strategische Unternehmensführung. 6. Aufl. Walter de Gruyter, Berlin-New York 1996

Höfling, Wolfram/Lang, Heinrich:
Das Selbstbestimmungsrecht. Normativer Bezugspunkt m Arzt-Patienten-Verhältnis. In: Feuerstein, Günter/Kuhlmann, Ellen: Neopaternalistische Medizin. Der Mythos der Selbstbestimmung im Arzt-Patientenverhältnis. Verlag Hans Huber, Bern 1999, S. 17-26

Hopp, Frank-Peter:
Qualitätscontrolling im Krankenhaus: die Gewinnung von Qualitätsindikatoren durch Befragungen zur Patientenzufriedenheit. Verl. PCO, Bayreuth 2000

Hribek, Günther:
Messung der Patientenzufriedenheit mit stationärer Versorgung. Verlag Dr. Kovac, Hamburg 1999

Hundsdiek, Detlef:
Unternehmensleitbild: Wegweiser einer zielorientierten Entwicklung der Unternehmenskultur. In: Bertelsmann Stiftung und Hans-Böckler-Stiftung (Hrsg.): Vorteil Unternehmenskultur: Leitfaden für die Praxis. Teil H 1 Unternehmensleitbild und Unternehmensverfassung. Verlag Bertelsmann-Stiftung, Gütersloh 1996

Illich, Ivan:
Die Nemesis der Medizin. Die Kritik der Medikalisierung des Lebens. 4. Aufl. Beck, München 1995

Initiativkreis Ruhrgebiet:
Klinik-Führer Rhein-Ruhr. Klartext-Verlag, Essen 2005/2006

Irrgang, Bernhard:
Grundriss der medizinischen Ethik. Reinhardt Verlag, München-Basel 1995

Iselin, Isaak:

Philanthropische Aussichten redlicher Jünglinge. Schweighauser, Basel 1775

Kant, Immanuel:

Die Metaphysik der Sitten. ND, Werkausgabe, Bd. 8, 10. Aufl. Suhrkamp Verlag, Frankfurt am Main 1993

Kahla-Witzsch, Heike A.:

Zertifizierung im Krankenhaus nach DIN EN ISO 9001:2000 - Ein Leitfaden. Kohlhammer, Stuttgart 2002

Kasper, Helmut:

Organisationskultur : über den Stand der Forschung. Service Fachverlag an der Wirtschaftsuniversität Wien 1987

Kellnhauser, Edith:

Fachenglisch für Pflegekräfte. Schlütersche GmbH und Co.KG, Hannover 2003

Kellnhauser, Edith (Hrsg.):

Thiemes Pflege: Professionalität erleben. 10. Aufl. Thieme, Stuttgart-New York 2004

Kieser, Alfred (Hrsg.):

Organisationstheorien. 2. Aufl. Kohlhammer, Stuttgart 1995

Kleinfeld, Andre:

Menschenorientiertes Krankenhausmanagement. Diss., 1. Aufl. Deutscher Universitäts-Verlag, Wiesbaden 2002

Kluge, Friedrich (Hrsg.):

Etymologisches Wörterbuch der deutschen Sprache. 24. Aufl. de Gruyter Verlag, Berlin-New York 2002

Knerr, Astrid:

Messung der Patientenzufriedenheit. Eine systematische Übersicht über Aufbau und Gütekriterien von Erhebungsinstrumenten. Stiftung Leucorea, Sektion Gesundheitswissenschaften, Halle 2005

Knorr, Gerhard (Hrsg.):

Krankenhausrecht – SGB V – KrankenhausfinanzierungsG – KrankenhausentgeltG – BundespflegesatzV – Fallpauschalen-Verordnung: Textausgabe. Sonderausgabe, 2. Aufl. Deutscher Taschenbuchverlag C.H. Beck, München 2004

Koch, Axel:
Richtig mit Patienten reden: praktische Tips für konkrete Situationen. Bibliomed, Melsungen 1999

Körfer, Robert:
Die organisatorische Gestaltung von Krankenhäusern: eine systemtheoretische Perspektive. Lang, Frankfurt am Main 2001

Kranich, Christoph (a):
Patientenbeauftragte. In: Damkowski, Wulf (Hrsg.): Patienten im Gesundheitssystem: Patientenunterstützung und –beratung; Notwendigkeit, Konzepte und Erfahrungen. Maro-Verlag, Augsburg 1995, S. 244-267

Kranich, Christoph (b):
Qualitäts-Orientierung im Gesundheitswesen. In: Haase, Ingo (Hrsg.): Patientenbedürfnisse im Gesundheitswesen: die Rolle von Patientenbedürfnissen in der Reformdiskussion des deutschen Gesundheitswesens. Asgard-Verlag, Sankt Augustin 1995, S. 35-40

Krauskopf, Dieter (Hrsg.):
SGB V – Gesetzliche Krankenversicherung, Sonderausgabe, 13. Aufl. Deutscher Taschenbuchverlag C.H. Beck, München 2005

Kruse, Jürgen:
Das Krankenversicherungssystem der USA: Ursachen seiner Krise und Reformversuche. 1. Aufl. Nomos Verl.-Ges., Baden-Baden 1997

Küpper, Willi/Ortmann, Günther (Hrsg.):
Mikropolitik: Rationalität, Macht und Spiele in Organisationen. 2. Aufl. Westdeutscher Verlag, Opladen 1992

Kunig, Philip:
Grundgesetz-Kommentar. 5. überarbeitete Auflage. C.H. Beck'sche Verlagsbuchhandlung, München 2000

Lamnek, Siegfried:
Qualitative Sozialforschung. Lehrbuch, 4. Aufl. Beltz-Verlag, Weinheim 2005

Landau, David:
Unternehmenskultur und Organisationsberatung: über den Umgang mit Werten in Veränderungsprozessen. Verlag für Systemische Forschung im Carl-Auer-Systeme-Verlag, Heidelberg 2003

Loewy, Erich H.:
Ethische Fragen in der Medizin. Springer Verlag, Wien-New York 1995

Luhmann, Niklas:
Organisation und Entscheidung. Westdeutscher Verlag, Opladen 2000

Manz von, Hans G.:
Typen medizinischer Ethik. In: Amelung, Eberhard (Hrsg.): Ethisches Denken in der Medizin – Ein Lehrbuch. Springer Verlag, Berlin-Heidelberg 1992, S. 76-92

Matenaar, Dieter:
Organisationskultur und organisatorische Gestaltung. Die Gestaltungsrelevanz der Kultur des Organisationssystems der Unternehmung. Dunker und Humblot, Berlin 1983

Matschke, Jürgen:
Erarbeitung von Unternehmensleitlinien im TQM-Prozeß. In: Graf Volker P. et al (Hrsg.): Ein Krankenhaus im Reformprozeß. Bibliomed, Melsungen 1998, S. 55-62

Maunz-Dürig, Günter:
Grundgesetz, Kommentierung der Artikel 1 und 2 Grundgesetz. Sonderdruck. Verlag C.H. Beck, München 2003

Mayntz, Renate:
Das Menschenbild in der Soziologie. Vortrag am 7. Juli 2000 als Beitrag in der Reihe „Das Menschenbild der Gegenwart" in Düsseldorf. Hrsg. von der Gemeinsamen Kommission der Nordrhein-Westfälischen Akademie der Wissenschaften und der Gerda-Henkel-Stiftung, Rhema, Münster 2001

Mayntz, Renate:
Soziologie der Organisation. 9. Aufl. Rowohlt Verlag, Reinbek 1977

Mayring, Philipp:
Einführung in die qualitative Sozialforschung: eine Anleitung zu qualitativem Denken. 3. Aufl. Psychologie Verlags-Union, Weinheim 1996

Mead, George H.:
Geist, Identität und Gesellschaft aus der Sicht des Sozialbehaviorismus. Suhrkamp, Frankfurt am Main 1973

Meier, Jürgen (Hrsg.):
Menschenbilder: Philosophie im Krankenhaus. Georg Olms Verlag AG, Hildesheim 1994

Meuser, Michael/Nagel, Ulrike:

ExpertInneninterviews – vielfach erprobt, wenig bedacht. Ein Beitrag zur qualitativen Methodendiskussion. In: Bogner, Alexander/Littig, Beate/Menz, Wolfgang (Hrsg.): Das Experteninterview. Theorie, Anwendungen, Methode. Leske + Budrich, Opladen 2002

Mühlbauer, Bernd H. (Hrsg.):

Krankenhausmanagement im Gesundheitsnetzwerk. Kognos Verlag Braun GmbH, Stadtbergen 1997

Mühlbauer, Bernd H./Schallenberg, Peter:

Management und Humanität im Gesundheitswesen. Bd. 5. Lit-Verlag, Münster 2003

Müller, Elke:

Leitbilder in der Pflege: eine Untersuchung individueller Pflegeauffassungen als Beitrag zu ihrer Präzisierung. 1. Aufl. Verlag Hans Huber, Bern-Göttingen-Toronto-Seattle 2001

Müller, Clemens/Kranich, Christoph:

Mündigkeit durch >Empowerment<. In: Damkowski, Wulf (Hrsg.): Patienten im Gesundheitssystem: Patientenunterstützung und –beratung; Notwendigkeit, Konzepte und Erfahrungen. Maro-Verlag, Augsburg 1995, S. 227-243

Naschold, Frieder:

Trends und Problemstellungen im organisatorischen Erneuerungsprozess (TQM): Evaluationskriterien zur Organisationsentwicklung. In: Graf et al (Hrsg.): Ein Krankenhaus im Reformprozeß. Bibliomed, Melsungen 1998, S. 5-27

Neipp, Joachim W.:

Das Gesundheitswesen der USA: Ein Vorbild für die gesetzliche Krankenversicherung? 1. Aufl. Nomos Verl.Ges., Baden-Baden 1988

Neubauer, Günter:

Formen der Vergütung von Krankenhäusern und deren Weiterentwicklung. In: Braun, Günther E. (Hrsg.): Handbuch Krankenhausmanagement: Bausteine für eine moderne Krankenhausführung. Schäffer-Poeschel, Stuttgart 1999, S. 19-34

Neubauer, Walter:

Organisationskultur. Kohlhammer, Stuttgart 2003

Nickel, Stefan:

Patientenzufriedenheit mit kurzstationärer Versorgung. Entwicklung und Erprobung eines standardisierten Messinstruments für das Qualitätsmanagement im Krankenhaus. Lit Verlag, Hamburg 2006

Oltmanns, Michael:

Patientenrechte und Arzthaftung. Rechtliche Grundlagen und prozessuale Durchsetzung. In: Damkowski, Wulf (Hrsg.): Patienten im Gesundheitssystem: Patientenunterstützung und –beratung; Notwendigkeit, Konzepte und Erfahrungen. Maro-Verlag, Augsburg 1995, S. 46-68

Pampel, Lutz-Udo:

Ausdrucksformen berufsspezifischer Wertevorstellungen in der Kommunikation eines Krankenhauses der Maximalversorgung. Diss. Universität Oldenburg 2003

Parsons, Talcott:

Struktur und Funktion der modernen Medizin. Eine soziologische Analyse. In: König, René, Tönnesmann, Margret (Hrsg.): Probleme der Medizin-Soziologie. Kölner Zeitschrift für Soziologie und Sozialpsychologie, Sonderheft 3. Westdeutscher Verlag, Köln, Opladen 1958, S. 10-57, Übersetzung des Kapitels X aus dem Werk „The Social System". Glencoe, Illinois 1951

Peplau, Hildegard E.:

Interpersonale Beziehungen in der Pflege: ein konzeptueller Bezugsrahmen für eine psychodynamische Pflege. Recom-Verlag, Basel 1995

Peplau, Hildegard E.:

Zwischenmenschliche Beziehungen in der Pflege: ausgewählte Werke. Verlag Hans Huber, Bern 1997

Pfaff, Holger et al (Hrsg.):

„Weiche" Kennzahlen für das strategische Krankenhausmanagement. Stakeholderinteressen gezielt erkennen und einbeziehen. Reihe Management im Gesundheitswesen, 1. Aufl. Verlag Hans Huber, Bern-Göttingen-Toronto-Seattle 2004

Pfaffenberger, Peter:

Moderne Patientendurchlauf-Organisation. In: Braun, Günther E. (Hrsg.): Handbuch Krankenhausmanagement. Bausteine für eine moderne Krankenhausführung. Schäffer-Poeschel Verlag, Stuttgart 1999, S. 601-621

Prognos (Hrsg.):
Patientenorientierung – eine Utopie? Modellerfahrungen im Pflegedienst des St. Elisabeth-Krankenhauses Mayen GmbH. In Zusammenarbeit mit dem Psychologischen Lehrstuhl der TU München. Gustav Fischer Verlag, Stuttgart 1998

Putz, Wolfgang/Steldinger, Beate:
Patientenrechte am Ende des Lebens: Vorsorgevollmacht, Patientenverfügung, selbstbestes Sterben. 2. Aufl. Dt. Taschenbuchverlag, München 2004

Ratzel, Rudolf:
Kommentar zur Musterberufsordnung der deutschen Ärzte. Springer, Berlin 2006

Rehborn, Martin:
Arzt, Patient, Krankenhaus. Rechte und Pflichten. 3. Aufl. Dt. Taschenbuchverlag, München 2000

Richter, Anne-Dore:
Kundenorientierung im Krankenhaus. In: Braun, Günther E. (Hrsg.): Handbuch Krankenhausmanagement. Bausteine für eine moderne Krankenhausführung. Schäffer-Poeschel Verlag, Stuttgart 1999, 421-438

Ritter-Röhr, Dorothea (Hrsg.):
Der Arzt, sein Patient und die Gesellschaft. 1. Aufl. Suhrkamp Verlag, Frankfurt am Main 1975

Ritter, Joachim/Gründer, Karlfried:
Historisches Wörterbuch der Philosophie, völlig neubearbeitete Ausgabe des „Wörterbuchs der philosophischen Begriffe" von Rudolf Eisler. Band 7 Schwabe & Co AG Verlag, Basel 1989

Roßbach, Philipp O.:
Patientenzufriedenheit und Kundenorientierung als Kernelemente gelebter Marketingphilosophie in Krankenhäusern. Diss. Hochschule der Künste Berlin 2002

Rowland, Howard/Rowland, Beatrice:
Nursing Administration Handbook, Aspen Publishers. Gaithersburg, Maryland 1992

Sackmann, Sonja A.:
Erfolgsfaktor Unternehmenskultur, Bertelsmann Stiftung Gabler-Verlag, Wiesbaden 2004

Sanders, Karin/Kianty, Andrea:
Organisationstheorien. VS-Verlag für Sozialwissenschaften. Wiesbaden 2006

Schein, Edgar H.:
Unternehmenskultur. Ein Handbuch für Führungskräfte. Campus Verlag, Frankfurt-New York 1995

Schein, Edgar H.:
Organisationskultur. The Ed Schein Corporate Culture Survival Guide. EHP, Bergisch Gladbach 2003

Schell, Werner:
Patientenrechte für die Angehörigen der Pflegeberufe von A bis Z. Brigitte Kunz Verlag, Hagen 1993

Schellenberg, Aldo C.:
Durchsetzung der Unternehmenspolitik. Problemanalyse und Lösungsbeträge aus betriebs- und verhaltenswissenschaftlicher Sicht. Verlag Paul Haupt, Bern-Stuttgart-Wien 1992

Schellhorn, Helmut (Hrsg.)
SGB XI – Pflegeversicherung (vom 26. Mai 1994), Textausgabe des Sozialgesetzbuches – Elftes Buch (SGB XI) – Soziale Pflegeversicherung, mit einer systematischen Einführung. 4. überarbeitete Aufl. Luchterhand, München 2005

Schiemann, Doris:
Die Sicht der Pflegenden in der stationären Versorgung. In: Haase, Ingo (Hrsg.): Patientenbedürfnisse im Gesundheitswesen: die Rolle von Patientenbedürfnissen in der Reformdiskussion des deutschen Gesundheitswesens. Asgard-Verlag, Sankt Augustin 1995, S. 57-62

Schipperges, Heinrich:
Arzt und Patient in der Welt von morgen: Konturen einer modernen Medizin in Bewegung. Verlag für Medizin Fischer, Heidelberg 1983

Schipperges, Heinrich:
Die Technik der Medizin und die Ethik des Arztes: Es geht um den Patienten. 1. Aufl. Knecht, Frankfurt am Main 1988

Schmidbauer, Wolfgang (Hrsg.):
Pflegenotstand – das Ende der Menschlichkeit: vom Versagen der staatlichen Fürsorge. Rowohlt Verlag, Reinbek bei Hamburg 1993

Schmidt-Rettig, Barbara:
Funktionsorientierte Gestaltung der Krankenhausleitung. In: Eichhorn, Siegfried/Schmidt-Rettig, Barbara (Hrsg.): Krankenhausmanagement im Werte- und Strukturwandel: Handlungsempfehlungen für die Praxis. Kohlhammer, Stuttgart-Berlin-Köln 1995, S. 377-384

Schmitten, in der Jürgen:
Die Patienten-Vorausverfügung. Handlungsverbindlicher Ausdruck des Patientenwillens oder Autonomie-Placebo? In: Feuerstein, Günther/Kuhlmann, Ellen (Hrsg.): Neopaternalistische Medizin. Der Mythos der Selbstbestimmung im Arzt-Patienten-Verhältnis. Verlag Hans Huber, Bern 1999, S. 131-152

Schnell, Martin W. (Hrsg.):
Ethik der Interpersonalität. Die Zuwendung zum anderen Menschen im Licht empirischer Forschung. Schlütersche, Hannover 2005

Schnell, Rainer et al:
Methoden der empirischen Sozialforschung. 2. Aufl. Oldenburg, München-Wien 1989

Schott, Thomas:
Vision „Krankenhaus 2000": Patientenorientierung oder Risikoselektion? In: Schulz-Nieswandt, Frank (Hrsg.): „Krankenhaus 2000" im Kontext institutionellen und leistungsrechtlichen Wandels: Fragmentierungen, Schnittflächeneigenschaften, Vernetzungsbedarf. Eurotrans-Verlag, Weiden-Regensburg, S. 83-99

Schütz, Judith:
Die duale Erklärung von Organisation als Handlungssystem – eine theoretische und empirische Spurensuche. Diss. St. Gallen 2004

Schuller, Alexander et al (Hrsg.):
Medizinsoziologie. Ein Studienbuch. Verlag W. Kohlhammer, Stuttgart 1992

Schupeta, Eckhard/Hildebrandt, Helmut (Hrsg.):
Patientenzufriedenheit messen und steigern: was Krankenhäuser von Patienten lernen können. 1. Aufl. Asgard-Verl. Hippe, Sankt Augustin 1999

Schwarzenfeld Kraker von, Bernhard:
Patientenbefragung im Klinikum Ludwigshafen. In: Graf et al (Hrsg.): Ein Krankenhaus im Reformprozess. Bibliomed, Melsungen 1998, S. 97-105

Siegrist, Johannes:
Medizinische Soziologie. 4. Aufl. Urban & Schwarzenberg, München 1988

Sperl, Dieter:
Ethik in der Pflege: verantwortetes Denken und Handeln in der Pflegepraxis. Kohlhammer, Stuttgart 2002

Steffen, Petra:
Patientenzufriedenheit als Zielgröße für das strategische Krankenhausmanagement. In: Pfaff, Holger/Lütticke, Jürgen/Badura, Bernhard /Piekarski, Claus/Richter, Peter (Hrsg.): „Weiche" Kennzahlen für das strategische Krankenhausmanagement. 1. Aufl. Hans Huber Verlag, Reihe Management im Gesundheitswesen. Bern 2004, S. 85-108

Steinkamp, Norbert/Gordijn, Bert:
Ethik in der Klinik: ein Arbeitsbuch, zwischen Leitbild und Stationsalltag. 1. Aufl. Luchterhand, Neuwied 2003

Stratmeyer, Peter:
Die Mythen von der Krankenhausqualitätssicherung. In: Gerlinger, Thomas et al: Kostendruck im Krankenhaus. 1. Aufl., Jahrbuch für kritische Medizin, Bd. 33 Argument-Verl., Hamburg 2000

Stratmeyer, Peter:
Das patientenorientierte Krankenhaus: eine Einführung in das System Krankenhaus und die Perspektiven für die Kooperation zwischen Pflege und Medizin. Juventa-Verlag, Weinheim 2002

Thomasius, Christian:
Einleitung zur Sittenlehre 1692, ND 1968 Georg Olms Verlagsbuchhandlung, Hildesheim 1968

Tischmann, Peter:
Patientenrechte rund um das Krankenhaus. 1. Aufl. Remagen Verlag Business-Medien, Remagen 2004

Türk, Klaus:
Neuere Entwicklungen in der Organisationsforschung: ein Trend Report. Enke, Stuttgart 1989

Ulrich, Peter/Fluri, Edgar:
Management. Eine konzentrierte Einführung. 7. Aufl. Verlag Paul Haupt, Bern-Stuttgart-Wien 1995

Vetter, Petra:
Selbstbestimmung am Lebensende: Patientenverfügung und Vorsorgevollmacht. Boorberg, Stuttgart 2005

Vogel, Berthold:
"Wenn der Eisberg zu schmelzen beginnt..." – Einige Reflexionen über den Stellenwert und die Probleme des Experteninterviews in der Praxis der empirischen Sozialforschung. In: Brinkmann, Christian/Deeke, Axel/Völkel, Brigitte (Hrsg.): Experteninterviews in der Arbeitsmarktforschung: Diskussionsbeiträge zu methodischen Fragen und praktischen Erfahrungen. Landesarbeitsamt Nordbayern, Geschäftsstelle für Veröff., Nürnberg 1995, S. 73-84

Wabnitz, Reinhard J.:
Hessisches Krankenhausgesetz 2002 (HKHG), Kommentar Kommunal- und Schul-Verl., Wiesbaden 2003

Watson, Jean:
Pflege: Wissenschaft und menschliche Zuwendung. Huber, Bern-Göttingen-Toronto-Seattle 1996

Watzlawick, Paul (Hrsg.):
Die erfundene Wirklichkeit: wie wir wissen, was wir zu wissen glauben? Beiträge zum Konstruktivismus. 9. Aufl. Piper, München-Zürich 1995

Wilker, Friedrich-Wilhelm (Hrsg.):
Medizinische Psychologie und medizinische Soziologie, 2. Aufl. Urban und Schwarzenberg, München-Wien-Baltimore 1994

Wissenschaftlicher Rat der Duden Redaktion (Hrsg.):
Brockhaus. Die Enzyklopädie. 20. Aufl., Band 30, Deutsches Wörterbuch III F.A. Brockhaus Leipzig, Mannheim 1999

Wollnik, Michael:
Interpretative Ansätze in der Organisationstheorie. In: Kieser, Alfred (Hrsg.): Organisationstheorien. Kohlhammer, Stuttgart 1995, S. 303-320

Zwierlein, Eduard:
Klinikmanagement: Erfolgsstrategien für die Zukunft. Urban und Schwarzenberg, München-Wien-Baltimore 1997

6.2 Zeitschriften

Asché, Peter:
Akkreditierung von Krankenhäusern in den USA nach den Standards der Joint Commission on Accreditation of Healthcare Organisations (JCAHO) - Überlegungen zur Übertragbarkeit des Verfahrens auf Deutschland. In: Zeitschrift für ärztliche Fortbildung und Qualitätssicherung, Jg. 94, 8/2000, S. 665-668

Behrens, Michael:
Die Testamentserrichtung im Krankenhaus. In: das krankenhaus, Jg. 89, 8/1997, S. 500-502

Benker, Matthias:
Wünsche und Erwartungen älterer Menschen an das Krankenhaus. In: f&w 3/2001, 18. Jg., S. 282 f.

Blum, Karl:
Verwertungsdefizite von Patientenbefragungen: eine Ursachenanalyse. In: Zeitschrift für Gesundheitswissenschaften, 1998, 6. Jg., S. 259-274

Borasio, Gian D. et al:
Neuer Beschluss des Bundesgerichthofs: Verbindlichkeit von Patientenverfügungen gestärkt. In: Deutsches Ärzteblatt 100, Ausgabe 31-32 vom 4.8.2003, S. A 2062, http://www.aerzteblatt.de/v4/archiv/artikeldruck.asp?id=37902

Bremer, Jörg/Felger, Martin:
Von der Vision zur Wirklichkeit: Das Leitbild bestimmt Abläufe und Handlungen im Krankenhaus. In: Rier, Dr. Angela (Hrsg.): ku-Sonderheft Qualität durch Werte, 4/2003, S. 40-42

BGH Urteil vom 25.3.2003 – VI ZR 131/02
In: Patienten Rechte 2003, Heft 3, S. 78

BGH Urteil vom 7.4.1992 – VI ZR 192/91
In: Neue Juristische Wochenschrift 1992, S. 2351-2353

Eckert, Hans/Böhmer, Klaudia:
Die Reform der DIN EN ISO 9001:2000. Ein Kommentar zu den neuen Anforderungen an Qualitätsmanagement-Systeme. In: Zeitschrift für ärztliche Fortbildung und Qualitätssicherung, Jg. 94, 12/2000, S. 669-675

Eichhorn, Siegfried:
Betriebswirtschaftliche Ansätze zu einer Theorie des Krankenhauses. In: ZfB, 1979, 49. Jg., Nr. 3/79, S. 173-191

Ender, Sibylle:
Einsichtsrecht des Patienten in seine Krankenunterlagen. In: Patienten Rechte, 1/2003, Jg. 2, S. 6

Frigge, Carsten/Houben, Anabel:
Das Leitbild leben. In: prmagazin, 2005, 36. Jg., Nr. 11, Organisations-Check VI, S. 42-43

Günter, Rudolf:

Zur aktuellen Rechtsprechung des Bundesgerichtshofs zur Unterrichtung des Patienten vor Abschluss einer Wahlleistungsvereinbarung. In: Baltzer, Johannes, Kullmann Hans J., Schlund Gerhard H. (Hrsg.): Patienten Rechte, 2/2004, Jg. 3, S. 31-36

Güntert, Bernhard J. et al:

Patientenzufriedenheit – eine wichtige Dimension des Total Quality Management. In: Forum public health: Forschung, Lehre, Praxis; Urban & Fischer, Jena 11/1996, S. 9

Hennekeuser, Hans H.:

Kirchliches Krankenhaus: Auslaufmodell oder Hoffnungsträger? In: Arzt und Krankenhaus 3/1999, Jg. 72, Nr. 3, S. 74-77

Hermes, Martin:

Podiumsdiskussion: Doktoren und Schwestern werden knapp: Was tun? Kliniken setzen auf junge Ärzte, um Strukturen zu verändern. In: f&w, Gesundheitspolitik, 3/2006, 23. Jg., S. 234-235

Hildebrand, Rolf et al:

Was ist besser für das Krankenhaus: EFQM oder KTQ? In: f&w 3/2001, 18. Jg., S. 244-246

Hörmann, Frank:

Der Mystery Patient – Werkzeug zur Evaluation und Optimierung der Dienstleistungsqualität. In: krankenhaus umschau 4/2005, 74. Jg. S. 314-316

Kellnhauser, Edith:

Aufgaben und Chancen für die Pflege. In: Die Schwester/Der Pfleger. 3/2001, S. 210-218, Teil 1, und 4/2001, S. 309-317, Teil 2.

Kippes, Stephan:

Der Leitbilderstellungsprozeß. Weichenstellung für Erfolg oder Mißerfolg von Unternehmensleitbildern. In: zfo, Jg. 62, Nr. 3/93, S. 184-188

Klie, T.:

Menschenwürde als ethischer Leitbegriff für die Altenhilfe. In: Blonski, H. (Hrsg.): Ethik in Gerontologie und Altenpflege. Leitfaden für die Praxis. Brigitte Kunz Verlage, Hagen 1998, S. 123-139

Kolkmann, Friedrich W. et al:

KTQ – Projekt zur Zertifizierung von Akutkrankenhäusern. In: Zeitschrift für ärztliche Fortbildung und Qualitätssicherung (ZaeFQ), Jg. 94, 9/2000, S. 651-657. Urban & Fischer Verlag

Kunert, Erich et al:
Wer nett und menschlich ist, verdient mehr Geld. In: f&w 3/2001, 18. Jg., S. 264-269

Ledford, Gerald E. et al:
Die Verwirklichung eines Unternehmensleitbildes. In: Organisationsentwicklung - Zukunftskonferenzen 1 (Methode und Dynamik), 1/1996, 15. Jg., S. 46-60

Neuberger, Oswald/Kompa, Ain:
Macher, Gärtner, Krisenmanager. Serie Firmenkultur IV. In: psychologie heute 1986 d, Nr. 9, S. 64-71

OLG Düsseldorf, Urteil vom 12.10.1989 – 8 U 60/88
In: Neue Juristische Wochenschrift 1990, Heft 12, S. 771 f.

o.V.:
Die Bezeichnung als Klinik. In: Blick durch die Wirtschaft, 14.8.1996

o.V.:
Charta „Patientenrechte in Deutschland". In: Patienten Rechte, 1/2002, Jg, 1, S. 29-33

Probst, Gilbert J.B./Scheuss, R.:
Resultat von Organisieren und Selbstorganisation. In: zfo, 8/1984, S. 480-488

Schaefer, Klaus/Faust, Jeanne:
Geborgenheit und Autonomie – Wege zur Ethik im Krankenhaus. Berliner Medizinethische Schriften, Heft 39, 1. Auflage. Humanitas Verlag, Dortmund 2000

Schein, Edgar H.:
Soll und kann man Organisations-Kultur verändern? Organisationsentwicklung vor neuen Fragestellungen. In: gdi-impuls, 2/1984, S. 31-43

Sträter, Gisela:
Die Pflege hat ihre Aufgabe gemacht. Expertenstandards – Hintergründe und Ausblicke. In : Caritas und Pflege, 1/2006, Jg. 58, S. 9

Ulrich, Peter:
Systemsteuerung und Kulturentwicklung. In: Die Unternehmung, 4/1984, Jg. 38, S. 303-323

Weichert, Thilo:
Welche Datenschutzrechte haben Patienten? In: Patienten Rechte, 4/2003, Jg. 2, S. 83-95

Weinbrenner, Hartmut:
Identität und Wandel. Strukturveränderungen und Entwicklung eines Leitbildes. In: das krankenhaus, 8/1997, Jg. 89, S. 495-499

6.3 Broschüren, Internet-Veröffentlichungen, unveröffentlichte Literatur

Abt-Zegelin, Angelika et al:
Die neue Charta der Patientenrechte. Anmerkungen aus Sicht der Pflegewissenschaft, 22.4.2005
http://notesweb.uni-wh.de/wg/medi/wgmedi.nsf/1084c7f3cb4b7f4ac1256b6f005851c5/d7df17ce5ffb1e7fc1256d18004c34ee/$FILE/PATIEN~1.PDF

Asklepios Südpfalzkliniken – Klinik Germersheim:
http://www.asklepios.com/germersheim/index.html

Behörde für Umwelt und Gesundheit Hamburg (Hrsg.):
Patientenrechte in Deutschland heute.
http://www.hamburg.de/fhh/behoerden/umweltbehoerde/verbaucherschutz/themen/pa

Bundesarbeitsgemeinschaft der Patientinnenstellen (Hrsg.):
Patientenrechte, Ärztepflichten, Broschüre Nr. 1, 1994

Christliches Krankenhaus Quakenbrück e.V.:
http://www.christliches-krankenhaus-ev.de/media-nor20285.pdf

Cedars Medical Center (Hrsg.):
Information for our patiens, Miami 2005
http://www.cedarsmed.com/cpm/splashpage.htm

Das Bundesministerium für Gesundheit und Soziale Sicherung (Hrsg.):
GKV-Versicherte nach Alter und Wohnort, GKV-Statistik KM6 zum 1. Juli 2006, zusammengestellt von Klaus Busch, Referat LG5,
http://www.bmg.bund.de/cln_040/nn_601098/SharedDocs/Download/DE/Datenbanken-Statistiken/Statistiken-Gesundheit/Gesetzliche-Krankenversicherung/Mitglieder-und-Versicherte/2006-km6-lang-pdf,
templateId=raw,property=publicationFile.pdf/2006-km6-lang-pdf.pdf, S. 13

Das Bundesministerium für Gesundheit und Soziale Sicherung (bmgs)/Bundesministerium der Justiz (Hrsg.):
Patientenrechte in Deutschland. Leitfaden für Patientinnen/Patienten und Ärztinnen/Ärzte. 3. Auflage, August 2005; oder
http://www.bagh.de/archiv/jahr-2002/patientencharta/patientenrechte-in-deutschland/

Das Bundesministerium für Gesundheit und Soziale Sicherung/Bundesministerium der Justiz (Hrsg.):
Broschüre Patientenrechte in Deutschland 2003,
http://www.bmj.bund.de/enid/15e49a1982ae5814e9a2375ed36af505,5ac72d
706d635f6964092d09313638093a095f7472636964092d0933303334/Presse
mitteilungen_und_Reden/Pressemitteilungen_58.html und
http://www.bmgs.bund.de/publikationen/gesundheit.

Das Bundesministerium für Gesundheit und Soziale Sicherung (Hrsg.):
Leitfaden zu Einführung von Fallpauschalen und Sonderentgelten gemäß Bundespflegesatzverordnung 1995, Baden-Baden 1995

Deutsche Angestgellten-Krankenkasse (DAK):
Wohin in Hamburg? DAK Krankenhaus-Ratgeber, Copyright bei Hildebrandt GesundheitsConsult GmbH, Hamburg 1996

Dierks, Marie-Luise et al:
Patientensouveränität – Der autonome Patient im Mittelpunkt. Arbeitsbericht Nr. 195 der Akademie für Technikfolgenabschätzung in Baden-Württemberg. Stuttgart 2001
http://www.innovations-report.de/html/berichte/studien/bericht-4405.html

Dierks, Marie-Luise et al:
Bürger- und Patientenorientierung im Gesundheitswesen. In: Robert Koch-Institut (Hrsg.): Gesundheitsberichterstattung des Bundes, Heft 32, 2006

Dreymüller, Veronika:
Erarbeitung eines Konzeptes für die Pflege von Patienten mit akutem Schlaganfall, Osnabrück 2001

Englishweb GmbH:
englishweb.de, Einblick Sozialsystem USA,
http://www.englishweb.de/business/usasozialsystem.php;

Europäische Union:
Charta der Patientenrechte für Krankenhauspatienten 1979,
http://www.hope.be/07publi/publoth/Hospchart.htm

Francke, R./Hart, D.:
Charta der Patientenrechte.
http://www.igmr.uni.bremen.de/projekte/charta.htm

Franziskus Hospital gem. GmbH (Hrsg.):
Broschüre Leitbild, Qualitätsbericht 2004,
http://www.franziskus.de/fileadmin/qualitätsbericht 2004/
Q-Bericht_2004.pdf

Freie und Hansestadt Hamburg/Behörde für Umwelt und Gesundheit (Hrsg.):
Patientenrechte in Deutschland heute. Beschluss der 72. Konferenz der für das Gesundheitswesen zuständigen Ministerinnen und Minister, Senatorinnen und Senatoren vom 9./10.6.1999 in Trier, Hamburg 2002

Geisler, Linus:
Arzt-Patienten-Beziehung im Wandel – Stärkung des dialogischen Prinzips. Beitrag im Abschlußbericht der Enquete-Kommission „Recht und Ethik der modernen Medizin" vom 14.5.2002
http://dip.bundestag.de/btd/14/090/1409020.pdf

Gesellschaft für Humanistische Pflege:
http://www.dghp.de

Hessisches Ministerium der Justiz (Hrsg.):
Broschüre „Betreuungsrecht", Information über die Rechtslage, Empfehlungen und Adressen, Erscheinungsdatum 1.1.2006 http://hmdj.hessen.de

Joint Commission on Accreditaton of Healthcare Organisations:
An Introduction to Joint Commission Nursing Care Standards, Oakbrook Terrace Illinois, USA 1991

Joint Commission on Accreditaton of Healthcare Organisations:
Accreditation Manual for Hospitals, Vol, II, Scoring Guidelines 1995, Oakbrook Terrace Illinois, USA 1994. http://www.jcaho.org/

Kenngott, Eva-Maria:
Der Organisationskulturansatz – ein mögliches Programm zur Konzeption von Entscheidungsverhalten in Organisationen? In: Veröffentlichungsreihe der Abteilung Organisation und Technikgenese des Forschungsschwerpunkts Technik-Arbeit-Umwelt des Wissenschaftszentrums Berlin für Sozialforschung, 1990, FS II, 90-103

Krankenkasseninfo.de (Hrsg.):
Vergleich GKV/PKV, 15.5.2006,
http://www.krankenkasseninfo.de/vergleich-gkv-pkv.php,

KSB Klinikberatung GmbH:
Qualitätsberichte deutscher Krankenhäuser. http://www.qualitaetsbericht.de

KTQ – Kooperation für Transparenz und Qualität im Gesundheitswesen:
KTQ-Manual inkl. KTQ-Katalog, Version 3.0 und 5.0 für den Einsatz in der Pilotphase, „Machbarkeitskonzept zur Zertifizierung von Krankenhäusern", Deutsche Krankenhausverlagsgesellschaft mgH, Düsseldorf 2000, http://www.ktq.de

Kühn, Hagen:
Ethische Probleme einer ökonomisch rationalisierten Medizin. Arbeitsgruppe Public Health am Wissenschaftszentrum Berlin für Sozialforschung. Berlin 1996

Kühn, Hagen/Simon, Michael:
Anpassungsprozesse der Krankenhäuser an die prospektive Finanzierung (Budgets, Fallpauschalen) und ihre Auswirkungen auf die Patientenorientierung. Abschlußbericht der Arbeitsgruppe Public Health am Wissenschaftszentrum Berlin für Sozialforschung, gefördert vom Bundesministerium für Bildung und Forschung. Berlin 2001.
http://www.wz-berlin.de/ars/ph/download/kh-projekt_abschlussbericht_dlr_2.pdf

Landeskrankenhaus - Anstalt des öffentlichen Rechts (Hrsg.):
Das Leitbild des Landeskrankenhauses (AöR) und seiner Einrichtungen. Andernach 2005.
http://www.landeskrankenhaus.de/downloads/LKH_leitbild.pdf

NewYork-Presbyterian – The University Hospital of Columbia an Cornwell:
http://www.nyp.org/about/mission.html?name1=Leading+the+Way&type1=2Select&name2=Mission&type2=3Active und http://www.nyp.org

Offermanns, Matthias:
Die Zertifizierung nach DIN EN ISO 9000 ff. – Erfahrungen aus der Krankenhaus-Praxis – Schriftenreihe/Wissenschaft und Praxis der Krankenhausökonomie, herausgegeben vom Deutschen Krankenhausinstitut e.V., Bd. 6, Düsseldorf 1998

Rieser, Sabine:
Charta der Patientenrechte: Offensive der Ärzteschaft, Politik-Leitartikel für das Deutsche Ärzteblatt 1996, Ausgabe 44 vom 5.11.1999, Seite A-2785/B-2366/C-2102, http://www.aerzteblatt.de/v4/archiv/artikel.asp?id=19692

Sachverständingenrat für die Konzertierte Aktion im Gesundheitswesen:
Bedarfsgerechtigkeit und Wirtschaftlichkeit, Bd. III, Über-, Unter- und Fehlversorgung, Teile 1-4, ausführliche Zusammenfassung 2000/2001. http://www.svr-gesundheit.de und http://www.svr-gesundheit.de/Gutachten/Gutacht01/Kurzf-de.pdf

Schell, Werner:
Die Patientenrechte haben ihre Grundlage im Grundgesetz und sind durch die Rechtsprechung präzisiert worden. Team Werner Schell, Harffer Str. 59, 41469 Neuss,
http://www.patientenunterstuetzung.de/Grundsaetzliches/grundlage.htm

Statistisches Bundesamt Deutschland (Hrsg.), (2005 a):
Fachserie 12, Reihe 6.1.1: Grunddaten der Krankenhäuser 2004. Erscheinungsdatum 23.12.2005, korrigiert 25.1.2006, Wiesbaden 2005.
http://www.destatis.de

Statistisches Bundesamt Deutschland (Hrsg.), (2005 b):
Pressemitteilung vom 6. Juni 2003 zur Bevölkerungsentwicklung Deutschlands bis 2050, Wiesbaden 2005

Statistisches Bundesamt Deutschland (Hrsg.), (2005 c):
Stationäre Versorgung 1991 bis 2005, Wiesbaden 2005, http://www.destatis.de/download/d/veroe/pm_krankenhaus 2005.xls

Statistisches Bundesamt Deutschland (Hrsg.):
Bevölkerung nach Bundesländern, Wiesbaden 2006, VIA – 173, http://www.destatis.de/download/d/bevoe/Schnellmitteilung31122005.pdf

St. Dominic-Jackson Memorial Hospital (Hrsg.):
Homepage, Miami FL 2005, http://www.stdom.com/

St. John´s Hospital Springfield (Hrsg.):
St. John´s Guide, Springfield IL 2005, http://www.st-johns.org/

St. Josef- und Elisabethhospital Bochum:
http://www.klinikum-bochum.de/www_josef/start01.html

Türk, Klaus:
Neuere Organisationssoziologie – Ein Studienskript 1990. BUGH Wuppertal

World Health Organization WHO:
Declaration on the Promotion of Patients' Rights in Europe, WHO Regional Office for Europe, reprinted in 45 International Digest of Health Legislation 411, 1995, http://www1.umn.edu/humanrts/instree/patientrights.html

Zimmermann, Thomas:
Christliches und humanistisches Menschenbild: Ein Vergleich. CSL-Schriftenreihe: Christsein in Politik und Gesellschaft. Heft 4. Verlag für Kultur und Wissenschaft, Bonn 1994

Kurzfassung

Im Krankenhaussektor wurden im Rahmen der gesetzlichen Verpflichtung zur Einführung eines Qualitätsmanagements in den vergangenen Jahren zunehmend Ansätze für mehr Patientenoriertierung und Patientenfreundlichkeit thematisiert, bei denen Veränderungen und Verbesserungen der Krankenhausleistungen nicht mehr nur das objektive physische, sondern darüber hinaus das subjektiv empfundene, psychosoziale Wohlbefinden des Patienten[*] fördern sollen. Die explizite Zusicherung der Wahrung zentraler menschlicher Werte, der Selbstbestimmtheit und Integration des Patienten sowie der Rücksichtnahme auf seine individuellen Bedürfnisse zeichnen heute eine zeitgemäße Krankenhausphilosophie aus.

Derlei Einlassungen könnten einerseits ein Zeichen für einen beginnenden Wertwandel zugunsten eines neuen, für die vorliegende Forschung als „philanthrop" definierten Patientenbildes sein, welches die Gewährung selbstverständlicher Bürger- und Patientenrechte mit einer partnerschaftlich-freundschaftlichen Gesinnung des Krankenhausmanagements gegenüber dem Patienten zusammenführt. Sie könnten allerdings andererseits lediglich dazu dienen, die Folgen der ökonomischen Umbrüche der jüngeren Vergangenheit im Krankenhaussektor wettbewerbswirksam zu kompensieren, ohne das nach wie vor dominierende Patientenbild zu tangieren, das in der zugrunde gelegten Literatur übereinstimmend als tendenziell paternalistisch beschrieben wird.

Ziel der vorliegenden Forschung ist es daher herauszufinden, ob das Krankenhausmanagement solche Aktivitäten, die auf die Initiierung des philanthropen Patientenbildes hindeuten, veranlasst. Zunächst wird in verschiedenen Krankenhäusern auf organisationaler Ebene (die strikt von der interaktionalen Ebene getrennt wird) nach Hinweisen gesucht, die dazu geeignet sind, das psychosoziale Wohlbefinden des Patienten potentiell zu fördern. Dann wird beurteilt, ob diese dem philanthropen Patientenbild entsprechen.

Zur Bearbeitung dieses Forschungsinteresses wird der Organisationskultur-Ansatz aufgegriffen und skizziert, der ein grundlegendes theoretisches Verständnis für die Funktionsweise von Organisationen, die ausschlaggebende Rolle des Managements sowie des Mitarbeiters vor allem in Phasen der Veränderung, wie es ein Wertwandel bzw. Wandel des Patientenbildes ist, vermittelt. Denn die Initiierung eines neuen Patientenbildes durch das Management erfordert demnach spezifische Aktivitäten, die sich beim letztendlich umsetzenden Mitarbeiter im Alltag zumindest potentiell als „richtig" bewähren können müssen. Drei geeignete, hier so genannte „Konsequenzen", die aus einschlägiger Literatur herausgearbeitet wurden und im weiteren Verlauf den roten Faden bilden, sind die im Krankenhausleitbild schriftlich fixierten, theoretischen Wertvorstel-

---

[*] Aus Gründen der besseren Lesbarkeit wird durchweg die maskuline Form angewendet.

lungen über das Verhältnis der Organisation Krankenhaus zum Patienten hin, die Operationalisierung dieser Wertvorstellungen in Form von konkreten Maßnahmen einer entsprechenden „organisationalen Zuwendung" und schließlich deren „Kommunikation" in Richtung Patient und Mitarbeiter.

Hiernach werden im Rahmen einer qualitativen Forschung acht bewusst ausgewählte Krankenhäuser mittels einer Dokumentenanalyse und leitfadengestützter Experteninterviews untersucht. Die Auswertung der zugrunde gelegten Dokumente gibt einen ersten Eindruck über vorhandene Aktivitäten (Konsequenzen), die das psychosoziale Wohlbefinden des Patienten im Sinne des philanthropen Patientenbildes potentiell fördern können. Die daran anschließenden Experteninterviews mit je einem Vertreter der Krankenhausmanagements (Krankenhausleitung) sowie je einem Vertreter einer Station (Stationsleitung) geben, entlang eines auf Basis der Dokumentenanalyse und internationaler Literatur entwickelten Interviewleitfadens, Aufschluss darüber, ob von der Initiierung eines Wertwandels zugunsten des philanthropen Patientenbildes tatsächlich gesprochen werden kann.

Die vorliegende Forschung zeigt, dass die für die Initiierung eines Wertwandels hinsichtlich des Patientenbildes notwendigen Konsequenzen zwar ansatzweise vorzufinden sind, sie jedoch vom Krankenhausmanagement nicht die entsprechende Bedeutung beigemessen bekommen und sie daher nicht dazu geeignet sind und nicht dazu genutzt werden, einen Wertwandel einzuleiten.

Summary

In recent years the hospital sector increasingly discussed initiatives for more attention and friendlyness towards patients, whereby changes and improvements of hospital services no longer concentrate only on the physical well-being of patients, but enhance their psycho-social contentment. The explicit assurance of safeguarding central human values, such as self-determination and integration of patients in the treatment process, as well as, satisfaction of their individual needs characterize a modern hospital philosophy today.

This kind of philosophy could on the one hand signal a beginning change in values advancing a new and modern way patients are viewed, which the here presented research defines as a "philanthropic" view of patients. This view of patients combines the assurance of patients' rights with a supportive and friendly attitude towards them. On the other hand this philosophy could simply be used to compensate in a competitive effective way the results of the recent economic upheaval in the hospital sector without affecting the present outdated but still dominating view of patients, which the related literature describes unanimously as tendentiously paternalistic.

Therefore, the aim of this research is to find out whether the hospital carries out activities, which indicate the initiation of the philanthropic view of patients. The study begins with the search for suitable indicators in different hospitals, which can increase the psycho-social well-being of patients. These are then evaluated as to their being in accordance with the philantropic view of patients.

For the theoretical foundation of this study, the theory of "organizational culture approach", is utilzed and outlined, which provides a basic understanding of the functioning of organisations and the fundamental role played by the employee especially in times of change, i.e. a change in attitude towards patients. Consequently, the initiation of a new way of viewing patients requires specific activities, which in their implementation by the employee ought to prove themselves as appropriate. Three appropriate, so called "consequences," gained from the related literature constitute the guideline for the research procedure. These three consequences are: The written philosphy of the hospitals, declaring the value in the relationship between the hospital and the patients, the operationalization of these written ideals of value in form of observable activities of organisational attention towards patients, and finally the communication of both to patients and employees.

Following, within the framework of a qualitative study eight hospitals are chosen and the research is done by analysing appropriate documents and conducting expert interviews. The analysation of the documents gives a first impression of existing activities (consequences), which potentially enhance the psycho-social well-being of patients in the sense of the philanthropic view of patients. The results of the expert interviews disclose whether an initiation of change in values really occured effecting a philanthropic view of patients.

The here presented research shows that the necessary consequences for initiation of a change in values as to the way patients are viewed do exist in a beginning stage. However, the hospital does not accord them the required importance, which consequently results in them being unsuitable and unutilized to bring about a change in values.

**Frankfurter Schriften zur Gesundheitspolitik
und zum Gesundheitsrecht**
Schriftenreihe des Instituts für Europäische Gesundheitspolitik und Sozialrecht
an der Johann Wolfgang Goethe-Universität Frankfurt

Herausgegeben von Ingwer Ebsen und Thomas Gerlinger

Band 1 Dominik Roters: Die gebotene Kontrolldichte bei der gerichtlichen Prüfung der Ric des Bundesausschusses der Ärzte und Krankenkassen. 2003.

Band 2 Carsten Wendtland: Die Forschung mit menschlichen embryonalen Stammzeller genstand der Rechtsetzung. 2005.

Band 3 Johannes Pantel / Gisela Bockenheimer-Lucius / Ingwer Ebsen / Ruth Müll Hustedt / Alexander Diehm: Psychopharmakaversorgung im Altenpflegeheim. Ein plinäre Studie unter Berücksichtigung medizinischer, ethischer und juristischer Asr

Band 4 Christel Köhler-Hohmann: Die Teilnahme der Ärzte- bzw. der Heilkunde-Gmbł tragsärztlichen Versorgung. 2007.

Band 5 Laura Sormani-Bastian: Vergaberecht und Sozialrecht. Unter besonderer Ber des Leistungserbringungsrechts im SGB V (Gesetzliche Krankenversicherun

Band 6 Marcus Assion: Versicherungsrechtliche Fragen der Lebendspende von Orç

Band 7 Yasemin Ilgin: Health Care Expenditure, Innovation, and Demographic Cha

Band 8 Karin Pöppel: Wertwandel beim sozialen Dienstleister Krankenhaus. Eı Patientenbild. 2008.

www.peterlang.de

Michael Fischer / Kurt S. Zänker (Hrsg.)

Medizin- und Bioethik

Frankfurt am Main, Berlin, Bern, Bruxelles, New York, Oxford, Wien, 2006.
389 S., zahlr. Abb. und Tab.
Ethik transdisziplinär. Herausgegeben von Michael Fischer. Bd. 1
ISBN 3-631-54744-7 · br. € 53.00*

Diese umfassende und interdisziplinäre Bestandsaufnahme zur Medizin- und Bioethik will den Denkanstoß liefern zu einer gemeinsamen politischen, sozialen, rechtlich und naturwissenschaftlich verankerten Verortung des künftigen Gesundheitswesens. Der Praxisbezug für das Wohl des Einzelnen steht im Vordergrund. Dabei ergeben sich Spannungsfelder, dramatische wirtschaftsethische Fragen im Verhältnis von Forschung, Verantwortung und Haftung. Transplantation, Patientenverfügung, Sterben und Tod, Mittelallokation und Heilungsauftrag bilden neben Reproduktionsbiologie und Stammzellforschung weitere Schwerpunkte der Beiträge.

Aus dem Inhalt: Gesundheitsförderung · Prävention · Allokation · Verantwortung · Haftung · Heilsauftrag · Transplantation · Explantation · Patientenverfügung · Sterben · Tod · Reproduktionsbiologie · Stammzellenforschung

Frankfurt am Main · Berlin · Bern · Bruxelles · New York · Oxford · Wien
Auslieferung: Verlag Peter Lang AG
Moosstr. 1, CH-2542 Pieterlen
Telefax 00 41 (0) 32 / 376 17 27

*inklusive der in Deutschland gültigen Mehrwertsteuer
Preisänderungen vorbehalten
Homepage http://www.peterlang.de